I0876732

Kohlhammer

Anne-Maren Richter
Christian Schwarke (Hrsg.)

Technik und Lebenswirklichkeit

Philosophische und theologische Deutungen der Technik im Zeitalter der Moderne

Verlag W. Kohlhammer

Gefördert mit Mitteln der Deutschen Forschungsgemeinschaft im Rahmen des SFB 804 der Technischen Universität Dresden.

Umschlagabbildung: Erich Schilling: „Der natürliche Tod in Berlin“, in: Simplicissimus 34 Jg. (1929), Heft 32, S. 395.

1. Auflage 2014

Gesamtherstellung: W. Kohlhammer GmbH, Stuttgart

Print:
ISBN 978-3-17-024138-1

E-Book-Formate:
pdf: ISBN 978-3-17-024139-8
epub: ISBN 978-3-17-024140-4
mobi: ISBN 978-3-17-024141-1

Danksagung

Die Beiträge dieses Bandes gehen in der Mehrzahl auf eine Tagung mit dem Titel „Unverfügbarkeit und Handlungsfreiraum. Gestalten anthropologischer und theologischer Technikdeutung" zurück, die im Rahmen des Teilprojektes N „Konstruktionen von Transzendenz und Gemeinsinn in Technik und Theologie" im Dresdner Sonderforschungsbereich 804 „Transzendenz und Gemeinsinn" im April 2012 durchgeführt wurde. Die Planung, Organisation und Moderation der Tagung lag in den Händen Anne-Maren Richters.

Den Autorinnen und Autoren sei ausdrücklich für Ihre Bereitschaft gedankt, sich auf die Fragestellung des SFB einzulassen und ihre Ergebnisse für diese Publikation zur Verfügung zu stellen.

Viele haben sowohl am gelungenen Ablauf der Tagung als auch an der Fertigstellung des Bandes mitgewirkt.

Katharina Neumeister, M.A., hat die interne Organisation wesentlich mitgetragen. Katharina Kallähne und Annemarie Zielke haben bei der Tagung mit großem Einsatz die unerlässliche Unterstützung geleistet. Anne Katrin Lemmel hat – unterstützt von Anja Pulver, Nele Weduwen und Annemarie Zielke – die Mühe der Redaktion des Bandes übernommen und die Texte umsichtig in Form gebracht. Allen sei für Ihr Engagement sehr herzlich gedankt.

Wir danken dem Sprecher des Sonderforschungsbereichs, Prof. Dr. Hans Vorländer, für die finanzielle Unterstützung der Tagung und der Publikation aus den Mitteln des Sonderforschungsbereichs.

Herrn Jürgen Schneider danken wir sehr für die Aufnahme des Buches in das Verlagsprogramm.

Die Herausgeber

Inhaltsverzeichnis

Christian Schwarke, Anne-Maren Richter

Technik und Lebenswirklichkeit in der Moderne. Zwischen Unverfügbarkeit und Handlungsfreiraum – Eine Einleitung

Die erste Hälfte des 20. Jahrhunderts ließ die Erkenntnis unabweisbar werden, dass Technik die gesamte Lebenswirklichkeit der westlichen Gesellschaften durchdringt. Konnte man als Intellektueller im 19. Jahrhundert noch einzelne Produkte industrieller Fertigung nutzen, sich aber ansonsten in die Villenviertel Berlins oder Heidelbergs zurückziehen, so drang Technik nach dem Ersten Weltkrieg sowohl durch die Präsenz ihrer Artefakte (Industrieanlagen ebenso wie Automobile) als auch durch die mit ihr einhergehenden Konflikte in die Alltagswelt der bürgerlichen Schichten ein. Nun wurde Technik als ein dominierender Faktor der Kultur wahrgenommen, den es zu verstehen, einzuordnen und möglichst einzuhegen galt. Die philosophischen und theologischen Konzepte, die auf diese Lage reagieren und *cum grano salis* zwischen 1919 und 1950 entstanden, bestimmen bis heute maßgeblich die Diskussion. Es gibt keine Technikphilosophie oder -theologie, die nicht in der einen oder anderen Weise an Martin Heidegger anknüpfte.[1] Kaum ein kulturwissenschaftlicher Beitrag zur Medientechnik in der Moderne kommt ohne Verweis auf Walter Benjamins Kunstwerkaufsatz aus.[2]

Die in diesem Band vorgelegten Studien gehen in der Mehrzahl auf eine Tagung zurück, die im Rahmen des systematisch-theologischen Forschungsprojektes „Konstruktionen von Transzendenz und Gemeinsinn in Technik und Theologie“ im Dresdner Sonderforschungsbereich 804 „Transzendenz und Gemeinsinn“ veranstaltet wurde. Im Gegensatz zu ethischen Themenstellungen und deren normativen Implikationen ging es dem Projekt um eine Hermeneutik der Technikwahrnehmung, insofern darin Transzendenzverweise sichtbar werden. Unter „Transzendenz“ werden dabei solche Diskurse und Praktiken verstanden, die sich auf die Konstruktion von „Unverfügbarkeiten“ beziehen. Insbesondere im 20. Jahrhundert wurde Technik wahrgenommen als in Spannung

---

1 Borgmann, Albert, Power Failure. Christianity in the Culture of Technology, Grand Rapids, MI 2003; Pattison, George, Thinking About God in an Age of Technology, Oxford 2005; Carlson, Thomas A., The Indiscrete Image. Infinitude and Creation of the Human, Chicago / London 2008.

2 Benjamin, Walter, Das Kunstwerk im Zeitalter seiner technischen Reproduzierbarkeit, in: Ders., Illuminationen. Ausgewählte Schriften, Frankfurt a. M. 1977.

stehend zwischen einer Verfügbarmachung natürlicher Prozesse und der Erzeugung neuer Kontingenz.

Hatte der Vorgängerband zu diesem Buch[3] das Verhältnis von Technik und Transzendenz im Rahmen einer Bestimmung der Technik als Kultur durch historisch-empirische Fallstudien zu erhellen versucht, so geht es nun um eine Auseinandersetzung mit theologischen und philosophischen Deutungen der Technik. Das Ziel der dem vorliegenden Band zugrunde liegenden Tagung mit dem Titel „Unverfügbarkeit und Handlungsfreiraum. Gestalten theologischer und anthropologischer Technikdeutung" lag darin, den Schwerpunkt von der eher negativen Konnotierung des Technischen in der deutschen Theologie und Philosophie der ersten Hälfte des 20. Jahrhunderts zugunsten einer mehr konstruktiven Blickrichtung zu verschieben. Um solche konstruktiven Verhältnisbestimmungen zwischen Techniken und Handlungsspielräumen der modernen Lebenswelt zu eröffnen, wurden religionstheoretisch und anthropologisch relevante klassische Technikdeutungen analysiert.

Die Beiträge des ersten Teils rekonstruieren einzelne Techniktheorien aus der ersten Hälfte des 20. Jahrhunderts. Sie zeigen das breite Spektrum der Theorieansätze und markieren den jeweiligen systematischen Ertrag für gegenwärtige Bemühungen um eine theologische Reflexion der Technik. Der zweite Teil des Bandes fragt daraufhin konstruktiv nach geeigneten theologischen Zugangsmethoden und Kategorien der Technikdeutung, welche die Herausforderungen durch Technik produktiv wenden.

In aller Vielfältigkeit der Zugänge und Perspektiven der behandelten Autoren lassen sich dennoch gemeinsame Linien und Bezüge identifizieren. Drei dieser Verbindungen sollen im Folgenden kurz erläutert werden. In je unterschiedlicher Weise geht es in theologischen und philosophischen Technikdeutungen um die Themenkreise der Bedeutung von Technik in der Moderne (1), um die Relation von Technik und Macht (2) und um das Verhältnis zwischen Technikdeutungen und theologischen Weltdeutungen (3).

1. Technik und Moderne. Für zahlreiche Autoren wurde die Technik zum bestimmenden Merkmal der neuen Lebenswirklichkeit. Technik wird in diesen Entwürfen zu einem Epochenbegriff. Für *Max Weber*, *Martin Heidegger*, *Paul Tillich* und *Walter Benjamin* ist die Moderne nicht nur technisch bestimmt, sondern die Technik bestimmt, was die Moderne allererst konstituiert. Selbst dort, wo die historische Allgegenwart der Technik anerkannt wird, führt die

3 Neumeister, Katharina / Renger-Berka, Peggy / Schwarke, Christian (Hg.): Technik und Transzendenz. Zum Verhältnis von Technik, Religion und Gesellschaft, Stuttgart 2012.

Einführung einer Gegenüberstellung von traditioneller und moderner Technik dazu, die Gegenwart in Abgrenzung zum Vergangenen definieren zu können. *Stephan Schleissing* hat gezeigt,[4] dass mit der Inanspruchnahme der Technik als geschichtsphilosophisches Passwort freilich auch eine Rückwirkung auf Theologie und Philosophie verbunden war. Zukunft konnte nun in Übernahme eines technischen Verständnisses des Zeitlaufs nur noch als offene verstanden werden (siehe auch den Beitrag am Ende dieses Bandes). Nicht zuletzt in *Walter Benjamins* Konzept wird diese Dopplung von geschichtsphilosophischer Grundierung einerseits und Rückwirkung auf das Geschichtsverständnis andererseits deutlich.

2. Technik und Macht. Mit der Wahrnehmung, dass Technik die gesamte Lebenswirklichkeit unentrinnbar durchdringe, verband sich im 20. Jahrhundert die Frage, wer das Subjekt solcher Entwicklungen sei. Von den hier behandelten Autoren wird diese Frage besonders von *Martin Heidegger* und *Dietrich Bonhoeffer* traktiert. Indem Heidegger der Technik nicht nur äußerliche Wirkung bescheinigt, sondern ihren Einfluss weit darüber hinaus auf das Denken und die gesamte Lebensorientierung zu beschreiben versucht, verleiht er dem damals wie heute verbreiteten Urteil Ausdruck, dass letztlich die Technik subjekthaft die Macht in der Moderne an sich gerissen habe. Konnte Heidegger noch in der Kunst sowie in der Dialektik von Gefahren- und Rettungsbewusstsein einen Hoffnungsschimmer sehen, so verdüstert sich dieses Bild bei *Michael Trowitzsch* zu einer mythisch grundierten Ohnmachtsthese. Die Frage der Macht wird auch in *Walter Benjamins* Konzept zum Zentralthema, nun aber politisch gewendet: Nicht die moderne Technik an sich konfrontiert den Menschen mit einem übermächtigen Subjekt. Allein die politische Inanspruchnahme dieser Technik zu unterschiedlichen Zwecken befreit oder zerstört den Menschen. Benjamins Rezeption der modernen Technik fällt denn auch signifikant positiver aus als bei den meisten anderen zeitgenössischen Theoretikern.

Die veränderte Signatur der Gegenwart lässt die Frage nach der Technik zu einer Frage des Umgangs mit den von ihr induzierten konkreten Konflikten werden. Antworten darauf findet *Christian Polke* in ritualtheoretischen Erwägungen, die darauf abzielen, die gewöhnende Einübung mit technischem und religiösem Weltumgang in Parallelen zu begreifen und gleichermaßen ernst zu nehmen. *Stephan Schleissing* thematisiert konkrete Orte der Kommunikation über technische Innovationen, in denen gerade Transzendenz als Vernunft- und Vermittlungsinstanz erkennbar wird.

3. Technikdeutungen und theologische Deutungen der Lebenswelt. Eine dritte Linie verbindet die behandelten Entwürfe schließlich in der Frage nach den sä-

---

4 SCHLEISSING, STEPHAN, Das Maß des Fortschritts. Zum Verhältnis von Ethik und Geschichtsphilosophie in theologischer Perspektive, Göttingen 2008.

kularisierenden Wirkungen der modernen Technik und der Frage danach, was dies für die Theologie bedeuten könnte. Bereits *Max Weber* sieht einen engen Zusammenhang zwischen der durch die Propheten initiierten Säkularisierung und der technischen Entwicklung im Abendland. *Benjamin* wendet diese Erkenntnis dann auf die konkrete Technik des Films an und stellt die Frage, wie denn eine Kunst in dieser Moderne sich behaupten könne. Damit ist eine Umkehr der Fragerichtung verbunden: Wie lässt sich ein religiöses Welt- und Selbstverständnis konzipieren, wenn die moderne Technik die Stützen traditioneller Gläubigkeit auflöst? Gesucht wurde daher ein religiös und rational valides Verständnis der Lebenswirklichkeit, das sich der technischen Durchdringung grundsätzlich entzieht. Demgegenüber haben amerikanische Theologen schon zu Beginn des 20. Jahrhunderts die Frage gestellt, wie denn die Theologie in Übereinstimmung mit den technischen Herausforderungen gedacht werden könnte. In dieser Tradition zielen *Gordon D. Kaufman* und *Sallie McFague* dabei auf eine Revision des Gottesbegriffs. Mit der Erfahrung interdisziplinärer Gespräche der letzten zwanzig Jahre im Rücken ergibt sich heute freilich nicht nur das Problem, religiöse Begriffe und Vorstellungen zu modernisieren, sondern die Lebenswirklichkeit auch begrifflich zu integrieren: Theologische Technikdeutung muss sich der Konkretion des Technischen stellen, so die Forderung *Ralph Charbonniers.*

Die dargestellten Linien in den Konzepten der klassischen Autoren werden mithin auch von den Beiträgen im zweiten Teil des Bandes fortgezogen. Stellt man die älteren Theorien und neueren Analysen einander gegenüber, so werden jedoch auch Unterschiede sichtbar. Die Autoren der ersten Hälfte des 20. Jahrhunderts stellten ihre Fragen im Blick auf „die" Technik als Gesamtphänomen, aus dem heraus „die" Moderne bestimmt und demgegenüber „der" Mensch seine Macht wahren musste, was „den" Glauben als die Verstehens- und Rettungsinstanz schlechthin erscheinen lassen konnte. Demgegenüber zeigen neuere Entwürfe eine Abkehr von solchen Gesamtperspektiven und bilden damit auf theoretischer Ebene eine Entwicklung nach, die sich auch in der Rezeption einzelner Techniken durch Gesellschaften zeigt: Wann immer eine Technik zum Allgemeingut geworden ist, verlagern sich die mit ihr verbundenen Fragen in die Konkretion.

Zu den Beiträgen des Bandes:

Georg Neugebauer eröffnet die Analyse der Klassiker mit *Max Weber*. Dessen Technikbegriff versteht Technik im engen Zusammenhang mit Wissenschaft und Wirtschaft als Ausdruck zweckrationalen Handelns. Die spezifisch moderne, westliche Fassung der Technik steht dabei in engem Zusammenhang mit der religiösen Tradition des Christentums, insofern diese – namentlich in Gestalt der Prophetie – in verschiedenen Stufen einen Rationalisierungsprozess gegen die ältere Magie initiiert hat. Wird aber diese Technik, im weitesten Sinne auch als Bürokratisierung verstanden, zum dominierenden Moment der Lebenswirklichkeit, dann schlägt die Rationalisierung um in ihr Gegenteil. Denn die Technik führt dann zu einer Entfremdung des Menschen vom rationalen Grund seines Lebens. Für den Einzelnen undurchschaubar und doch Anpassung gebietend wird die Technik als Rationalität selbst zu etwas, dem gegenüber man sich nicht mehr rational verhalten kann.

Martin Heideggers Beitrag zur Technikphilosophie liegt nicht zuletzt darin, dass er die Technik über alles einzelne Handeln hinaus als Leben und Denken in umfassender Weise bestimmende Macht verstanden hat. Kaum ein Denker hat Technik und Transzendenz so eng verflochten, ohne irgendeinen im engeren Sinne religiösen Bezug in Anspruch zu nehmen. *Philipp David* rekonstruiert Heideggers Technikphilosophie von der berühmten Schlusspassage des Vortrags „Die Frage nach der Technik" aus. Das Fragen als die Frömmigkeit des Denkens markiert Heideggers Versuch, dem Menschen sowohl die Wahrheit über sich selbst zu eröffnen als ihn auch aus der Umklammerung des Technischen zu befreien. Gegen die Vorwürfe, die Heidegger eine romantische Verklärung des Vergangenen unterstellen, betont David das zukunftsgerichtete und Offenheit bewahrende Moment in Heideggers Denken.

Malte Dominik Krüger liest *Walter Benjamins* Theorie der Technik, wie sie vor allem in „Das Kunstwerk im Zeitalter seiner technischen Reproduzierbarkeit" entfaltet wird, nicht allein als technische Säkularisierungstheorie. Vielmehr verbinde sich damit zugleich eine Modernisierungstheorie des Religiösen. Theodor W. Adornos heftigen Einwand, dass Benjamin die aufklärende technische Durchdringung der Wirklichkeit selbst zum Mythos gerate, wendet Krüger positiv: In der Verwandlung des ursprünglich Religiösen in die Technik wird das Technische am Kunstwerk offen für religiöse Deutungen. Dass Benjamin den Verlust der Aura des Kunstwerkes nicht verfallstheoretisch verbucht, lässt sich dann für eine Theorie des Religiösen in der Technik fruchtbar machen.

Paul Tillich gehört zweifellos zu den Theologen, die sich am eingehendsten mit der Technik beschäftigt haben. *Thorsten Moos* interpretiert Tillichs Äußerungen zur Technik zunächst von seiner frühen Kulturtheologie her, für die die Technik einen exemplarischen Ort darstellt. Mit ihr gelingt es Tillich, die Technik überhaupt zu einem Thema für die Theologie zu machen. Das Ringen mit den positiven und negativen Aspekten der Technik wird in Tillichs Betonung der Ambivalenz des Technischen sichtbar. Gerade in dieser Ambivalenz sieht Moos verschiedene Ansätze, Technik auch heute realistisch in den Blick zu nehmen. Dazu gehört nicht zuletzt die These Tillichs, dass gerade die vollkommene Profanität der Technik den Menschen vor die Sinnfrage stellt und ihm darin positive Potenziale eröffnet.

Anne Katrin Lemmel zeigt am Werk von *Gordon D. Kaufman* und *Sallie McFague*, wie die technisch bestimmte Lebenswirklichkeit explizit zum Movens einer veränderten theologischen Theoriebildung wird. Die atomare Bedrohung, wie sie die Wahrnehmung der 1970er Jahre bestimmte, wird von beiden Autoren als Herausforderung begriffen, die Gotteslehre so zu modifizieren, dass der menschlichen Verantwortung ein theologischer Stellenwert darin zukommen kann. Obwohl sich die Wahrnehmung dieser Verantwortung dabei auf die Eindämmung einer technischen Gefahr richten muss, wird die durch die moderne Technik mitbestimmte Selbstwahrnehmung des Menschen zur Fundierung einer „Constructive Theology", die sich gegen einen frommen Atheismus wendet.

Ebenso wie Tillich und die Autoren der US-amerikanischen Debatte arbeitet sich *Dietrich Bonhoeffer* an den technischen Errungenschaften der Moderne in ihrer Ambivalenz ab. *Hermann Diebel* stellt heraus, dass Bonhoeffer trotz seines Wortes von den „Dämonien der Technik" keineswegs eine generelle Verteufelung der Technik vertritt. Wie bei den anderen bisher behandelten Autoren fungiert die Technik auch bei Bonhoeffer als Moment einer allgemeinen Zeitdeutung. Charakteristisch für Bonhoeffers Technikverständnis ist dabei eine positive Wertung der Technik im engeren Sinne der Realtechnik. Technik in einem weiten Sinne als „sachgemäßes" Handeln stehe jedoch unter den Bedingungen des Menschen *post lapsum*. Das Nachdenken über die moderne Technik führt bei Bonhoeffer so zur Anthropologie.

Der zweite Teil des Bandes wird mit einem Beitrag zur Genese des Begriffs der „Unverfügbarkeit", einem Zentralbegriff des Dresdner Sonderforschungsbereichs, eröffnet. Die Prägung der Kategorie „Unverfügbarkeit" verdankt sich der Theologie Rudolf Bultmanns in den 1920er und 30er Jahren – insofern zeitlich einer Hochphase der Technikdeutung. *Anne-Maren Richter* vertritt in einer begriffsgeschichtlichen Analyse Bultmanns mit Blick auf vermutliche Einflüsse Heideggers die These, dass Bultmanns ursprüngliche Begriffsprägung interne Widersprüche im zeitlich verfassten Selbsterleben zur Darstellung bringt. Bultmanns Ausdruck für interne Transzendierungsvollzüge in religiöser Sinndeutung stehe somit in Spannung zu einer Kulturhermeneutik, welche Repräsentationen objektiv-räumlich gedachter (technischer) Artefakte oder Prozesse in den Blick nimmt. Mit Hans Blumenbergs Deutung des Husserl entlehnten Technikbegriffs fragt Richter auf diese Spannung hin, ob Bultmanns spezifische Transzendenzkategorie „Unverfügbarkeit" dennoch einer theologischen Technikdeutung von Nutzen sein kann.

Ralph Charbonnier nimmt eine Auseinandersetzung mit dem Technikverständnis im Werk *Michael Trowitzschs* zum Anlass, um hermeneutische Defizite theologischer (und philosophischer) Zugänge zu markieren. Die an Heidegger und Nietzsche anknüpfende, jedoch von Trowitzsch verabsolutierte Technikkritik, ist empirisch nicht gesättigt und verliert darin ihren Gegenstand. Charbonnier zeigt, wie Technik mit Transzendenzkonstruktionen verbunden wird, dabei aber in keiner Weise mehr mit der Selbstbeschreibung der Trägerschichten technischer Entwicklungen vermittelbar ist. Dagegen plädiert der Autor für einen transdisziplinären Ansatz, der die Erkenntnisse historischer und sozialwissenschaftlicher Technikwissenschaften sowie ingenieurwissenschaftliche Technikbegriffe rezipiert.

Christian Polke erläutert den Zusammenhang von Technik und Ritual in seiner Bedeutung für die Konstitution von Gemeinsinn. Gesellschaften implementieren neue Techniken über Rituale. Umgekehrt dienen Techniken als Rituale dazu, gesellschaftliche wie individuelle Krisen zu bearbeiten und einen je neuen *sensus communis* herzustellen. Polke verknüpft Begriffe aus der Tradition Cassirers bzw. Kants und Elemente aus den Theorien John Deweys, George H. Meads und Alfred Schütz'. Diese ritualtheoretische Perspektive erlaubt es nicht nur, das praktische Zustandekommen gesellschaftlicher Integration angesichts von Dissensen über Technik zu verstehen, sondern auch menschliches Verhalten angesichts von Kontingenz als sinnvoll technisches zu begreifen, und so Dichotomien zwischen einem technischen und einem religiösen Weltumgang zu unterlaufen.

Stephan Schleissing thematisiert schließlich die unterschiedlichen Rollen und Rollenerwartungen, die an Theologen in gegenwärtigen Technikdiskursen herangetragen werden. Die von Max Weber gezogene Verbindung zwischen Technik und Prophetie aufgreifend lässt sich der öffentlich redende Theologe, der sich mahnend zu den Zukunftsperspektiven neuer Techniken äußert, als Prophet verstehen. Vor dem Hintergrund eines durch die moderne Technik geöffneten Zeithorizontes, an dem sich nach Schleissing die Theologie im 19. und 20. Jahrhundert grundlegend abgearbeitet hat, wird diese Rede aber zur ungewissen Prognose. In Ethikkomitees dagegen werden Theologen als geeignete Moderatoren wahrgenommen und geschätzt.

Im *praktischen* Vollzug – mit Polke zu sprechen: im Ritual – wird offenbar jene Gegenwart des Transzendenten aktualisiert, die in theologischen *Diskursen* zwar beschworen wird, aber in der technischen Lebenswirklichkeit erst zu plausibilisieren wäre.

I
Theologische und philosophische Technikdeutungen

Georg Neugebauer

Max Weber als Theoretiker technischer Rationalität

Zwar findet Max Weber in fast jeder Untersuchung zum Technikbegriff Erwähnung, als ein eigenständiger Theoretiker desselben wird er indes selten wahrgenommen. Das scheint seinen Grund darin zu haben, dass seine Ausführungen zu diesem Thema sehr verstreut sind und meist als im Schatten seiner Rationalisierungsthese stehend wahrgenommen werden. Auch wenn letzterer zweifelsohne eine überragende Bedeutung innerhalb seines Denkens beizumessen ist, darf die Konzentration darauf nicht dazu führen, dass andere, weniger markante Theoriedimensionen ins Hintertreffen geraten, zumal wenn mit ihnen interessante Nuancierungen jener These verbunden sind. Das gilt auch für den Technikbegriff.

Dieser Begriff zeichnet sich in der Sicht Max Webers durch eine spezifische Mehrdimensionalität aus und wird von ihm im Rahmen der Handlungstheorie, Kulturgeschichte, Ökonomie, Ordnungssoziologie, Sozialanthropologie und Zeitdiagnose reflektiert. Auf diesem Wege gelingt es ihm, einem zentralen Kriterium der neueren Debatte um diesen Begriffs gerecht zu werden: Technik als „intersektorales Phänomen"[1] zu bestimmen. Diese unterschiedlichen Dimensionen gilt es in diesem Beitrag – zumindest ansatzweise – herauszuarbeiten. Doch ist damit nicht der Fluchtpunkt der folgenden Überlegungen bezeichnet. Dieser liegt vielmehr in dem antinomischen Charakter, den Weber der modernen, von ihm als „rational" bezeichneten Technik bescheinigt. Er ist der Überzeugung, dass die Durchsetzung „rationaler Technik" – im Zusammenspiel mit Naturwissenschaft und Wirtschaft – in der Moderne den Effekt einer Entfremdung von den rationalen Grundlagen der Lebensführung hat.

Vor diesem Hintergrund betrachtet kristallisiert sich ein Technikbegriff heraus, der sich durch die Gegenläufigkeit von Verfügbarkeit und Entzogenheit auszeichnet.

1. Die Kategorie der Technik

In den Eingangspassagen zum wirtschaftssoziologischen Teil aus „Wirtschaft und Gesellschaft" geht Max Weber eigens auf den Begriff der Technik ein.[2] Seine Überlegungen zielen allerdings nicht darauf, diesen Begriff als eine primär ökono-

---

1 Ropohl, Günter, Ethik und Technikbewertung, Frankfurt a. M. 1996, 245.

2 Weber, Max, Wirtschaft und Gesellschaft. Grundriss der verstehenden Soziologie, besorgt von Winckelmann, Johannes, Tübingen [5]1980, 32f. Dieses Werk wird im Folgenden unter dem Sigel WuG zitiert.

mische Kategorie zu entfalten, sondern vielmehr von der Wirtschaftssoziologie im engeren Sinne abzugrenzen und als allgemeine Kategorie im Aufbau der Handlungswelt zu plausibilisieren.[3] Diese handlungstheoretische Ausrichtung des Technikbegriffs bildet ein grundlegendes Charakteristikum desselben und wird zunächst anhand der Zweck-Mittel-Relation spezifiziert: „‚Technik' eines Handelns bedeutet uns den Inbegriff der verwendeten *Mittel* desselben im *Gegensatz* zu jenem Sinn oder Zweck, an dem es letztlich (in concreto) orientiert ist" (WuG, 32). Die Technik hat es somit mit den Mitteln zu tun, die dem Erreichen eines Handlungsziels dienen. Damit bedient sich Weber einer ausgesprochen elastischen Bestimmung des Technikbegriffs, der bei ihm keineswegs als auf die Verwendung von Sachgütern beschränkt begriffen werden kann. Vielmehr spricht er überall dort von Technik, wo Mittelreflexion und -verwendung stattfindet. Dieser elastischen Zugangsbestimmung entsprechend findet sie sich in allen Bereichen der Kultur. Weber führt die Religion („Gebetstechnik, Technik der Askese"), die Wissenschaften („Denk- und Forschungstechnik"), die Pädagogik („Erziehungstechnik"), die Politik („Technik der politischen oder hierokratischen Beherrschung"), die Bürokratie („Verwaltungstechnik"), den Krieg, die Erotik, die Kunst u.a. an (WuG, 32). Bezogen auf die jeweils spezifische Relationierung von Mittel und Zweck lassen sich Webers Auffassung nach jedoch ganz unterschiedliche Rationalitätsgrade identifizieren (vgl. WuG, 32).

Im Rahmen der Wirtschaftssoziologie stellt Weber die „rationale Technik" in den Mittelpunkt seiner Überlegungen. Rationale Technik zeichnet sich dadurch aus, dass die Reflexion der Mittel „bewußt und planvoll orientiert ist an Erfahrungen und Nachdenken" (WuG, 32). Wenn Weber von einer bewussten und planvollen Orientierung spricht, so zielt diese Formulierung auf den Sachverhalt, dass die Mittelreflexion an Rationalitätsmustern orientiert und nicht dem Zufall unterworfen ist. Mit den Ausdrücken Erfahrung und Nachdenken sind sodann die rationalen Bezugspunkte jener bewussten und planvollen Orientierung bezeichnet. Sie stehen für die Ausrichtung an Regeln der Erfahrung sowie für die der Mittelabwägung zugrundeliegenden Reflexionsprinzipien. Als „Höchstfall der Rationalität" gilt Weber die Orientierung „an wissenschaftlichem Denken." (WuG, 32). Rationale Technik vollendet sich in diesem Bereich insofern, als die Mittelreflexion hier das Höchstmaß an Berechenbarkeit erreicht hat, wodurch sie von zufälligen Einflüssen weitestgehend isoliert ist.[4]

---

3 „Insbesondre soll der Ausdruck ‚Wirtschaft' nicht identisch mit ‚Technik' gebraucht werden." WEBER, WuG, a. a. O. (s. Anm. 2), 32.

4 Als ein Paradebeispiel rationaler Technik kann Webers eigene Methodologie angesehen werden, mittels derer er das soziale Handeln zu entschlüsseln sucht. Es gehört zu den Besonderheiten seiner Theorie des Handlungsverstehens, dass sie sich zum Zwecke desselben der Zweck-Mittel-Relation bedient. In der Soziologie gelte es mit Bezug auf das zu untersuchende Handlungsfeld, einen rein zweckrationalen Verlauf

Seiner Sichtweise entsprechend, dass sich Wirtschaft und Technik nicht identifizieren lassen, stellt Weber sodann fest, dass die Entwicklung der Technik nicht allein von wirtschaftlichen Interessen abhängig sei (vgl. WuG, 33). Das lasse sich bereits daran ermessen, dass die rationale Technik als solche nach den „*kräfte*ökonomischsten Mitteln" (WuG, 32) fragt und somit nicht an wirtschaftlichen Kriterien orientiert ist. Die Frage nach den Herstellungskosten oder nach dem Bedarf liegt außerhalb ihres Rationalitätsbereiches, sodass es für sie unerheblich ist, eine „Maschine aus Eisen oder aus Platin" (WuG, 32) herzustellen. Daher kann rational technisches Denken – am Kanon wirtschaftlicher Rationalität gemessen – zu außerordentlich irrationalen Ergebnissen führen. Entscheidend ist somit allein die für das Erreichen des Zieles optimale Verwendung von Mitteln und nicht der Verwendungszweck, an dem die Wirtschaft orientiert ist (vgl. WuG, 33).

Aber auch wenn die Technik keineswegs als eine primär wirtschaftssoziologische Kategorie begriffen werden dürfe, lässt Weber keinen Zweifel daran, dass die Wirtschaft für die Entwicklung der technischen Rationalität von grundlegender Bedeutung ist:

> „Allerdings liegt von jeher und zumal heute der Schwerpunkt auf der ökonomischen Bedingtheit der technischen Entwicklung; ohne die rationale Kalkulation als Unterlage der Wirtschaft, also ohne höchst konkrete wirtschaftsgeschichtliche Bedingungen, würde auch die rationale Technik nicht entstanden sein." (WuG, 33).

Damit steht Webers Begriff der rationalen Technik v.a. unter zwei Voraussetzungen, zum einen die der Wissenschaft und zum anderen die der Wirtschaft. Auf diese Trias von Technik, Wissenschaft und Wirtschaft gilt es später noch einmal einzugehen. Zuvor ist jedoch Webers Hinweis zu verfolgen, dass die technische Entwicklung nicht allein vor dem Hintergrund der ökonomischen Verhältnisse betrachtet werden kann, sondern auch unter Inblicknahme ideeller Faktoren.[5] Um diesen Gesichtspunkt zu illustrieren, soll im Folgenden das Verhältnis von Religion und Technik in den Fokus rücken, was es erforderlich macht, auf Webers religionssoziologische Studien zu sprechen zu kommen.

---

desselben zu konstruieren, um alle nicht zweckrationalen Sinnzusammenhänge, die auf dieses Handeln Einfluss genommen haben, durch Vergleich mit jener Konstruktion bestimmen zu können. Von diesem Verfahren des Verstehens mittels der Zweck-Mittel-Relation heißt es, es sei „rein ‚technischen' Charakters". WEBER, MAX, Roscher und Knies und die logischen Probleme der historischen Nationalökonomie, III: Knies und das Irrationalitätsproblem [Forts., 1906], in: DERS., Gesammelte Aufsätze zur Wissenschaftslehre, hg. v. WINCKELMANN, JOHANNES, Tübingen ^{4}1973, 1–145; hier: 129.

5 Den wirtschaftlichen Faktoren stellt er „z.T. Spiel und Grübeln weltfremder Ideologen, z. T. jenseitige oder phantastische Interessen, z. T. künstlerische Problematik und andre außerwirtschaftliche Motive" an die Seite. WEBER, WuG, a. a. O. (s. Anm. 2), 33.

2. Die Evolution technischer Rationalität

2.1 Religion und Technik

Technik war innerhalb der religiösen Entwicklung zu allen Zeiten integraler Bestandteil im Aufbau religiöser Praktiken. Das gilt Webers Auffassung nach bereits für die Magie. Zwar ist er innerhalb seiner *Religionssystematik* im Hinblick auf das – wie er sagt – religiös oder magisch motivierte Handeln ausgesprochen zurückhaltend, es als im strengen Sinne rational zu qualifizieren. Gleichwohl begreift Weber die magische Religiosität keineswegs als eine technikfreie Zone, was sich bereits daran ermessen lässt, dass er immer wieder auf die darin zum Einsatz kommenden „magische[n] Mittel" zu sprechen kommt.[6] Letztere dienen einerseits dazu, bestimmte Gegenstände oder Personen mit charismatischen, d.h. für Weber in diesem Zusammenhang außeralltäglichen Qualitäten auszustatten.[7] Andererseits sei die sachgemäße Anwendung magischer Mittel ihrerseits Ausdruck einer charismatischen Qualifikation, wobei Weber hier in erster Linie an die Zauberer denkt.[8] Ihr „Beruf"[9] bestehe in der Beeinflussung außeralltäglicher Kräfte und dementsprechend obliege ihnen die Verwaltung der für dieses Ziel geeigneten Mittel. Die Palette von Manipulationsmöglichkeiten reicht dabei von stark „naturalistisch" gefärbten Verhaltensmustern, z.B. die Vorstellung einer direkten Kraftübertragung durch den Verzehr des Blutes von als stark geltenden Tieren, bis hin zu rein „symbolische[n] Handlungen".[10] Der für Weber entscheidende Beitrag, den die magisch bestimmte Religion für die Regulierung des Handelns leistet, liegt in der Stereotypierung der Lebensführung.[11] Bezogen auf den Technikbegriff kommt Weber auf diesen Gesichtspunkt mehrfach in seinen Studien zur „Wirtschaftsethik der Weltreligionen" zu sprechen.

Weber bescheinigt dem Konfuzianismus und Hinduismus eine unausrottbare Verwobenheit mit der Magie, worin der entscheidende Grund dafür liege, dass sich dort keine rationale Technik herausbilden konnte. So existiere in China allein eine „magische Stereotypierung der Technik und Ökonomik".[12] Von der Technik heißt

6 DERS., Wirtschaft und Gesellschaft. Die Wirtschaft und die gesellschaftlichen Ordnungen und Mächte, Teilbd. 2, Religiöse Gemeinschaften, hg. v. KIPPENBERG, HANS G., Tübingen 2001 (Max Weber Gesamtausgabe I/22–2), 158. 242.

7 Vgl. WEBER, Religiöse Gemeinschaften, a. a. O. (s. Anm. 6), 122.

8 Vgl. a. a. O., 154.

9 A. a. O., 124.

10 A. a. O., 128.

11 „Die erste und grundlegende Einwirkung ‚religiöser' Vorstellungskreise auf die Lebensführung und die Wirtschaft ist also generell *stereotypierend*." A. a. O., 131.

12 WEBER, MAX, Die Wirtschaftsethik der Weltreligionen. Konfuzianismus und Taoismus, Schriften 1915–1920, hg. v. SCHMIDT-GLINTZER, HELWIG, Tübingen 1989 (Max Weber Gesamtausgabe I/19), 406. Eine ganz ähnliche Formulierung findet sich in

es, sie müsse als „sublimierte Empirie“[13] begriffen werden. An anderer Stelle spricht Weber ausdrücklich von einer „empirischen“ Technik.[14]

Einen ähnlich gelagerten Befund arbeitet Weber auch im Rahmen seiner Indienstudien heraus. Auch wenn die indische Kultur das „heutige rationale Zahlensystem, die Grundlage aller ‚Rechenhaftigkeit‘“[15] geschaffen, „rationale Wissenschaft“[16] gepflegt und die „Vorhöfe des rationalen Experiments“[17] betreten habe, konnte sich auch dort keine im strengen Sinne rationale Technik herausbilden. Den

---

Webers Vorlesung *Abriß der universalen Sozial- und Wirtschaftsgeschichte* (1919/1920): „Magie bedeutet *Stereotypierung der Technik und Ökonomik.*“ WEBER, MAX, Abriß der universalen Sozial- und Wirtschaftsgeschichte. Mit- und Nachschriften 1919/1920, hg. v. SCHLUCHTER, WOLFGANG, Tübingen 2011 (Max Weber Gesamtausgabe III/6), 388f.

13 WEBER, Konfuzianismus und Taoismus, a. a. O. (s. Anm. 12), 344. Wenn Weber diese Form der Technik als eine Empirische spezifiziert, knüpft er möglicherweise an Werner Sombart an, der mit diesem Begriff in seinem Hauptwerk *Der moderne Kapitalismus* (1902) operiert. Insofern Weber keine Auskunft darüber gibt, was er unter diesem Begriff verstanden wissen will, bietet es sich an, an dieser Stelle Sombarts Ausführung zu diesem Thema heranzuziehen, die sich schwerpunktmäßig im Rahmen seiner Auseinandersetzung mit dem Handwerk befinden. „Empirisch, erfahrungsmäßig ist die Handhabung der Technik, weil sie auf nichts anderem beruht als auf dem Erprobtsein, weil sie keine andere Richtschnur hat als subjektiv für wahr befundene Regeln, die der ‚Meister‘ aus dem tatsächlichen Vorgange des eigenen Wirkens abgezogen und dem ‚Lehrling‘ als die Regeln seiner Kunst wie einen persönlichen Besitz übertragen hat.“ SOMBART, WERNER, I/1 Einleitung – Die vorkapitalistische Wirtschaft – Die historischen Grundlagen des modernen Kapitalismus, in: DERS., Der moderne Kapitalismus. Historisch-systematische Darstellung des gesamteuropäischen Wirtschaftslebens von seinen ersten Anfängen bis zur Gegenwart, Berlin 1969, 200. Die Eigenart der empirischen Technik bestehe sodann darin, dass ihr eine besondere religiöse Weihe zukomme. Sombart spricht in diesem Zusammenhang von der „Ehrfurcht vor ‚Mysterien‘ einer gewerblichen Kunst“ sowie von dem „Bestreben ihrer Jünger“, „selbst ihr Können mit einem geheimnisvollen Schleier zu umgeben und vor Profanierung zu schützen.“ Die Unerklärlichkeit der Kunstfertigkeiten verweise auf eine übernatürliche Grundlage und führe zu den „Sagen von der göttlichen Herkunft der Künste und Fertigkeiten“ zurück. Vor allem diese Wahlverwandtschaft zwischen der empirischen Technik und der ihnen beigelegten religiösen Begründung erinnert stark an Webers Verwendung dieses Ausdrucks, zumal Sombart den „*Empirismus*“ der Wirtschaftsführung mit dem Begriff des „*Traditionalismus*“ parallelisiert, auf den Weber im Rahmen seiner Analysen zu den asiatischen Religionen immer wieder zu sprechen kommt.

14 WEBER, Konfuzianismus und Taoismus, a. a. O. (s. Anm. 12), 344.

15 DERS., Die Wirtschaftsethik der Weltreligionen. Hinduismus und Buddhismus (1916–1920), hg. v. SCHMIDT-GLINTZER, HELWIG, Tübingen 1996 (Max Weber Gesamtausgabe I/20), 53.

16 WEBER, Hinduismus und Buddhismus, a. a. O. (s. Anm. 15), 53.

17 A. a. O., 260.

Grund sieht Weber auch hier im magisch imprägnierten Traditionalismus der indischen Kastenordnung begründet.[18]

Rationale Technik sei erst in dem Augenblick entstanden, in dem Bewegungen innerhalb der religiösen Entwicklung eine Rolle zu spielen begannen, die darauf zielten, der Magie den Garaus zu machen. Bekanntlich erfüllen innerhalb der Weberschen Religionssoziologie v.a. die Propheten diese Funktion: „Die Magie zu brechen und Rationalisierung der Lebensführung durchzusetzen, hat es zu allen Zeiten nur ein Mittel gegeben: große *rationale Prophetien*."[19] Dieser Passus aus seiner 1919/1920 in München gehaltenen Vorlesung „Abriß der universalen Sozial- und Wirtschaftsgeschichte" ist nun insofern von besonderer Bedeutung, als Weber zugleich den Zusammenhang von Prophetie und Technik herausstellt: „Prophetien haben die Entzauberung der Welt herbeigeführt und damit auch die Grundlage für unsere moderne Wissenschaft, die Technik und den Kapitalismus geschaffen."[20] Diese weitreichende These versteht sich freilich alles andere als von selbst. Auch wenn Webers hochgradig komplexe Prophetendeutung hier nicht genauer besprochen werden kann,[21] gilt es auf einen Grundgedanken derselben zu sprechen zu kommen, auf den es in diesem Zusammenhang ankommt.

In Webers Religionssoziologie nehmen die Propheten auch deswegen eine so herausragende Bedeutung ein, als sich in ihrer Kritik an der Magie die Loslösung von der naturalistischen Gebundenheit religiöser Vorstellungen artikuliert. Damit machen sie den Weg für eine quasi rein kulturelle Einstellung gegenüber der Lebenswirklichkeit frei, die im Falle ihrer Wirksamkeit freilich noch rein religiös bestimmt ist. Trotz der unmittelbaren Verwobenheit dieses Typus heiliger Männer mit religiösen Vorstellungsmustern, tritt er im Denken Webers als der „Kulturmensch" par excellence auf, der – wie es im Objektivitätsaufsatz heißt – „mit der Fähigkeit

---

[18] „Ein Ritualgesetz, bei welchem jeder Berufswechsel, jeder Wechsel der Arbeitstechnik rituelle Degradation zur Folge haben konnte, war sicherlich nicht geeignet, aus sich ökonomische und technische Umwälzungen zu gebären oder ihnen auch nur das erstmalige Aufkeimen in seiner Mitte zu ermöglichen." A. a. O., 195.

[19] DERS., Abriß der universalen Sozial- und Wirtschaftsgeschichte, a. a. O. (s. Anm. 12), 389. Wenn Weber hier von großen *rationalen* Prophetien spricht, so ist dieser Begriff von Rationalität nicht mit dem der Zweck-Mittel-Relation zu verwechseln. Weber verbindet die Prophetie vielmehr mit dem Begriff der Wertrationalität. Ähnlich heißt es auch in der Einleitung zur *Wirtschaftsethik der Weltreligionen*. Vgl. DERS., Konfuzianismus und Taoismus, a. a. O. (s. Anm. 12), 107.

[20] DERS., Abriß der universalen Sozial- und Wirtschaftsgeschichte, a. a. O. (s. Anm. 12), 389.

[21] Vgl. dazu SCHLUCHTER, WOLFGANG, Religion und Lebensführung, Bd. 2: Studien zu Max Webers Religions- und Herrschaftssoziologie, Frankfurt a. M. 1991, 175ff. LANG, BERNHARD, Prophet, Priester, Virtuose, in: KIPPENBERG, HANS G. / RIESEBRODT, MARTIN (Hg.), Max Webers ‚Religionssystematik' , Tübingen 2001, 167–191; OTTO, ECKART, Max Webers Studien des Antiken Judentums, Tübingen 2002, 182ff.

und dem Willen" begabt ist, „bewußt zur Welt *Stellung* zu nehmen und ihr einen *Sinn* zu verleihen."[22] Der Prophet zeichnet sich nun genau dadurch aus, „einen einheitlichen Aspekt des Lebens [...] durch eine bewußt *einheitliche sinnhafte* Stellungnahme zu ihm"[23] gewonnen zu haben. Die geistige Selbstauslegung des Menschen steht hier zwar noch ganz unter dem Einfluss der ihr zugrundeliegenden Offenbarung. Gleichwohl artikuliert sich in der Emanzipation der geistigen Selbstauslegung von den magischen und damit – wie Weber sagt – naturalistisch gefärbten Vorstellungsmustern ein grundlegender Freiheits- sowie damit einhergehend ein massiver Rationalisierungsschub. Diese Sichtweise mag auf den ersten Blick widersprüchlich erscheinen, doch in der religiös motivierten Loslösung von der Magie liegt Webers Auffassung nach der Wurzelgrund für die Entzauberung der Welt. Und genau darin liegt wiederum die Möglichkeit begründet, das technische Denken auf ein neues Fundament zu stellen. Auch wenn Weber das Prophetentum mit dem Begriff der modernen – und das heißt für ihn – rationalen Technik in Verbindung gebracht wird, legt er in seinen Schriften, die zu den geschichtlichen Grundlagen der rationalen Technik Stellung nehmen, darauf nicht das Augenmerk. Sie liegen für ihn vielmehr in der Entstehung der modernen Wissenschaften sowie im modernen Kapitalismus. Die Herausbildung beider Größen wird von Weber einerseits mit der Renaissancekunst und -philosophie und andererseits mit der protestantischen Ethik in Verbindung gebracht.

2.2 Die rationale Technik des „Abendlandes"

Auf die Bedeutung der Renaissance für die ‚abendländische' Kulturgeschichte kommt Weber in seinem berühmten, 1917 in München gehaltenen Vortrag „Wissenschaft als Beruf" zu sprechen.[24] Diese Ausführungen sind in diesem Zusammenhang insofern von Bedeutung, als sie den umformenden Einfluss dieser – von Burkhardt und Dilthey als Epochenbegriff etablierten – Periode auf die Wissenschaftskultur reflektieren. Die rationale Technik hat Webers Auffassung nach in der Renaissance ihre Wurzeln, ursprünglich im Bereich der Kunst, wobei er vor allem an

---

22 WEBER, MAX, Die „Objektivität" sozialwissenschaftlicher und sozialpolitischer Erkenntnis, in: DERS., Gesammelte Aufsätze zur Wissenschaftslehre, hg. v. WINCKELMANN, JOHANNES, Tübingen ^{4}1973, 146–214; hier: 180.

23 WEBER, Religiöse Gemeinschaften, a. a. O. (s. Anm. 6), 193.

24 Zur Datierung des Vortrags vgl. SCHLUCHTER, WOLFGANG, Einleitung, in: WEBER, MAX, Wissenschaft als Beruf (1917/1919), Politik und Beruf (1919), hg. v. MOMMSEN, WOLFGANG J. / SCHLUCHTER, WOLFGANG, Tübingen 1992 (Max Weber Gesamtausgabe I/17), 1–46; hier: 43ff.

Leonardo und die musikalischen Experimentatoren des 16. Jahrhunderts denkt.[25] Hier sei die Basis dafür gelegt worden, „das Experiment zum Prinzip der Forschung“[26] zu erheben. Von jenen Renaissancekünstlern sei es vor allem durch Galilei und Bacon aufgegriffen, theoretisch durchdrungen und zur Grundlage wissenschaftlichen Denkens erhoben worden.[27] Weber beschreibt sodann, wie das Experiment die Wissenschaftspraxis eroberte und sich als ein geeignetes Mittel erwies, zufällige Faktoren weitestgehend auszuschließen und nach Maßgabe „zuverlässig kontrollierter Erfahrung“[28] operieren zu können.

Für die Entwicklung der Technik besitzt die Etablierung der exakten Naturwissenschaften insofern eine kaum zu überschätzende Bedeutung, als sie – wie Weber formuliert – Antwort auf die Frage geben: „Was sollen wir tun, *wenn* wir das Leben *technisch* beherrschen wollen?“[29] Auf den Naturwissenschaften gründet die „Technik der Beherrschung des Lebens“[30] und sie legt damit zugleich den Grundstein für die Verwissenschaftlichung der Technik, der, wie schon mehrfach angedeutet wurde, Weber für die Entstehung der rationalen Technik zentrale Bedeutung beimisst.

Dass auch die protestantische Askese dazu beitrug, hatte Weber bereits in seiner *Protestantischen Ethik* herauszuarbeiten versucht. In einer seiner berühmtesten Formulierungen heißt es:

> „Denn indem die Askese aus den Mönchszellen heraus in das Berufsleben übertragen wurde und die innerweltliche Sittlichkeit zu beherrschen begann, half sie an ihrem Teile mit daran, jenen mächtigen Kosmos der modernen, an die technischen und ökonomischen Voraussetzungen mechanisch-maschineller Produktion gebundenen, Wirtschaftsordnung erbauen, der heute den Lebensstil aller einzelnen, die in dies Triebwerk hineingeboren werden […], mit überwältigendem Zwange bestimmt und vielleicht bestimmen wird, bis der letzte Zentner fossilen Brennstoffs verglüht ist.“[31]

---

25 WEBER, MAX, Wissenschaft als Beruf, in: DERS., Wissenschaft als Beruf (1917/1919), Politik als Beruf (1919), hg. v. MOMMSEN, WOLFGANG J. / SCHLUCHTER, WOLFGANG, Tübingen 1992 (Max Weber Gesamtausgabe I/17), 71–111; hier: 90.

26 WEBER, Wissenschaft als Beruf, a. a. O. (s. Anm. 25), 90.

27 A. a. O., 90.

28 A. a. O., 90. Diesen Aspekt greift Weber in seiner im Rahmen der Wirtschaftssoziologie vorgenommenen Bestimmung dessen auf, was rationale Technik sei, und zwar mit dem Verweis auf die *bewusste* und vor allem *planvolle* Orientierung derselben, vgl. WEBER, WuG, a. a. O. (s. Anm. 2), 32.

29 WEBER, Wissenschaft als Beruf, a. a. O. (s. Anm. 25), 94.

30 A. a. O., 92. Weber stellt damit Überlegungen an, die zur damaligen Zeit keineswegs Originalität für sich beanspruchen konnten. Vielmehr waren sie weit verbreitet.

31 WEBER, MAX, Die protestantische Ethik und der „Geist“ des Kapitalismus. Textausgabe auf der Grundlage der ersten Fassung von 1904/05 mit einem Verzeichnis der wichtigsten Zusätze und Veränderungen aus der zweiten Fassung von 1920, hg. v. LICHTBLAU, KLAUS / WEIß, JOHANNES, Weinheim ^{3}2000, 153.

Die protestantische Askese ist somit in ihrem Einfluss auf die ökonomische und – wie Weber explizit herausstellt – auf die technische Entwicklung von zentraler Bedeutung. Die jenseitige Ziele verfolgende Rationalisierung dieses Berufslebens hat sich auf beide Gebiete niedergeschlagen. Weber spricht von der

> „Rationalisierung der Vollzugs*weise*, die aller modernen Technik oder der Systematisierung des Betriebs zur rationalen Erwerbswirtschaft, die allem modernen Kapitalismus zugrunde liegt. Die ethische Weihe dieses Wirtschaftsrationalismus, des ‚Unternehmers', gehört der Ethik des asketischen Protestantismus an."[32]

Weber entwirft im Rahmen seiner Rationalisierungsthese, die ihren Höhepunkt in der Bestimmung des okzidentalen Rationalismus hat, eine – um mit Gehlen zu sprechen – „Superstruktur",[33] die sich durch den wechselseitigen Bedingungszusammenhang von Wirtschaft, Wissenschaft und Technik auszeichnet.[34] Die Transformation von Wissenschaft und Wirtschaft, die durch Renaissance und Reformation beeinflusst wurden, hinterließen Webers Auffassung nach deutlich Spuren auf das technische Denken, das sich unter den Bedingungen der Moderne zu einer rationalen Technik hin entwickelte. Anders formuliert: die Herausbildung der rationalen Technik hat sowohl die Verwissenschaftlichung als auch die Ökonomisierung des technischen Denkens zur Voraussetzung, einerseits in Gestalt der modernen Naturwissenschaften, andererseits in Gestalt des modernen Kapitalismus. Die Signatur der Moderne, die wesentlich durch jene Trias bestimmt ist, hat Weber in das Bild vom „stahlharte[n] Gehäuse"[35] effektvoll gebannt. Diesen Faden gilt es nun weiter zu verfolgen, weil er zu den Antinomien führt, die Webers Auffassung nach mit dieser Entwicklung verbunden sind.

3. Die kulturelle Prägekraft technischer Rationalität in der Moderne

Wenn mit Bezug auf Max Weber vom stahlharten Gehäuse die Rede ist, denkt man zuerst an seine Kapitalismustheorie. Doch genauso wie laut Weber die leblosen Maschinen der Produktionsprozesse Menschen in ihren Dienst zwingen, genauso spricht er bezogen auf die moderne bürokratische Verwaltung von einer „unent-

---

32 Weber, Religiöse Gemeinschaften, a. a. O. (s. Anm. 6), 173.

33 Vgl. dazu Ley, Friedrich, Arnold Gehlens Begriff der Religion. Ritual – Institution – Subjektivität, Tübingen 2009, 25.201ff.

34 In Webers letzter Antwort auf Felix Rachfahls Kritik an der Protestantismusstudie findet sich eine ähnliche Zusammenstellung, vgl. Weber, Max, Antikritisches Schlußwort zum ‚Geist des Kapitalismus' (1910), in: Ders., Die protestantische Ethik, Bd. II: Kritiken und Antikritiken, hg. v. Winckelmann, Johannes, München, Hamburg 1968, 283–345; hier: 324.

35 Weber, Die protestantische Ethik, a. a. O. (s. Anm. 31), 153.

fliehbaren Macht“ (WuG, 836), in deren Rahmen unser „gesamtes Alltagsleben“ (WuG, 128) eingespannt sei.[36]

Die Moderne zeichnet sich nicht allein durch einen Siegeszug des modernen Kapitalismus aus. Gleiches gelte für die Bürokratie bzw. die bürokratische Herrschaft und damit für die sie bestimmende technische Rationalität. In diesem Zusammenhang hat Weber nicht allein die Effekte innerhalb der Verwaltungsbehörden im Blick. Vielmehr sei die gesamte Lebensführung in allen ihren Dimensionen von diesem Prozess betroffen. In Anbetracht „der universellen Bürokratisierung“ (WuG, 834) prognostiziert Weber: „Der Bürokratisierung gehört die Zukunft“ (WuG, 834).[37]

Bemerkenswert ist in diesem Zusammenhang Webers Annahme, dass der Kapitalismus ursächlich an der Entstehung der modernen Staatsbürokratie beteiligt war, indem er den „Bedarf nach stetiger, straffer, intensiver und *kalkulierbarer* Verwaltung [...] historisch geschaffen hat.“ (WuG, 129).[38] Die Erfolgsgeschichte des modernen Staates und Kapitalismus ist für ihn im hohen Maße in der technischen Rationalität bürokratischer Verwaltungsprozesse begründet. Worin aber besteht der Effekt, den der technische Rationalisierungsprozess in Staat und Wirtschaft auf die Lebensführung hat? Um diese Frage beantworten zu können, bietet es sich an, auf Webers berühmten Vortrag „Wissenschaft als Beruf“ zurückzukommen.

Weber setzt sich in diesem Vortrag bekanntlich mit dem „*Sinnproblem* der Wissenschaft“[39] auseinander. Dieses Problem rufe der ad infinitum gehende Prozess wissenschaftlicher Erkenntnisse hervor, der unter den Vorzeichen einer hochgradig ausdifferenzierten Wissenschaftslandschaft sowie eines Fachmenschentums

---

[36] „Geronnener Geist ist auch jene lebende Maschine, welche die bürokratische Organisation mit ihrer Spezialisierung der geschulten Facharbeit, ihrer Abgrenzung der Kompetenzen, ihren Reglements und hierarchisch gestuften Gehorsamsverhältnissen darstellt. Im Verein mit der toten Maschine ist sie an der Arbeit, das Gehäuse jener Hörigkeit der Zukunft herzustellen, in welche vielleicht dereinst die Menschen sich ohnmächtig zu fügen gezwungen sein werden, wenn ihnen eine rein technisch gute und das heißt: eine rationale Beamten-Verwaltung und -Versorgung der letzte und einzige Wert ist, der über die Art der Leitung ihrer Angelegenheiten entscheiden soll.“ DERS., WuG, a. a. O. (s. Anm. 2), 835.

[37] Kein geringerer als Theodor W. Adorno bescheinigte Webers Bürokratietheorie, die „tödlichste“ der Aporien der Moderne darzustellen. ADORNO, THEODOR W., Rede beim offiziellen Empfang im Heidelberger Schloß, in: STAMMER, OTTO (Hg.), Max Weber und die Soziologie heute. Verhandlungen des 15. Deutschen Soziologentages, Tübingen 1965, 99–102; hier: 100

[38] „Auch geschichtlich steht aber der ‚Fortschritt‘ zum bürokratischen, nach rational gesatztem Recht und rational erdachten Reglements judizierenden und verwaltenden Staat in engstem Zusammenhang mit der modernen kapitalistischen Entwicklung.“ WEBER, WuG, a. a. O. (s. Anm. 2), 826.

[39] WEBER, Wissenschaft als Beruf, a. a. O. (s. Anm. 25), 85.

bzw. Spezialistentums steht. Auch wenn die Wissenschaft dazu nicht in der Lage sei, eine Antwort auf die Frage zu geben „„Was sollen wir tun? Wie sollen wir leben?'",[40] versucht Weber der – wie er meint – dem Rationalisierungs- bzw. Intellektualisierungsprozess der Moderne so skeptisch gegenüberstehenden Jugend die Bedeutung wissenschaftlichen Arbeiten aufzuzeigen. Doch nicht seine Beurteilung wissenschaftlichen Arbeitens selbst soll hier in den Blick genommen werden. Vielmehr gilt es auf seine Überlegungen einzugehen, die der Beantwortung der Frage dienen, „was denn eigentlich diese intellektualistische Rationalisierung durch Wissenschaft und wissenschaftlich orientierte Technik praktisch bedeutet."[41] In diesem Zusammenhang stellt er Reflexionen an, die er bereits vor dem Ersten Weltkrieg in seinem Aufsatz „Über einige Kategorien der verstehenden Soziologie" angedeutet hatte, sodass dieser hier gleichermaßen Berücksichtigung finden muss.

Weber vergleicht den Grad des Wissens, den Vertreter sog. „primitiver" Gesellschaften und Vertreter der modernen „abendländischen" Gesellschaft von den rationalen Grundlagen ihrer Lebensführung besitzen. Dabei kommt er zu dem Ergebnis, dass der „Indianer" oder „Hottentotte" davon weit höhere Kenntnis besitzen als der sog. Zivilisierte. „Der ‚Wilde' weiß von den ökonomischen und sozialen Bedingungen seiner eigenen Existenz unendlich viel mehr als der im üblichen Sinn ‚Zivilisierte'."[42] Auch wenn sich die Moderne durch einen rasanten Rationalisierungsprozess auszeichnet, führt letzterer keinesfalls zu einer „Universalisierung des Wissens". Vielmehr verweisen Webers Überlegungen in eine andere Richtung:

> „Der Fortschritt der gesellschaftlichen Differenzierung und Rationalisierung bedeutet also, wenn auch nicht absolut immer, so im Resultat durchaus normalerweise, ein im ganzen immer weiteres Distanzieren der durch die rationalen Techniken und Ordnungen praktisch Betroffenen von deren rationaler Basis, die ihnen, im ganzen, verborgener zu sein pflegt wie dem ‚Wilden' der Sinn der magischen Prozeduren seines Zauberers."[43]

In dieser Formulierung deutet Weber einen Entfremdungseffekt an. Der für die Moderne signifikante Rationalisierungsprozess führt auf der Ebene der alltäglichen Lebensführung zu einer Entfremdung von den rationalen Grundlagen derjenigen Faktoren, die die Funktionsfähigkeit der gesamtgesellschaftlichen Wirklichkeit garantieren sollen. Gegenüber den rationalen Rahmenbedingungen seiner Lebensführung attestiert Weber dem – mit den „‚Wilden'" verglichenen – Zivilisierten lediglich eine „‚rationale' Note", die er wie folgt spezifiziert.

---

40 A. a. O., 93.

41 A. a. O., 86.

42 WEBER, MAX, Über einige Kategorien der verstehenden Soziologie, in: DERS., Gesammelte Aufsätze zur Wissenschaftslehre, hg. v. WINCKELMANN, JOHANNES, Tübingen ⁴1973, 427–474; hier: 473.

43 A. a. O., 473.

Es sei „der generell eingelebte *Glaube* daran, daß die Bedingungen seines Alltagslebens, heißen sie nun: Trambahn oder Lift oder Geld oder Gericht oder Militär oder Medizin, *prinzipiell* rationalen Wesens, d.h. der rationalen Kenntnis, Schaffung und Kontrolle zugängliche menschliche Artefakte seien".[44] Diese Bestimmung unterstreicht die Distanzdiagnose. Denn ihr zufolge baut das Verhältnis des modernen Menschen zu den rationalen Grundlagen seiner Lebensführung auf keinem rationalen Fundament auf. Weber spricht vielmehr von einem Glauben, der auf das Gebiet des Traditionalen verweist, zumal von einem „eingelebten" Glauben die Rede ist. Dieser Ausdruck zeigt an, dass es sich um keine rationale – weder zweck- noch wertrationale – Einstellung gegenüber den rationalen Grundlagen handelt, die für die alltägliche Lebensführung bestimmend sind. Das aber bedeutet im Gegenzug, dass der Rationalisierungsprozess – zumindest vom Standpunkt der Zweck- und Wertrationalität aus betrachtet – in einen Prozess zunehmender Irrationalisierung umschlägt.

Dieser Sachverhalt wirft ein besonderes Licht auf den Rationalisierungsprozess der entzauberten Welt. Denn es hat den Anschein, dass Weber der Meinung ist, dieser Prozess verkehre sich in sein Gegenteil, was vor allem der Vergleich mit dem Prozess nahe legt, der die Entzauberung der Welt vorbereitet hat – der der Religionsgeschichte. Während letzterer – vor allem in Gestalt der jüdischen Prophetie und der protestantischen Ethik – von teilweise irrationalen Prämissen angetrieben der Magie den Garaus gemacht hat und damit zunächst dem Geist des Kapitalismus und darauf aufbauend dem der staatlichen Bürokratie den Boden bereitete, erweist sich dieser technische Geist als in sich antinomisch verfasst.

Die Vorherrschaft der technischen Rationalität in Wirtschaft und Staat führt zwar zu einer stetigen Fortsetzung des Rationalisierungsprozesses, von der alle Bereiche der gesellschaftlichen Wirklichkeit betroffen sind. Gleichzeitig führt dieser Prozess – Webers Ausführungen zufolge – zu einer Entfremdung von den technischen Grundlagen derjenigen Bedingungen, die die alltägliche Lebensführung bestimmen.

Aber auch wenn Weber der rationalen Technik einen ausgesprochen ambivalenten Charakter bescheinigt, schlägt dieses Urteil nicht dazu um, sie einseitig zu kritisieren oder gar zu dämonisieren. Solchen Sichtweisen würde er schon insofern skeptisch gegenüberstehen, als er der Überzeugung war, dass sich die „steigende Kompliziertheit der Kultur" (WuG, 560) sowie die spezifischen Bedürfnisse und Herausforderungen von Massengesellschaften nur unter Zuhilfenahme rationaler Technik bewältigen lassen. Und gleichwohl vertritt Weber die Auffassung, dass die Durchsetzung der rationalen Technik ‚irrationale' Entfremdungseffekte zeitigt, die

---

44 A. a. O., 473.

den ökonomischen Interessen des modernen Kapitalismus zugutekommen.[45] Detlev Peukert spitzt diese Dimension des Weberschen Denkens in der Weise zu,

> „daß der Sieg der technisch-wissenschaftlichen Weltdeutung über die alten religiösen Weltbilder gerade nicht in das von den Aufklärern erträumte Vernunftreich führe, sondern in eine neue Welle von Flucht- und Aufbruchbewegungen in Sphären jenseits der Vernunft auslöste."[46]

Wie auch immer man sich zu dieser – unter den spezifischen Bedingungen der klassischen Moderne formulierten – Diagnose Webers stellen mag, wirkungsgeschichtlich sollte sie ein breites Echo erfahren. Denn Weber hat auf diesem Wege wesentlich dazu beigetragen, den dialektischen Charakter technischer Rationalität herauszuarbeiten. Und unter diesem Blickwinkel betrachtet, nimmt es auch nicht Wunder, dass das bekannteste und einflussreichste Werk Theodor W. Adornos und Max Horkheimers – „Die Dialektik der Aufklärung" – mit einer Bezugnahme auf Weber einsetzt.[47]

---

45 Vgl. a. a. O., 473f. Auch aus der Perspektive des Technikbegriffs betrachtet, bestätigt sich einmal mehr die erstmals von Karl Jaspers prominent vertretene und später – mit jeweils unterschiedlichen Akzenten – von Karl Löwith und Wilhelm Hennis reformulierte These, dass von Webers Denken zentrale Impulse für das Verständnis der menschlichen Lebensführung unter den Bedingungen der Moderne ausgingen (vgl. JASPERS, KARL, Max Weber. Gesammelte Schriften. Mit einer Einführung von Dieter Henrich, München, Zürich 1988. LÖWITH, KARL, Max Weber und Karl Marx [1932], in: DERS., Hegel und die Aufhebung der Philosophie im 19. Jahrhundert – Max Weber, Stuttgart 1988, [Karl Löwith Sämtliche Schriften, Bd. 5], 324–407. HENNIS, WILHELM, Max Webers Wissenschaft vom Menschen. Neue Studien zur Biographie des Werks, Tübingen 1996.). Weber sei es gelungen, wie Dieter Henrich bezogen auf die Weberdeutung Jaspers sagt, die „Antinomik des menschlichen Daseins" auf den Begriff zu bringen. HENRICH, DIETER, Denken im Blick auf Max Weber. Eine Einführung, in: JASPERS, KARL, Max Weber, a. a. O., 7–31; hier: 10.

46 PEUKERT, DETLEV, Max Webers Diagnose der Moderne, Göttingen 1989, 60.

47 „Seit je hat Aufklärung im umfassenden Sinn fortschreitenden Denkens das Ziel verfolgt, von den Menschen die Furcht zu nehmen und sie als Herren einzusetzen. Aber die vollends aufgeklärte Erde strahlt im Zeichen triumphalen Unheils. Das Programm der Aufklärung war die Entzauberung der Welt." (HORKHEIMER, MAX / ADORNO, THEODOR W., Dialektik der Aufklärung. Philosophische Fragmente, in: HORKHEIMER, MAX, Gesammelte Schriften Bd. 5: Dialektik der Aufklärung und Schriften 1940–1950, hg. v. SCHMID NOERR, GUNZELIN, Frankfurt a. M. ³2003, 16–238; hier: 25). Jürgen Habermas spinnt diesen Faden anhand des Rationalitätsbegriffs weiter, dem er eine „Zweideutigkeit" bescheinigt: „Diese Zweideutigkeit ist von Horkheimer und Adorno als Dialektik der Aufklärung entschlüsselt, und die Dialektik der Aufklärung ist von Marcuse zur These zugespitzt worden: daß Technik und Wissenschaft selber ideologisch werden." HABERMAS, JÜRGEN, Technik und Wissenschaft als ‚Ideologie' [Für Herbert Marcuse zum 70. Geburtstag am 19.VII.1968], in: DERS., Technik und Wissenschaft als ‚Ideologie', Frankfurt a. M. ⁴1970, 49–103; hier: 94.

Philipp David

Dem Unverfügbaren gelassen begegnen. Martin Heideggers wesentliche Besinnung auf die Technik[1]

1. Kaminsaal, Kurhotel und Akademie der Künste statt Katheder

Martin Heidegger (1889–1976) hielt am 1. und 2. Dezember 1949 im Kaminsaal des Rathauses der Hansestadt Bremen vor Schiffsmaklern, Kaufleuten und Kapitänen vier Vorträge unter dem Gesamttitel „Einblick in das was ist". Eingeladen hatte den Philosophen der „Club zu Bremen", eine „Vereinigung von angesehensten Vertretern der Kaufmannschaft und des hanseatischen Großbürgertums".[2] Im Frühjahr 1950, am 25. und 26. März, wiederholte er diesen Vortragszyklus unverändert im mondänen Jugendstil-Kurhotel auf der Bühlerhöhe hoch über Baden-Baden im nördlichen Schwarzwald vor „Damen und Herren der besseren Gesellschaft". Die Titel der Vorträge lauteten: „Das Ding", „Das Gestell", „Die Gefahr" und „Die Kehre".[3] Zwar wurde das im Jahre 1946 von der französischen Militärregierung verhängte Lehrverbot im September 1949 aufgehoben, aber erst nach seiner ordentlichen Emeritierung am 26. September 1951 nimmt Heidegger seine Lehrtätigkeit im Wintersemester 1951/1952 an der Universität Freiburg mit der Vorlesung „Was heißt Denken?"[4] wieder auf, die er

---

1 Erweiterte Fassung eines Vortrags zur Einführung in das Technikverständnis Martin Heideggers im Rahmen seines späten Denkens, gehalten am 27. April 2012 im Rahmen der von der Deutschen Forschungsgemeinschaft (DFG) geförderten Wissenschaftlichen Tagung an der Technischen Universität Dresden „Unverfügbarkeit und Handlungsfreiraum. Gestalten anthropologischer und theologischer Technikdeutung" (SFB 804 gefördert von der DFG: Transzendenz und Gemeinsinn. Teilprojekt N „Konstruktionen von Transzendenz und Gemeinsinn in Technik und Theologie". Prof. Dr. Christian Schwarke).

2 PETZET, HEINRICH WIEGAND, Auf einen Stern zugehen. Begegnungen und Gespräche mit Martin Heidegger 1929–1976, Frankfurt a. M. 1983, 59. Vgl. zur Einleitung auch SAFRANSKI, RÜDIGER, Ein Meister aus Deutschland. Heidegger und seine Zeit, Frankfurt a. M. 1997, 432–449. DENKER, ALFRED, Unterwegs in Sein und Zeit. Einführung in Leben und Denken von Martin Heidegger, Stuttgart 2011, 206f.

3 Die Bremer Vorträge sind jetzt versammelt in: HEIDEGGER, MARTIN, Bremer und Freiburger Vorträge. 1. Einblick in das was ist. Bremer Vorträge 1949. 2. Grundsätze des Denkens. Freiburger Vorträge 1957, Frankfurt a. M. 1994, Gesamtausgabe (GA) 79, 1–77. Der vierte Vortrag „Die Kehre" erschien erneut in: DERS., Identität und Differenz, Frankfurt a. M. 2006, GA 11, 113–124.

4 HEIDEGGER, MARTIN, Was heißt Denken? Tübingen 1954.

noch einmal im Sommersemester 1952 hält. Im Kreis von hanseatischen Großbürgern und in der „Zauberberg-Atmosphäre" eines Schwarzwald-Sanatoriums verspürte einer der durch seinen Einsatz für den Nationalsozialismus[5] umstrittensten und doch zugleich anregendsten Denker des 20. Jahrhunderts „freie Luft"[6] für den Start des Pilotprojekts seiner Spätphilosophie.[7] Ob sich dem Publikum allerdings seine schwierigen und doch befremdlich klingenden Überlegungen zum Gestell, zu Einblick und Einblitz und zum Spiegel-Spiel des Welt-Gevierts aus Erde und Himmel, Göttlichen und Sterblichen unmittelbar erschlossen haben, können wir nicht mehr in Erfahrung bringen. Heidegger selber verschafften diese Auftritte weitere Aufmerksamkeit und eröffneten ihm die Möglichkeit, seine so bislang ungedachten Gedanken im Rahmen einer regen Vortragstätigkeit zu entfalten.[8]

Den ersten Vortrag „Das Ding" hielt er in erweiterter Fassung am 6. Juni 1950 vor großem Publikum in der Bayerischen Akademie der Schönen Künste. Er ist 1954 im zweiten Teil der von Heidegger bei Günther Neske in Pfullingen herausgegebenen „Vorträge und Aufsätze" erschienen. Diese Aufsatzsammlung wurde im Jahre 2000 in neunter Auflage im Rahmen der bei Vittorio Klostermann in Frankfurt am Main erscheinenden Gesamtausgabe als siebenter Band herausgegeben. Den zweiten Vortrag „Das Gestell" brachte Heidegger in veränderter Gestalt zu Gehör am 18. November 1953,[9] ebenfalls im Rahmen einer von der Akademie der Schönen Künste veranstalteten Vortragsreihe „Die Künste im

---

5 Vgl. hierzu u.a. FARIAS, VICTOR, Heidegger und der Nationalsozialismus, Frankfurt a. M. 1989. FAYE, EMMANUEL, Heidegger. L'introduction du nazisme dans la philosophie, Paris 2005 (dt.: Heidegger und die Einführung des Nationalsozialismus in die Philosophie, Berlin 2008). ZABOROWSKI, HOLGER, „Eine Frage von Irre und Schuld". Martin Heidegger und der Nationalsozialismus, Frankfurt a. M. 2010. GROSSER, FLORIAN, Revolution denken. Heidegger und das Politische. 1919–1969, München 2011.

6 HEIDEGGER, MARTIN, Gelassenheit, Pfullingen 1959, 17. Im Folgenden wird nach dieser Ausgabe zitiert. Der Text findet sich auch in: HEIDEGGER, MARTIN, Reden und Zeugnisse eines Lebensweges 1910–1976, Frankfurt a. M. 2000, GA 16, 517–529.

7 Von großer Bedeutung für das Verständnis von Heideggers Spätphilosophie ist für die Heidegger-Rezeption der „Brief über den ‚Humanismus'" (1946). Darin zeichnet Heidegger selber die Weiterentwicklung des eigenen Denkweges seit „Sein und Zeit" (1927) nach. Der Brief an Jean Beaufret stammt aus dem Herbst 1946. Zuerst erschien er zusammen mit „Platons Lehre von der Wahrheit" bei A. Francke A.G., Bern 1947. Bei Vittorio Klostermann, Frankfurt a. M., erschien er als selbständige Schrift 1947. Hier wird er zitiert aus HEIDEGGER, MARTIN, Wegmarken, Frankfurt a. M. [3]2004, GA 9, 313–364.

8 Vgl. SAFRANSKI, Ein Meister aus Deutschland, a. a. O. (s. Anm. 2), 432–449.

9 So verzeichnet es der Herausgeber in HEIDEGGER, MARTIN, Vorträge und Aufsätze, Frankfurt a. M. 2000, GA 7, 289. Die Opuscula-Ausgabe, DERS., Die Technik und die Kehre, Pfullingen 1962, gibt das Jahr 1955 an (auf Seite 3).

technischen Zeitalter". Die jedoch völlig neu gestaltete und erweiterte Fassung trug nun den Titel „Die Frage nach der Technik". Führte der Vortrag Heideggers 1950 in München noch zu Aufregung und Empörung, versammelte sich diesmal im Auditorium Maximum der Technischen Hochschule das geistige München jener Zeit. Im Publikum saßen Hans Carossa, Friedrich Georg Jünger, Werner Heisenberg, Ernst Jünger, José Ortega y Gasset u.a. Es war vielleicht der größte öffentliche Erfolg Heideggers im Nachkriegsdeutschland. Als Heidegger mit seinem berühmt gewordenen Satz schloss – „Denn das Fragen ist die Frömmigkeit des Denkens" –, gab es kein Halten mehr und das Publikum huldigte ihm mit stehenden Ovationen. Im Druck erschien dieser Vortrag in Band III des Jahrbuches der Akademie aus dem Jahre 1954.[10] Martin Heidegger wiederholte diesen Vortrag am 10. Februar 1954 im Paulussaal in Freiburg im Breisgau. Diese Fassung kam als erster Beitrag in seiner bereits erwähnten Sammlung „Vorträge und Aufsätze" zu stehen, die als „nachmetaphysische Denkversuche" gelesen werden können. Der dritte Vortrag „Die Gefahr" wurde erst im Rahmen der Gesamtausgabe im Jahre 1994 veröffentlicht. Der vierte Vortrag „Die Kehre" wurde erstmals 1962 bei Günther Neske als erster Band der Reihe „Opuscula aus Wissenschaft und Dichtung" zusammen mit dem Vortrag „Die Frage nach der Technik" veröffentlicht unter dem Titel: „Die Technik und die Kehre".[11]

Martin Heideggers Besinnungen über die Technik sind nicht nur maßgeblich und zentral für sein eigenes späteres Denken und Ansporn für weitere philosophische Besinnungen anderer Denker,[12] sondern auch als Teil einer Debatte[13] zu sehen, auf die hier nur hingewiesen werden kann. Sie beginnt bereits in der Frühromantik und erreicht am Vorabend des Ersten Weltkriegs einen Höhepunkt. In den zwanziger Jahren nach der verheerenden Katastrophe des Krieges und auch in den dreißiger und vierziger Jahren wird sie fortgeführt. Heidegger selbst geht allerdings nicht direkt auf sie ein.[14] Aufgezählt seien hier nur kurz einige wenige Beiträge von Zeitgenossen Heideggers: Aldous Huxley („Brave New World", 1932), Günter Anders („Kafka, pro und contra", 1951; „Die Anti-

---

[10] Vgl. die editorischen Hinweise in: HEIDEGGER, MARTIN, Vorträge und Aufsätze, a. a. O. (s. Anm. 9), 289.

[11] HEIDEGGER, MARTIN, Technik, a. a. O. (s. Anm. 9), 37–47. Der Verlag verfolgte das Ziel kurzer Textsammlungen für Unterricht und Studium und wählte die beiden Texte Heideggers für den ersten Band der Reihe aus.

[12] Vgl. z.B. JANKE, WOLFGANG, Kritik der präzisierten Welt, Freiburg / München 1999, dessen Denken neben der idealistischen Philosophie Fichtes einen Ausgang nahm bei „Die Technik und die Kehre" und dem dichtenden Denken Hölderlins.

[13] Vgl. Art. Technik, in: HWP, Bd. 10, Darmstadt / Basel 1998, 940–952.

[14] Wenig Aufschluss bieten auch die Vorarbeiten zu dieser Frage, die jetzt vorliegen: HEIDEGGER, MARTIN, Leitgedanken zur Entstehung der Metaphysik, der neuzeitlichen Wissenschaft und der modernen Technik, Frankfurt a. M. 2009, GA 76, 285–379.

quiertheit des Menschen“, 1956), Alfred Weber („Der dritte oder der vierte Mensch“, 1953), Friedrich Georg Jünger („Die Perfektion der Technik“, 1944/1953)[15] sowie ihnen allen vorgängig sein Bruder Ernst Jünger („Der Arbeiter“, 1932), mit dessen Werk sich Heidegger intensiv beschäftigte,[16] sowie Walter Benjamin („Das Kunstwerk im Zeitalter seiner technischen Reproduzierbarkeit“, 1939).[17] Nachgängig ist die Technokratie-Debatte im Anschluss an Arnold Gehlen („Die Seele im technischen Zeitalter“, 1957), Helmut Schelsky („Der Mensch in der wissenschaftlichen Zivilisation“, 1961) und Jürgen Habermas („Technik als Wissenschaft und Ideologie“, 1968).

Die Analyse und Deutung neuzeitlicher Technik und Technikkritik wie auch die Hinwendung zur Kunst und zur Dichtung Hölderlins stehen für Heidegger insbesondere nach dem Scheitern seines Rektorats 1933/1934 im Fokus seines Interesses.[18] In der Beschäftigung mit der Technik hat er die Einsicht gewonnen, dass sich in der Technik nicht weniger als das abendländische Denken überhaupt und mit ihm die Philosophie als Metaphysik vollende.[19] Eine „Kehre“ des

---

15 Vgl. hierzu die Studie von GEYER, ANDREAS: Friedrich Georg Jünger. Werk und Leben, Wien / Leipzig 2007, 229.

16 Vgl. HEIDEGGER, MARTIN, Zur Seinsfrage (1955), in: DERS., Wegmarken, a. a. O. (s. Anm. 7), 385–426. Dieser Beitrag erschien erstmals unter dem Titel „Über ‚Die Linie‘“ als Beitrag zur Festschrift für Ernst Jünger zum 60. Geburtstag in: Freundschaftliche Begegnungen, Frankfurt a. M. 1955, 9–45. HEIDEGGER, MARTIN, Zu Ernst Jünger (1939/40), GA 90, Frankfurt a. M. 2004. JÜNGER, ERNST / HEIDEGGER, MARTIN, Briefe 1949–1975, unter Mitarbeit von MAIER, SIMONE, hg., kommentiert u. mit einem Nachwort versehen v. FIGAL, GÜNTHER, Stuttgart, Frankfurt a. M. 2008.

17 Zu Walter Benjamin vgl. den Beitrag von Malte Dominik Krüger in diesem Band. Ferner zu Heidegger und Benjamin: VAN REIJEN, WILLEM, Der Schwarzwald und Paris. Heidegger und Benjamin, München 1998.

18 Nach DENKER, Unterwegs in Sein und Zeit, a. a. O. (s. Anm. 2), 160, hat sich Heidegger aus zwei Gründen nach seinem Rektorat – in das er fast einstimmig am 21. April 1933 gewählt wurde und das er am 12. April 1934 mit seinem Rücktrittsgesuch beendete – so dezidiert der Kunst zugewandt: „1. Durch den Misserfolg mit seinem Rektorat hatte Heidegger sein Vertrauen in die Möglichkeit verloren, eine politische Umwälzung des ganzen deutschen Daseins zu bewirken, und er suchte nach einem anderen Ausweg aus der Krise der Moderne. 2. In dieser Zeit begann er die Geschichte der Metaphysik als die Entfaltung des Nihilismus zu interpretieren. In seinen etwas späteren Nietzsche-Vorlesungen deutete er dann dessen Philosophie als Vollendung der Metaphysik. Die erste Nietzsche-Vorlesung im Wintersemester 1936/1937 trug den Titel ‚Nietzsche: Der Wille zur Macht als Kunst‘.“ Aus der Fülle der Literatur darüber: HEIDEGGER, MARTIN, Kunst und Technik. Gedächtnisschrift zum 100. Geburtstag von Martin Heidegger hg. v. BIEMEL, WALTER / VON HERRMANN, FRIEDRICH-WILHELM, Frankfurt a. M. 1989.

19 HEIDEGGER, MARTIN, Die Zeit des Weltbildes (1938), in: DERS., Holzwege, Frankfurt a. M. ²2003, GA 5, 75–96; hier: 75. Vgl. LUCKNER, ANDREAS, Heidegger und das Den-

Denkens war für Heidegger „notwendig" geworden. In diesem Wort „Kehre" klingen an die religiös konnotierten Begriffe einer „Einkehr", „Umkehr" und „Bekehrung". Heideggers Vorgehen ist es immer gewesen, den Hörer bzw. Leser mit auf einen Weg des Denkens zu nehmen: Auf den Weg eines Denkens, das als Fragen verstanden wird und für das die Sprache und insbesondere die ursprünglichen, die anfänglichen Wortbedeutungen eine große Rolle spielen, denn „[a]lle Denkwege führen, mehr oder weniger vernehmbar, auf eine ungewöhnliche Weise durch die Sprache." (GA 7, 13)

2. Fragen nach der Technik als Frömmigkeit des Denkens

Auch wenn es vor diesem Hintergrund vielleicht nicht verwundert, dass uns ein Text Heideggers mit dem Titel „Die Frage nach der Technik" vor Augen liegt, so stellt sich doch die Frage, wie die Beweggründe Heideggers zu beschreiben sind, die für ihn das Spezifische seiner Frage nach der Technik ausmachen. Dass auch dieses Fragen ein hartes Ringen ist, lässt sich leicht durch einen kurzen Blick auf ein Spektrum von Texten verdeutlichen: Nicht nur in dem kurzen Text „Die Kehre", der der Veröffentlichung von 1962 beigefügt wurde, kommen Heideggers Überlegungen zu den Gefahren, die der Menschheit vom Wesen der Technik drohen, und einer möglichen Rettung vor diesen zum Ausdruck, sondern z.B. auch in: „Was ist Metaphysik?" (1929), „Überwindung der Metaphysik" (1936–1946), „Brief über den ‚Humanismus'" (1946) „Die Zeit des Weltbildes" (1950), „Das Ding" (1950), „Nietzsches Wort ‚Gott ist tot'" (1950), „Bauen Wohnen Denken" (1951), „Wissenschaft und Besinnung" (1953), „Der Satz der Identität" (1957) sowie „Gelassenheit" (1959) lassen sich diese Gedankenspuren verfolgen. Doch warum stellt Heidegger überhaupt die Frage nach der Technik? Hierzu ist es hilfreich, sich noch einmal die Bedeutung des Fragens für das Denken Heideggers in Erinnerung zu rufen, um daran anschließend sich der Frage nach dem Ziel seiner Überlegungen zur Technik anzunähern. Erst dann kann sich die Frage klären, was Heidegger unter Technik im Grunde versteht.

Seit Sokrates ist es die Aufgabe der Philosophie, das Alltägliche zu hinterfragen. Dazu gehören auch solche Fragen, die eine Gesellschaft lieber ungefragt lassen möchte. Der Philosoph stellt demnach unsere Sicht der Welt in Frage und eröffnet damit die Möglichkeit eines neuen Blickes auf die Selbstverständlichkeiten unseres Daseins. Er zeigt ihre Grenzen auf, und, wenn möglich, überschreitet er sie gelegentlich auch.[20] Philosophieren heißt, sich auf den Weg des

ken der Technik, Bielefeld 2008, 93. Vgl. VAN REIJEN, Schwarzwald, a. a. O. (s. Anm. 17), 184–203.

20 Vgl. DENKER, Unterwegs in Sein und Zeit, a. a. O. (s. Anm. 2), 9.

nie endenden Fragens zu machen, um so den nach Heidegger falschen Weg einer Verwissenschaftlichung und Systematisierung der Philosophie zu vermeiden. Der Begriff ist für Heidegger der Ausdruck eines erstarrten Denkens. Heidegger will vielmehr das Staunen, mit dem die Philosophie bei Platon (Theaitetos, 155d) und Aristoteles (Metaphysik I c. 1 982b11) seinen Anfang nahm, auf Dauer stellen.[21] Das Denken soll immer beim Anfang bleiben, der nicht in der Vergangenheit liegt, sondern uns immer voraus liegt und künftig ist. Heideggers Vorgehen ist das Fragen. Seine Forderung ist, das Denken als Fragen zu verstehen. Ausgangspunkt ist für ihn die Frage nach dem Sein des Seienden, die er vom Dasein her zu stellen sucht. Seine Grundfrage ist die Frage nach dem Sein/Seyn (vgl. „Beiträge zur Philosophie: Vom Ereignis" [1936/1938]; „Besinnung" [1938/1939]). Diese Differenz bleibt für Heideggers Denken vor und nach der sogenannten „Kehre" konstitutiv,[22] obwohl seine späten Schriften als eine kontinuierliche Entwicklung von Themen seiner früheren Schriften zu lesen sind.[23]

Allein das Fragen vermag eine angemessene Beziehung zur Wahrheit vorzubereiten. Wahrheit versteht Heidegger als *alétheia*. Das Alpha in *a-létheia* als Alpha-privativum lesend, übersetzt er das griechische Wort mit „Unverborgenheit". Sie ist für Heidegger das Zusammenspiel von Verbergen und Entbergen. Es ist aber nie sicher, ob sich das Sein entbirgt oder verbirgt. Das Sein bleibt für den Menschen unverfügbar, aber der Mensch auf das Sein bleibend angewiesen.

In seinem Vortrag „Die Frage nach der Technik"[24] fragt Heidegger nach Herkunft, Wesen, Geschick und Gefahr der Technik. Er verfolgt dabei die Intention, das menschliche Dasein für die Technik zu öffnen, um so die Vorbereitung einer freien Beziehung zur Technik zu ermöglichen. (GA 7, 7) „Frei ist die Beziehung, wenn sie unser Dasein dem Wesen der Technik öffnet." (GA 7, 7) Damit soll das Denken die menschliche Freiheit zu bewahren helfen.[25] Doch Technik und ihr Wesen sind nicht identisch. Daher bewegt sich das Fragen nach der Technik

---

21 Van Reijen, Willem, Martin Heidegger, Paderborn 2009, 98ff.

22 Van Reijen, Heidegger, a. a. O. (s. Anm. 21), 95.

23 Heidegger erläutert seine Sicht auf die „Kehre" im „Brief über den ‚Humanismus'". Als Ergänzung ist das Vorwort aus dem Jahre 1962 für Pater William J. Richardson zu lesen (GA 11, 143–152). Vgl. hierzu mit Verweis auf Heideggers Vorwort zu Richardson, William J., Through Phenomenology to Thought, Den Haag 1967, 23, und eine Unterscheidung von Heidegger I und Heidegger II: Henschen, Tobias, Sein und Kunst. Heidegger über Kunstwerke und die angemessene Intention von Dingen, in: Hügli, Anton u.a. (Hg.), Existenz und Sinn. Karl Jaspers im Kontext. Festschrift Reiner Wiehl, Heidelberg 2009, 187–209; hier: 207f.

24 Heidegger, Martin, Die Frage nach der Technik (1953), in: Ders., Vorträge und Aufsätze, a. a. O. (s. Anm. 9), 7–36.

25 Vgl. Denker, Unterwegs in Sein und Zeit, a. a. O. (s. Anm. 2), 223.

bereits jenseits der Technik. Das Wesen der Technik ist das „Ganz Andere“[26] der Technik. Das Wesen der Technik ist ganz und gar nichts Technisches. (GA 7, 7) Heidegger versteht das Wesen nicht im Sinne der Tradition als das, was etwas ist, sondern als Zeitwort, als Verbum, und damit nicht als eine der Zeit enthobene Idee, sondern dynamisch, widersprüchlich als Anwesen, Abwesen und Unwesen. (GA 7, 7. 30–36) Das Fragen ist zugleich ein „Hören“[27] und „Entsprechen“ und insofern kein rechnendes und messendes Denken, sondern ein besinnliches Denken, das auf die Sprache des Seins achtet und das diesem auch dann zugehört, wenn es sich entzieht.

Im Fragen nach der Technik wird also nicht nur ein vorfindlicher Tatbestand erfahren, sondern ein Geschehen, in dem etwas auf uns zukommt und uns entspricht, das wesentlich über die Technik hinauszuführen bzw. durch sie und ihre uns bedrohende Gefahr hindurch ins Offene zu führen vermag. Der Vortrag schließt mit dem Absatz: „Je mehr wir uns der Gefahr nähern, um so heller beginnen die Wege ins Rettende zu leuchten, um so fragender werden wir. Denn das Fragen ist die Frömmigkeit des Denkens.“ (GA 7, 36) „Fromm“ sei hier in einem alten Sinn gemeint, so erläutert Heidegger an späterer Stelle („Das Wesen der Sprache“, GA 12, 175f.), als „fügsam, hier nämlich dem, was das Denken zu denken hat“. Genauer sei die „eigentliche Gebärde des Denkens das Hören der Zusage dessen“, „wobei alles Fragen dann erst anfragt, indem es dem Wesen nachfragt.“

Ein aufmerksames Hören auf das Wesen der Technik zeigt uns, dass es im wörtlichen Sinne ein zweideutiges Wesen ist (GA 7, 34), nämlich ein in zweierlei Richtung deutendes Wesen. Es deutet zurück in das Geschick der Seinsverlassenheit und Seinsvergessenheit, und es deutet vor in die Möglichkeit eines neuen und anderen Anspruchs, eines neuen Entbergens.[28]

Auf diese Zweideutigkeit der Technik kommt Heidegger nach einem Weg des Denkens, der ihn die Technik als eine Weise des Entbergens denken lässt, die ihren Herkunftsbereich in der Wahrheit als Unverborgenheit hat. Damit entstammt die Technik nicht dem anthropologischen Kulturbereich (Technik als Tun des Menschen) und erschöpft ihre Bedeutung nicht darin, Instrument menschlicher Lebenspraxis (Technik als Mittel zum Zweck) zu sein.[29] Das We-

---

26 Man kann vermuten, dass Heidegger die von seinem damaligen Marburger Kollegen Rudolf Otto (Otto, Rudolf, Das Heilige. Über das Irrationale in der Idee des Göttlichen und sein Verhältnis zum Rationalen, Breslau 1917) ursprünglich in die Debatte um den Gottesbegriff eingebrachte Wendung hier aufgreift.

27 Vgl. zum „Hören“: Espinet, David, Phänomenologie des Hörens. Eine Untersuchung im Ausgang von Martin Heidegger, Tübingen 2009.

28 Vgl. Guzzoni, Ute, Der andere Heidegger. Überlegungen zu seinem späteren Denken, Freiburg, München 2009, 60.

29 Vgl. Janke, Wolfgang, Existenzphilosophie, Berlin, New York 1982, 206ff.

sen der Technik besteht auch „nicht in der Anfertigung von Werkzeug und Maschinen; sie ist auch nicht die bloße Benützung und Handhabung derselben innerhalb eines Verfahrens, sie ist auch nicht dieses Verfahren selbst und auch nicht nur das Sichauskennen in einem solchen." („Besinnung", GA 66, 173) Diese Bestimmungen sind zwar in einer gewissen Hinsicht richtig, aber sie treffen nicht das Wahre, dasjenige, was das eigentlich Wesende der Technik ausmacht. Dazu müssen wir weiter zurückfragen. Was ist das Instrumentale selbst? Was sind die philosophischen Grundannahmen über das Seiende, die den genannten Bestimmungen zugrunde liegen? Dabei stellt sich heraus, dass sowohl das Mittel, das Instrument, wie der Zweck, zu dessen Herstellung das Instrument gebraucht wird, Ursachen sind. Unter Rückgriff auf die aristotelische Lehre von den vier Ursachen (GA 7, 9–15; *causa materialis, causa formalis, causa finalis, causa efficiens*) interpretiert Heidegger das Verursachen als ein Verschulden, Verdanken, am Beispiel einer Silberschale als Opfergerät. (GA 7, 9) Dieses Verschulden, das im Grunde des Wesens der Technik geschieht, versteht er als spezifische Art des Entbergens. Die vier Weisen des Verschuldens bringen etwas, ein bislang noch nicht Anwesendes, ins Erscheinen, lassen es „in das An-wesen vorkommen", „in seine vollendete Ankunft." (GA 7, 12) Heidegger deutet es als ein Her-vor-bringen (*poíesis*), durch das „sowohl das Gewachsene der Natur als auch das Verfertigte des Handwerks und die Gebilde der Künste jeweils zu seinem Vorschein" kommen. (GA 7, 13) Das technische Entbergen ist ein Hervorbringen. Der ursprüngliche Begriff *téchne* bezeichnet nach Heidegger sowohl das menschliche wie das naturhafte Tun oder Geschehen. Das griechische Denken der *téchne* als handwerkliches Tun und Können und auch der hohen Kunst und der schönen Künste enthält die ontologische Einsicht in das Herausstellen eines Verborgenen in die Offenheit, in die Unverborgenheit. (Die *téchne* gehört zum Her-vor-bringen, zur *poíesis*; sie ist etwas Poietisches.) Dieses so verstandene Her-vor-bringen ist nichts anderes als das sich ereignende Entbergen, das Geschehen der *alétheia*, der Wahrheit, in dem Verborgenes ins Unverborgene kommt. (GA 7, 13) Dieses Entbergen ist der Wesensbereich der Technik im ursprünglichen und weiten Sinne. (GA 7, 14.15)

Auch die moderne oder neuzeitliche Technik ist ein Entbergen. (GA 7, 15) Doch die moderne Technik entbirgt nicht – wie die vergangene *téchne* – in der Weise einer Her-vor-bringung des Seienden in sein wesenhaftes Erscheinen (*poíesis*). Technik erschöpft sich nicht mehr darin, auf handwerkliche oder künstlerische Weise Gegenstände hervorzubringen. Ihr Herstellen und zum-Gegenstand-machen reicht unendlich weiter. Heidegger nennt diese Weise des Entbergens ein Stellen und ein Herausfordern, womit ein menschliches Tun gemeint ist.

Die moderne Technik lässt jegliches Seiende nach Maßgabe des Gestells als gleichförmigen Bereitstand von Energie bestellen.[30] Das Entbergen der modernen Technik ist ein Stellen.[31] Ontisch ausgedrückt besagt das Folgendes: Ich stelle jemanden zur Rede oder zum Kampf. Dies sind Weisen des Zum-Stehen-Bringens: Ein Subjekt, der Vorstellende, bringt ein Objekt, einen Gegenstand, in eine fixierte Position ihm gegenüber. Vorstellen ist vor-gehende, meisternde Ver-gegen-ständlichung. Eine maßgebliche Weise der Vergegenständlichung ist eben die technische Herstellung und Bewältigung des Seienden.[32] Das Stellen der Technik fordert die Natur heraus. Es erschließt, speichert, verteilt, schaltet deren Energie um, ist gesteuert von der Maßgabe maximaler Energieförderung und gesichert gegen allerlei Kurzschlüsse und Ausfälle. Erschließen, Fördern, Speichern, Verteilen, Umschalten sind unterschiedliche Modi, Steuerung und Sicherung durchgängige Wesenszüge stellenden Entbergens. Auf diese Weise fordert die Technik den Boden als Lagerstätte von Erz oder Öl heraus. – Die in der Natur verborgene Energie wird aufgeschlossen, das Erschlossene umgeformt, das Umgeformte gespeichert, das Gespeicherte wieder verteilt und das Verteilte erneut umgeschaltet (GA 7, 17): Sie formt einen Landstrich zum Kohlerevier um, sie verbaut einen Strom in Kraftwerke, der Strom wird Wasserdrucklieferant (GA 7, 16), sie gibt die „unberührte Natur" den Bestellungen der Tourismusindustrie frei. Jeweils geht es darum, dass Seiende in einen solchen Bezug zum Menschen zu bringen, dass es für ihn verfügbar und bestellbar wird. Damit kehrt sich das alte Verhältnis von Technik und Natur um: Die *téchne* stellt ihr Werk nicht mehr anheim, sondern sie stellt die Natur in die Bezüge ihres herausfordernden Wirkens. Der Wald ist nur noch Holzlieferant, der Fluss wird in das Kraftwerk verbaut und die Erde nur noch als Erzlager gesehen. Ackerbau wird nur noch „als motorisierte Ernährungsindustrie" (GA 7, 22) betrieben. Doch unterhalb dieses auch leicht als naive und romantisierende Naturbetrachtung zu deutenden Nachdenkens liegt eine Technikkritik verborgen, „die bis heute theoretisch nicht überboten werden konnte."[33] Heideggers einprägsame Formel lautet: „was im Zeichen der Ausbeutung der Natur stattfindet, ist nicht mehr als ein Her-vor-bringen, d.h. als ein Ent-bergen zu sehen, das immer noch auf ein Ver-bergen verweist, sondern als ein Herausfordern."[34] Doch die Tatsache, dass nicht mehr entborgen, sondern herausgefordert wird, bleibt dem Menschen verborgen. Auf diese Verborgenheit aber will Heidegger hinweisen und auf eine Änderung der Blickrichtung aufmerksam machen.

---

30 Vgl. a. a. O., 206f.

31 Vgl. Guzzoni, Der andere Heidegger, a. a. O. (s. Anm. 28), 63.

32 Vgl. a. a. O., 64.

33 Van Reijen, Schwarzwald, a. a. O. (s. Anm. 17), 132.

34 A. a. O., 132.

Das so durch die Technik gestellte „Wirkliche“ hat die Seinsart des Bestandes. (GA 7, 17) „Bestand“ versteht Heidegger ontologisch. Bestand meint nicht einen Vorrat bereitstehender Dinge, sondern das Bereitstehen des Wirklichen als herausgeforderte Energie. „Wirkliches“ (*enérgeia* wird hier verstanden als ein altes philosophisches Grundwort für „Wirklichkeit“) ist nicht mehr wirklich im vollendeten Wesensanblick eines Dinges und wird nicht mehr verwirklicht als zweckvoller Gegenstand menschlichen Vorstellens. Es ist nichts als ein substanz- und gegenstandsloser Bestand, dessen Energie bereitsteht für das unabsehbare Bestellen des Alls.

Der Mensch vollzieht die Bestellung des Wirklichen als Bestand. Das scheint eindeutig zu sein. Wer anders besorgt das Fördern, Speichern, Umschalten des Energie-Bestandes als der Mensch? Steuert und sichert nicht das technisch-ökonomisch-planende Lebewesen alles Wirkliche? Doch die Einsicht in die Endlichkeit des Daseins und der geschicklichen Zeit macht alle Tendenzen zunichte, die technisch gewordene Arbeitswelt auf eine wie auch immer geartete Subjektivität menschlicher Lebenstätigkeit und Arbeitskraft zurückzustellen. Das menschliche Dasein geht jederzeit aufschließend-entbergend mit innerweltlich Seiendem um, die geschichtlich-geschickliche Weise, in der es Seiendes entbirgt, aber ist ihm gegeben. Das Dasein empfängt den Zuspruch der Unverborgenheit, es verfügt aber nicht über ihn. Das epochale Geschick der Technik ist für das Dasein etwas Unverfügbares. „Allein, über die Unverborgenheit, worin sich jeweils das Wirkliche zeigt oder entzieht, verfügt der Mensch nicht.“ (GA 7, 18) Immerhin wird der Mensch von jeder geschichtlichen Zumutung beansprucht. Er kann ihr entsprechen oder widersprechen, aber niemals entgehen. Dementsprechend steht die moderne Existenz unter dem geschichtlichen Anspruch, das Wirkliche als Bestand zu entbergen. Sie entspricht ihm durch industrielle Arbeit. Darum versteht sich der Mensch in der Moderne wesenhaft als Arbeiter. Er ist der vom Geschick der Technik Herausgeforderte. Im Wesenden der Technik als einem Seinsgeschick geschieht ein Stellen, das seinerseits „den Menschen stellt, d.h. herausfordert, das Wirkliche in der Weise des Bestellens als Bestand zu entbergen.“ (GA 7, 21)

Dieses den Menschen mitmeinende, aber zugleich weit übertreffende Stellen bezeichnet Heidegger mit dem Titel „Ge-stell“, das er analog zum Gebirge (GA 7, 20) als dem Versammelnden der Berge, als das Versammelnde oder die Versammlung des mannigfaltigen Stellens versteht: „Ge-stell heißt die Weise des Entbergens, die im Wesen der modernen Technik waltet und selber nichts Technisches ist.“ (GA 7, 21) Von diesem Punkt aus lässt sich die bereits betonte Zweideutigkeit der Technik verdeutlichen: „Das Unaufhaltsame des Bestellens und das Verhaltene des Rettenden ziehen aneinander vorbei wie im Gang der Gestirne die Bahn zweier Sterne. Allein, dieser ihr Vorbeigang ist das Verborgene ihrer Nähe. / Blicken wir in das zweideutige Wesen der Technik, dann erblicken wir die Konstellation, den Sternengang des Geheimnisses. / Die Frage nach der Technik ist die Frage nach der Konstellation, in der sich Entbergung und Verbergung, in der sich das Wesende der Wahrheit ereignet." (GA 7, 34) Das Zweideutige im Wesen der Technik liegt darin begründet, wie sie ein Wahrheitsgeschehen ist, nämlich ein Entbergen. Einerseits: „Das Entbergen, das die moderne Technik durchherrscht, hat den Charakter des Stellens im Sinne der Herausforderung." (GA 7, 17) Andererseits sieht er in dieser Herausforderung zugleich auch die rettende Möglichkeit, dass der Mensch sich selbst als den zu diesem Geschick Gebrauchten begreift.

Im „Ge-stell" als dem Wesenden der Technik sieht Heidegger eine wesentliche Gefahr. Mit dem Neologismus „Ge-stell" benennt Heidegger die Konstellation, in der nichts so scheint oder bleibt, wie es von sich aus ist. So erscheint die Erde als Rohstofflager, der Mensch als autonom produzierendes, erkennendes, künstlerisches und sprechendes Wesen. Die Technik erscheint als zuverlässiges, nahezu unendlich erweiterbares und perfektionierbares Mittel zur Beherrschung der Umwelt. Doch hinter dieser Macht verbirgt sich die größte Ohnmacht des Menschen. Mit „Ge-stell" ist die schicksalhafte Verirrung angezeigt, die selber aber nichts Technisches ist, sondern das verbal verstandene Wesen der Technik.[35] Die Gefahr ist, dass der Mensch der Technik nur einseitig entspricht und „nur das im Bestellen Entborgene" verfolgt und betreibt und zum Maßstab nimmt (GA 7, 26.27) und darüber das Entbergen selbst aus dem Blick verliert.[36] Der Mensch geht nämlich „am äußersten Rand des Absturzes, dort nämlich, wo er selbst nur noch als Bestand genommen werden soll" (GA 7, 28) und wo zugleich alles Begegnende ein bloßes „Gemächte des Menschen" zu sein scheint (GA 7, 28). Das Entbergen des Gestells ist somit von der Art, dass es das Entbergen gerade selbst verbirgt: „Das Ge-stell verstellt das Scheinen und Walten der Wahrheit." (GA 7, 29) In der Tatsache, dass es sich hier um die äußerste Gefahr der drohenden Wahrheits- und damit auch Geschicklosigkeit handelt, liegt das Andere, dass unser durch die Technik bestimmtes Schicksal noch nicht besiegelt ist. An dieser Stelle zitiert Heidegger aus Hölderlins Hymne „Patmos": „Wo aber Gefahr ist, wächst / Das Rettende auch."

Wir blicken in die Gefahr und erblicken zugleich das Wachstum des Rettenden. Denn die technisch-wissenschaftlich bestimmte Gegenwart birgt als äußers-

---

35 A. a. O. (s. Anm. 17), 190f.

36 Es besteht nämlich die Gefahr, dass die Menschen der Möglichkeit erliegen könnten, „nur das im Bestellen Entborgene zu verfolgen und zu betreiben und von da her alle Maße zu nehmen" (GA 7, 26.27), aber damit könnte es ihnen „versagt sein [...], in ein ursprünglicheres Entbergen einzukehren und so in ein ursprünglicheres Entbergen einzukehren und so den Zuspruch einer anfänglicheren Wahrheit zu erfahren." (GA 7, 29) Die Einkehr in Entsprechung zur Schickung kann für Heidegger nicht durch den Menschen geschehen, aber sie bedarf des Menschen.

te „Gefahr“ selbst die Möglichkeit einer „Rettung“ in sich. Diese in der „Gefahr“ sich vorbereitende „heilere“ Zukunft erkennt das Denken, wenn es sich nicht beirren lässt vom Herausfordern, sondern sich darauf besinnt, dass das Wesen der Technik wirklich als ein Geschick, als ein geschicktes Entbergen auf es zukommt und dass ihm etwas gewährt wird, das es zu hüten gilt. Heidegger spitzt zu: Wo die Gefahr als die Gefahr ist, ist schon das Rettende. Die Gefahr selber ist das Rettende. („Die Kehre“, GA 79, 72) Retten besagt nicht, das Gewöhnliche vor dem Untergang zu bewahren, sondern: Ein Einholen ins Wesen, um so das Wesen erst zu seinem eigentlichen Scheinen zu bringen. Retten heißt hier: „lösen, freimachen, fryen, schonen, bergen, in die Hut nehmen, wahren.“ Heidegger verweist, ohne Nachweise, in „Die Kehre“ auf Gotthold Ephraim Lessing, der „noch das Wort Rettung betonterweise in dem Sinne von Rechtfertigung“ gebraucht habe: „in das Rechte, Wesenhafte zurückstellen und darin wahren. Das eigentlich Rettende ist das Wahrende, die Wahrnis.“ („Die Kehre“, GA 79, 72) In „Bauen Wohnen Denken“ erinnert Heidegger ebenfalls ohne Belege an Lessing, der noch einen alten Sinn von „retten“ gekannt habe: „Die Rettung entreißt nicht nur einer Gefahr, retten bedeutet eigentlich: etwas in sein eigenes Wesen freilassen.“ (GA 7, 152)

Indem der Mensch sich als den Entbergenden der geschickten Entbergung zu sehen lernt, gewinnt er einen Einblick in die Zusammengehörigkeit von Sein (dem Schickenden und Entbergend-Entborgenen) und Mensch (dem, der das sich ihm Entbergende seinerseits entbirgt, indem er ihm die Stätte einer Offenheit gibt). Das Gestell ist dann nicht ein Letztes, sondern ein Vorletztes, das dem Menschen allererst Jenes zuspielt, „was die Konstellation von Sein und Mensch eigentlich durchwaltet.“ (GA 11, 45) Der Blick in die Gefahr und das Wachstum des Rettenden ist noch nicht die Rettung selber, aber das Angesprochensein auf die Hoffnung einer Rettung. (GA 7, 34) „Menschliches Tun kann nie unmittelbar dieser Gefahr begegnen. Menschliche Leistung kann nie allein die Gefahr bannen. Doch menschliche Besinnung kann bedenken, daß alles Rettende höheren, aber zugleich verwandten Wesens sein muß wie das Gefährdete.“ (GA 7, 35) Die Gefahr birgt die Möglichkeit einer rettenden Einkehr. Kommt nämlich die Gefahr ins Offene, dann erwacht das Vergessen des Seins aus seiner Vergessenheit. „Einblick in das was ist“ meint gar nicht den Blick unseres berechnenden Vorstellens, sondern das Aufblitzen einer Spur des Seins im geschichtlichen Dunkel der Seinsvergessenheit.[37]

Im Schlussabschnitt des Vortrags kommt die Kunst als das Rettende an den Tag. Das Dichterische der Kunst scheint das anfänglich Rettende im Geschick der Seinsvergessenheit zu sein. Das Rettende muss dem Gefährdeten verwandt sein, sonst wäre es beziehungslos. Und es muss höher stehen, sonst wäre es glei-

[37] Vgl. JANKE, Existenzphilosophie, a. a. O. (s. Anm. 29), 214.

chermaßen gefährdet. Der Technik verwandt und sie gleichermaßen überragend ist die Kunst. Beide trugen einst denselben Namen: *téchne*. Kunst entbirgt Welt in dichterischer Weise. Im Dichterischen fügen sich Sprache und Welt, Wort und Ding, Sagen und Sein rein zusammen. „Nur wo Sprache, da ist Welt." (GA 4, 38) Versammelt sich das Welt-Geviert im Ding und artikuliert sich das Ding im Wort, dann bildet das Wort eben den offenen Ort der Welt.

Das dichterische Wort ist privilegiert. In ihm spiegelt sich das Grundwort Sein auf bislang unerhörte Weise und stiftet eine neue Welt. Weil das Dichterische alle Arten von Kunst durchzieht, überragt die Kunst jedwede Technik. Sie vermag das erste Scheinen einer Rettung. Indem Sprache und Kunst das Dinghafte der Dinge hüten, bereiten sie Vorkehrungen der Kehre. So betrachtet, bildet eine Erörterung von Sprache und Kunst kein Nebengeschäft in der großen Frage nach dem, was in Wirklichkeit ist. In ihr vermöchte die Zeit den Absprung aus der Seinsvergessenheit in die Wahrnis des Seins zu finden. Das meint Heideggers „wesentliche Besinnung auf die Technik" (GA 7, 36), die zu einem dichterischen Denken und Wohnen in der Welt führen soll.[38]

3. Gelassenheit zu den Dingen und Besinnung auf das Unverfügbare

Dazu erinnert Heideggers „Besinnung auf das gegenwärtige Zeitalter"[39] („Gelassenheit" = G, 19) daran, dass der „Mensch als Mensch ein denkendes, d.h. ein sinnendes Wesen" (G, 16) ist, das nicht nur das rechnende als kalkulierendes Denken ausmacht, sondern auch das besinnende Denken.[40] (G, 14.15) Damit verweilt sein fragendes Denken beim Naheliegenden und besinnt sich auf das Nächstliegende. In einem Zeitalter, das von der Herrschaft der Rationalität und einer Welt von Technik und Wissenschaft bestimmt ist, entdeckt Heidegger die

---

38 Zum Verhältnis von Kunst und Technik vgl. LUCKNER, Heidegger, a. a. O. (s. Anm. 19), 7. 107–123. AURENQUE, DIANA, Die Kunst und die Technik. Herstellung, poíesis, téchne, in: ESPINET, DAVID / KEILING, TOBIAS (Hg.), Heideggers *Ursprung des Kunstwerks*. Ein kooperativer Kommentar, Frankfurt a. M. 2011, 33–45.

39 In „Gelassenheit" (HEIDEGGER, Gelassenheit, a. a. O. [s. Anm. 6]) und in „Die Frage nach der Technik" (DERS., Technik, a. a. O. [s. Anm. 25]) werden die Gedanken zum Atomzeitalter lediglich angerissen. In „Der Satz vom Grund. Vortrag" (DERS., MARTIN, Pfullingen 1957, 189–211; hier: 198–202) arbeitet Heidegger die „Gewalt des Anspruchs" der Nutzung der Atomenergie heraus, die zu unabsehbaren Einschaltungen von Sicherungen zur „Sicherstellung des Lebens" (202) führt. Die Berechenbarkeit führt letztlich ins Unberechenbare.

40 Vgl. DERS., Unterwegs zur Sprache, Pfullingen 1959, 267: „Alles sinnende Denken ist ein Dichten, alle Dichtung aber ein Denken. Beide gehören zueinander aus jenem Sagen, das sich schon dem Ungesagten zugesagt hat, weil es der Gedanke ist als der Dank."

Gefahr (G, 27) einer Flucht vor dem Denken, die der Grund für die „Gedankenlosigkeit" des planenden und forschenden Denkens ist. (G, 14) Heideggers Besinnung wendet sich nicht grundsätzlich gegen die Notwendigkeit eines solchen rechnenden Denkens, sondern bedenkt es in seinem Wesen und warnt vor dessen Verabsolutierung, die eines Tages der Fall sein könnte. Das wissenschaftlich-technische Denken ist eine eingeschränkte, bloß einseitige Möglichkeit des In-der-Welt-Seins. Die Folge wäre, am „Denkwürdigen vorbeizudenken" („Der Satz vom Grund", 211), und damit die totale „Gedankenlosigkeit" (G, 27), denn der Mensch hätte sein Eigenstes, dass er nämlich ein nachdenkliches Wesen ist, verleugnet und weggeworfen und wäre allein „behext durch das rechnende Denken." („Der Satz vom Grund", 211) Dieses Wesen des Menschen zu retten, ist Heideggers Anliegen. Sein Weg, das zu tun, ist, das Nachdenken wach zu halten. (G, 27) Jetzt jedenfalls gibt es noch dieses andere Denken. („Was heißt Denken?", GA 7, 127–143)

Das Wachhalten geschieht durch das unablässige Fragen, das für ihn die Frömmigkeit des Denkens bleibt und eine Möglichkeit einer Begegnungsweise mit dem Unverfügbaren des Seins ist. Doch das besinnliche Denken verlangt auch eine höhere Anstrengung und eine längere Einübung.[41] Es muss auch Warten können wie der Landmann, ob die Saat aufgeht und zur Reife kommt (G, 15). In der Besinnung kann die Gelassenheit des Fragwürdigen aufscheinen, und die wesentliche Besinnung auf die Technik wird zur Frage nach dem Sein des Menschen und seinem ruhigen Wohnen zwischen Erde und Himmel. (G, 17) In der Gelassenheit gegenüber den Dingen kommt nicht eine Weltflucht zum Ausdruck, sondern ihre Unverfügbarkeit. Unter der aus der mittelalterlichen Mystik[42] stammenden Vorstellung der Gelassenheit versteht Heidegger die Möglichkeit, das Sein Sein-zu-lassen. „Sein-lassen" bedeutet nicht nur einen Verzicht auf ein Tun oder eine Handlungsmöglichkeit, sondern das Beziehen einer Position jenseits der Wahlmöglichkeit. Das Sein Sein-zu-lassen, heißt für Heidegger im doppelten Wortsinn Denken. Denn das Denken ist für Heidegger ein Tun und insofern ein Handeln, das sich noch vor der Unterscheidung von Theorie und

---

41 Vgl. HEIDEGGER, Satz vom Grund, a. a. O. (s. Anm. 39), 199: „Sollen wir indes auf einen Weg der Besinnung gelangen, dann müssen wir allem zuvor uns erst in eine Unterscheidung finden, die uns den Unterschied zwischen dem bloß rechnenden Denken und dem besinnlichen Denken vor Augen hält." Im Vollzug der Kritik kann sich das besinnliche Denken von dem heute vorherrschenden rechnenden Denken absetzen, indem sie dieses in seinem Un-wesen erfasst (DERS., Kehre, a. a. O. [s. Anm. 3]. 77): „Solange wir nicht denkend erfahren, was ist, können wir nie dem gehören, was seyn wird."

42 Vgl. zu den Hintergründen VAN REIJEN, Schwarzwald, a. a. O. (s. Anm. 17), 108–127.

Praxis ereignet, denn: „Das Denken handelt, indem es denkt.“[43] Damit wird das Denken, das im Vortragen zur Sprache kommt, selbst zu einem „performativen Akt“.

Gelassenheit ist nicht als entspanntes „Laissez-faire“ oder reine Passivität[44] zu verstehen, sondern höchste Form der Konzentration und zugleich Handeln.[45] Sein performatives Anliegen klärt sich in seinem Vortrag „Vom Wesen der Sprache“ (1957/1958), die „uns vor eine Möglichkeit bringen“ möchte, „mit der Sprache eine Erfahrung zu machen“, nämlich dass uns diese Erfahrung „widerfährt, daß es uns trifft, über uns kommt, uns umwirft und verwandelt.“ Doch dieses „machen“ heißt keinesfalls, dass wir selbst etwas bewirken oder bewerkstelligen, sondern es meint genau das Gegenteil: „durchmachen, erleiden, das uns Treffende empfangen, insofern wir uns fügen.“[46] „Handeln“ heißt dann eben nicht Bewirken, sondern „Vollbringen“, d.h. „in die Fülle seines Wesens bringen“, und das ist Sache des Denkens. Das Denken wiederum ist „Denkens des Seins“ in einem zweifachen Sinn. Es denkt das Sein und gehört damit dem Sein und es hört auf das Sein.[47] Durch die Instrumentalisierung des Denkens zu einem Denken des Seienden war die Sprache nicht mehr das, was sie eigentlich sein sollte, nämlich von der Fülle des Seins her, Sprache des Seins. Das Sein Sein-zu-lassen, heißt für Heidegger, das Sein zur Sprache kommen zu lassen. Das Denken hat sich in eine Gestalt von Wissenschaft und Philosophie transformiert, die alles präsent und verfügbar macht. Ein pragmatisches und rechnendes Denken hat diese Möglichkeit verschüttet und die Offenheit für die Zuwendung und den Entzug des Seyns verborgen. Ein nicht mehr rechnendes und technisch bestimmtes Denken, vielmehr ein gelassenes, besinnliches Denken hat es aber nicht mehr mit technischen Objekten und Bestandstücken zu tun, sondern mit Dingen in einer Welt, mit einem Zeitraum der Nähe und Ferne, mit einem Bereich von Sprache und Stille.[48]

Die Gelassenheit zu den Dingen (G, 25) zeichnet sich durch ein gleichzeitiges „Ja“ und „Nein“ zu den technischen Gegenständen aus, aber nicht zur Technik. „Wir können ‚ja‘ sagen zur unumgänglichen Benützung der technischen Gegenstände, und wir können zugleich ‚nein‘ sagen, insofern wir ihnen verwehren, daß sie uns ausschließlich beanspruchen und so unser Wesen verbiegen, verwirren

43 HEIDEGGER, MARTIN, Brief über den ‚Humanismus‘ (1946), in: DERS., Wegmarken, a. a. O. (s. Anm. 7), 313–364; hier: 313.

44 Vgl. MORAT, DANIEL, Von der Tat zur Gelassenheit. Konservatives Denken bei Martin Heidegger, Ernst Jünger und Friedrich Georg Jünger (1920–1960), Göttingen 2007.

45 VAN REIJEN, Schwarzwald, a. a. O. (s. Anm. 17), 108.

46 HEIDEGGER, MARTIN, Vom Wesen der Sprache, in: DERS., Sprache, a. a. O. (s. Anm. 40), 157–216; hier: 159.

47 DERS., Humanismus, a. a. O. (s. Anm. 43), 316.

48 Vgl. GUZZONI, Der andere Heidegger, a. a. O. (s. Anm. 28), 73.

und zuletzt veröden." (G, 24.25) Dadurch wird unser Verhältnis zu den technischen Dingen einfach und ruhig, die Technik nicht dämonisiert, und ihre Bedrohungen werden nicht verharmlost: „Wir lassen die technischen Gegenstände in unsere tägliche Welt herein und lassen sie zugleich draußen, d.h. auf sich selbst beruhen als Dinge, die nichts Absolutes sind, sondern selbst auf Höheres angewiesen bleiben." (G, 25) Gleichzeitig sollen wir uns für den verborgenen Sinn der technischen Welt offenhalten: die Offenheit für das Geheimnis. (G, 26) Die Gelassenheit zu den Dingen und die Offenheit für das Geheimnis gehören zusammen. Sie versprechen uns neuen Grund und Boden und geben uns Ausblick auf eine neue Bodenständigkeit, die also keine Nostalgie nach der guten alten Zeit meint, sondern als „Offenheit für das Geheimnis" verstanden wird. (G, 26)

Besinnung ist daher mehr als Bewusstmachen, Anderes als Wissen der Wissenschaft, anderen Wesens als die Bildung, sie ist „Gelassenheit zum Fragwürdigen". Die Besinnung bringt uns erst auf den Weg zu dem Ort unseres geschichtlichen, d.h. uns zugewiesenen Aufenthaltes (GA 7, 64) bei den Dingen, den Heidegger „Wohnen" nennt (GA 7, 153). Im Wohnen beruht das Menschsein und zwar im Sinne des Aufenthaltes der Sterblichen auf der Erde, das heißt zugleich unter dem Himmel, das meint auch: ein Bleiben bei den Göttlichen und schließt ein das Miteinander der Menschen. Erde und Himmel bilden in ihrem Zueinander den Raum, in dem sich Sterbliche und Göttliche begegnen. Die Vier: Erde und Himmel, die Göttlichen und die Sterblichen sind eine ursprüngliche Einheit und als Einfalt das Geviert (GA 7, 151.152). Das ereignende Spiegel-Spiel der Einfalt von Erde und Himmel, Göttlichen und Sterblichen nennt Heidegger „Welt" („Die Kehre", GA 79, 19). Der Begriff „Welt" ist in Heideggers Texten seit „Das Umwelterlebnis" (1919) immer wieder variiert von ihm verwendet worden. Das „In-der-Welt Sein"[49] ist allerdings ein zwiespältiges Phänomen. „Welt" ist das Offene oder die Dimension des „Sich Öffnens", „die sich öffnende Offenheit" („Vom Ursprung des Kunstwerks, 35) – „Erde" ist „das Verbergende, das Sich-Verschließende". In diesen Unterschied ist der Mensch hineingehalten. (GA 9, 324) Dieses Hinaus-gehalten-Sein in die Welt („Ek-sistenz") heißt, dem gleichzeitigen Gegeneinander und Miteinander von Welt und Erde, von Verborgenheit und Entborgenheit ausgesetzt zu sein. Erst im Kunstwerk vermögen die Welt und die Erde ihre Wahrheit als Wesen zu zeigen. Das Kunst-

49 Vgl. HEIDEGGER, MARTIN, Sein und Zeit (1927), Tübingen [16]1986. DERS., Die Grundbegriffe der Metaphysik: Welt, Endlichkeit, Einsamkeit (WS 1929/30. GA 29/30), Frankfurt a. M. [3]2004, GA 29/30. DERS., Humanismus, a. a. O. (s. Anm. 44), 313–364. DERS., Vom Ursprung des Kunstwerks (1935/36), in: DERS., Holzwege, a. a. O. (s. Anm. 19), 1–74. DERS., Vom Wesen des Grundes (1929), in: Wegmarken, a. a. O. (s. Anm. 7), 35–55.

werk stellt eine Welt auf und Erde her. „Auf-stellen" und „Her-stellen" sind „zwei Wesenszüge im Werksein des Werkes" („Vom Ursprung des Kunstwerks", 34). Die Erde „her-stellen" heißt: „sie ins Offene bringen als das Sichverschließende." Welt „aufstellen" heißt: „das Offene der Welt offen[halten]." (ebd., 31). „Indem das Werk eine Welt aufstellt [, ... stellt es] die Erde her [...]." (ebd., 36) Im „Streit" geht es nicht nur um wechselseitige Abgrenzung und Bestätigung, sondern auch darum, dass der eine den anderen „über sich hinaus" hebt, also transzendiert. Im Vortrag „Das Ding" bezeichnet „Welt" schließlich dasjenige Ereignis, das Heidegger als „Spiegel-Spiel" der Vierung zu denken sucht.

Im Retten („Die Sterblichen wohnen, insofern sie die Erde retten"; GA 7, 152), verstanden als etwas in sein eigenes Wesen freilassen, der Erde, im Empfangen des Himmels, im Erwarten der Göttlichen, im Geleiten der Sterblichen ereignet sich das Wohnen als vierfältiges Schonen des Gevierts. Und Schonen heißt: das Geviert in seinem Wesen hüten und belassen. Der Aufenthalt (äthos) bei den Dingen als Ort des Wohnens ist die einzige Weise, wie sich der vierfältige Aufenthalt im Geviert jeweils einheitlich vollbringt. „Das Wohnen schont das Geviert, indem es dessen Wesen in die Dinge bringt. Allein die Dinge bergen das Geviert *nur dann*, wenn sie selber *als* Dinge in ihrem Wesen gelassen werden." (GA 7, 153) Das geschieht dadurch, dass die Sterblichen die wachstümlichen Dinge hegen und pflegen (*colere*, *cultura* als eine Art des Bauens, vgl. „[...] dichterisch wohnet der Mensch [...]" [1951], GA, 7, 189–208, hier: 195) und die anderen Dinge eigens errichten. Nur als schonendes Wohnen ist ein menschliches Wohnen möglich, wenn Wohnen heißt, an verlässlichem Orte zu Hause zu sein, an dem es darauf ankommt, die Freiheit des Menschen zu bewahren. „In der Gelassenheit versuchen wir, das Sein frei zu lassen, damit es sich uns so zeigen kann, wie es von sich selbst her ist."[50] So kann dem Unverfügbaren im besinnenden Denken gelassen begegnet werden, und die Freiheit des Seins vermag bleibend zum staunenden Fragen anzuregen.

4. Fazit

Martin Heideggers wesentliche Besinnung auf die Technik schlägt einen Weg ein, der zu einer Änderung der Blickrichtung auf die Technik führen soll und vor einem einseitigen Zugang zu der Frage nach der Technik bewahren möchte. Seine Herangehensweise dämonisiert weder die Technik, noch verharmlost sie ihre Folgen. Sie gebiert sich nicht als törichte Technikkritik (G, 24) oder stellt gar eine unbedachte Technikbegeisterung zur Schau. Denn Heidegger erkennt klar, dass wir zur Bewältigung unseres Alltags auf die technischen Gegenstände

---

50 DENKER, Unterwegs in Sein und Zeit, a. a. O. (s. Anm. 2), 224.

angewiesen sind. (G, 24) Er weist darauf hin, sich auf einen freien Umgang mit diesen einzulassen, damit sie nicht über den Menschen verfügen und so die Freiheit des Einzelnen beschneiden. Zwar benutzen wir alltäglich technische Gegenstände, aber es liegt in unserer freien Verfügungsgewalt, dass wir sie jederzeit loslassen und sich selber überlassen können. Sie können, müssen aber nicht von uns in Gebrauch genommen werden. Ziel ist es, einen freien und (selbst-)verantwortlichen Umgang mit ihnen zu pflegen.

Trotz seines teilweise der schwarzwäldischen Heimat verbundenen Sprachduktus gelingt es Heidegger – ohne eine ihm vielfach unterstellte romantische Naturverklärung –, die gegenwärtige Relevanz der Technik für den Lebensalltag der Menschen herauszustellen. Es ist für ihn klar, dass die Errungenschaften der Technik grundlegend die Stellung des Menschen in der Welt und zur Welt verändert haben. (G, 19) Das Verhältnis zur Welt hat sich dahingehend gewandelt, dass sie unter der Maßgabe des rechnenden Denkens gesehen wird und damit den Maßstab der Wahrnehmung der Welt merklich verschiebt. Die Natur wird nur noch zu einer Lagerungsstätte von unterschiedlichen Rohstoffen, die für das industrielle und technische Zeitalter überlebenswichtig sind. Doch der Abbau der endlichen Vorkommen führt zu einer immer schnelleren Ausbeutung der Ressourcen und zu unbedachten Folgen für die Natur. Die unberechenbaren Gefährdungen der atomaren Technik sind auch Heidegger bereits bekannt. Der Gefahr einer sich verselbständigenden Einseitigkeit des berechnenden Weltumgangs will Heidegger entgegenwirken, indem er ein besonnenes Maß in die Frage nach der Technik einschreiben möchte. Er unterscheidet von dem ihr zugehörigen rechnenden Denken das besinnende Denken. In diesem kommt zum Ausdruck, dass der Mensch ein nachdenkendes Wesen ist. Der Mensch soll in dieser schnellen und sich rasant wandelnden Zeit seine Fähigkeit zu denken nicht vergessen bzw. verlernen. Er soll innehalten, um, bildlich gesprochen, nicht den Boden unter den Füßen zu verlieren. Denn die Gefahr ist, dass „eines Tages das rechnende Denken *als das einzige* in Geltung und Übung bliebe." (G, 27) Die Folge wäre eine nicht mehr aufzuhaltende Gleichgültigkeit gegen das Nachdenken. Um dieser Gefahr zu begegnen, gibt Heidegger zu bedenken, dass der Mensch nicht in der Illusion des Verfügbarmachens seiner Welt aufgeht und einem Machbarkeitswahn erliegt. Als rettendes Mittel gegen totale Gedankenlosigkeit empfiehlt Heidegger die „Gelassenheit zu den Dingen" und die „Offenheit für das Geheimnis", die beide aus einem „herzhaften Denken" (G, 27) heraus gedeihen. Heidegger erweist sich hier als ein Denker, der der Unverfügbarkeit[51] im technischen Zeitalter einen Raum zugesteht und zwar mit einem

---

[51] Vgl. zur Unverfügbarkeit und zum Ursprung des Begriffs bei Heideggers Kollegen aus der Marburger Zeit Rudolf Bultmann den Beitrag von Anne-Maren Richter in diesem Band. Ferner VORSTER, H. / RED., Unverfügbarkeit, in: HWP, Bd. 11, Darm-

Ursprung im Wesen der Technik selber. Der zweideutig verstandenen Technik ist unverfügbar inhärent, wenn in der Gefahr zugleich das Rettende aufscheint, Möglichkeit der Wahrung der Freiheit zu sein. Der Umgang mit Unverfügbarkeit gehört somit strukturell zum endlichen Dasein des Menschen in der Welt. Zwar ist die Enthüllung des Geheimnisses dem Menschen selber nicht möglich, wohl aber das Offenhalten für das unverfügbar auf ihn zukommende Geheimnis. Doch das Sein ist für den Menschen unverfügbar, aber der Mensch ist bleibend auf das Sein angewiesen. Damit schreibt Heidegger nicht nur der Endlichkeit des Daseins eine diese transzendierende Offenheit ein, sondern macht sich auch angesichts der Seinsvergessenheit auf die Suche nach einem neuen „Grund und Boden“, in dem „das Schaffen bleibender Werke neue Wurzeln schlagen“ (G, 28) kann. Mit der Besinnung auf ein etwas Neues vorbereitendes Denken geht das Menschsein nicht in technischen Berechnungen und Verfügungen auf, sondern der Mensch kann sich auch im technischen Zeitalter im Denken gelassen die ihm zugedachte endliche Freiheit bewahren, die sich auch in einer freien und maßhaltenden Beziehung zum Wesen der Technik ausdrückt. So ist die Technik nur ein Vorletztes, das über sich hinaus auf ein Letztes verweist, welches auch dem gegenüber unverfügbar bleibt, der gelassen und offen auf eine Begegnung mit ihm wartet.

---

stadt, 2001, 334ff. Härle, Wilfried, Rudolf Bultmanns Theologie der Unverfügbarkeit, in: Landmesser, Christof / Klein, Andreas, (Hg.), Rudolf Bultmann (1884–1976) – Theologe der Gegenwart, Neukirchen-Vluyn 2010, 69–86.

Malte Dominik Krüger

Auratisch – Technik und Transzendenz in Walter Benjamins „Kunstwerkaufsatz"

Walter Benjamin kann für eine Theorie der Technik als einer der wichtigsten Denker im 20. Jahrhundert gelten.[1] Seine wirkmächtigste Studie trägt den Begriff des Technischen schon im Titel: „Das Kunstwerk im Zeitalter seiner technischen Reproduzierbarkeit". Die letzte, autorisierte und bekannteste Fassung dieses sogenannten „Kunstwerkaufsatzes" stammt aus dem Jahr 1939.[2] Er gilt als eine, wenn nicht sogar als die entscheidende Gründungsurkunde der im 20. Jahrhundert entstehenden Wissenschaftsdisziplin der Medientheorie. Deren Eigenrecht besteht ihrem Selbstverständnis zufolge darin, das Wesentliche eines Mediums in seiner technisch hergestellten Form – und nicht in seinen davon vermeintlich unterscheidbaren Inhalten – zu suchen. Mit diesem Selbstverständnis der Medientheorie ist angedeutet, dass das Thema des „Kunstwerkaufsatzes" sich nicht auf den Bereich der traditionellen Ästhetik beschränken lässt. Vielmehr wird die spätmoderne Gesellschaft in ihrer medialen Verfassung in den Blick genommen. Zentral ist der Begriff der Aura. Dabei vertritt Walter Benjamin eine technisch fokussierte Säkularisierungsthese, die – so meine Generalthese – sich im Gegenzug auch als eine religionstheoretische Modernisierungs-

---

1 Vgl. NIELSON, ARNO VICTOR, Walter Benjamin and Technology, in: Orbis Literarum 48 (1993), 135–144; hier: 135.

2 Der „Kunstwerkaufsatz" wird zitiert nach: BENJAMIN, WALTER, Das Kunstwerk im Zeitalter seiner technischen Reproduzierbarkeit und weitere Dokumente. Kommentar von Detlev Schöttker, Frankfurt a. M. 2007, 7–50. Walter Benjamin wird grundsätzlich zitiert nach: Gesammelte Schriften I-VII [=GS], u. Mitw. v. ADORNO, THEODOR W. / SCHOLEM, GERSHOM, hg. v. TIEDERMANN, ROLF / SCHWEPPENHÄUSER, HERMANN, Frankfurt a.M. 1972–1989. Über den Stand der verzweigten Walter-Benjamin-Forschung einschließlich ihrer Diskurse und der entsprechenden Literatur informiert: LINDNER, BURKHARDT, Benjamin-Handbuch. Leben – Werk – Wirkung, (Sonderausgabe) Stuttgart / Weimar 2011. Vgl. einschließlich zahlreicher Belege und Literaturhinweise zur Bedeutung und Diskussion der verschiedenen Fassungen und Überarbeitungsstufen des „Kunstwerkaufsatzes" sowie grundlegend zu seiner intensiven wie widerstreitenden Auslegung einschließlich der Bibliographie einschlägiger Forschungsarbeiten: LINDNER, BURKHARDT, „Das Kunstwerk im Zeitalter seiner technischen Reproduzierbarkeit", in: DERS., Handbuch, A. a. O., 229–251. SCHÖTTKER, DETLEV, Kommentar, in: BENJAMIN, Kunstwerk, A. a. O., 99–248. Hilfreich für die Erschließung der medientheoretischen Diskussion des „Kunstwerkaufsatzes" sind: SCHULTE, CHRISTIAN (Hg.), Walter Benjamins Medientheorie, Konstanz 2005; KLOOK, DANIELA / SPAHR, ANGELA, Medientheorien zur Einführung, München [2]2000, 13–37; MERSCH, DIETER, Medientheorien zur Einführung, Hamburg [2]2009, 57–73.

these lesen lässt.[3] Was dies bedeutet, soll im Folgenden dadurch plausibilisiert werden, dass erstens der „Kunstwerkaufsatz“ kurz dargestellt, zweitens in seinen Forschungsdiskurs problemorientiert eingestellt und drittens der Zusammenhang zum Verhältnis von Technik und Transzendenz ausdrücklich hergestellt wird.

1. Zur Skizze von Walter Benjamins „Kunstwerkaufsatz“

Walter Benjamin stellt seinem „Kunstwerkaufsatz“ als Motto ein Zitat von Paul Valéry voran, wonach die Neuerung der Technik eine neue Kunst erwarten lässt, die den Begriff der Kunst positiv verwandeln könnte.[4] Daran schließt der erste Teil des vierteiligen Aufsatzes an.[5] Dieser erste, einleitende Teil („Vorwort“) gibt den politischen Zweck zu verstehen: So wie Karl Marx mit seiner Analyse des Unterbaus in der wirtschaftlichen Produktion dessen Umwälzungen prognostizierte, so möchte Walter Benjamin mit seiner Analyse des Überbaus in der künstlerischen Produktion dessen Umwälzungen verstehen. Die eigene Analyse ist für Walter Benjamin nicht allein der gleichsam verzögerte und automatische Reflex des Überbaus auf den Unterbau. Vielmehr möchte seine Analyse aktiv der Bekämpfung des Faschismus dienen, wenn letzterer tradierte Begriffe der Ästhetik wie etwa den des Schöpfertums kaum kontrollierbar für seine Interessen gebraucht.[6]

Der zweite, historische Teil zeichnet gedrängt ein umfassendes Bild des Wandels der Kunst und ihrer Wahrnehmung. Danach sind Reproduktionen von

---

[3] Vgl. zur Sache auch: DIERKEN, JÖRG, Technik als Kultur, in: NEUMEISTER, KATHARINA / RENGER-BERKA, PEGGY / SCHWARKE, CHRISTIAN (Hg.), Technik und Transzendenz. Zum Verhältnis von Technik, Religion und Gesellschaft, Stuttgart 2012, 21–37. SCHWARKE, CHRISTIAN, Einleitung, in: Technik, A. a. O., 9–16. CHARBONNIER, RALPH, Technik und Theologie. Ein theologischer Beitrag zum interdisziplinären Technikdiskurs unter besonderer Berücksichtigung der Theologie F.D.E. Schleiermachers, Marburg 2003. GRÄB-SCHMIDT, ELISABETH, Technikethik und ihre Fundamente. Dargestellt in Auseinandersetzung mit den technikethischen Ansätzen von Günter Ropohl und Walther Christoph Zimmerli, Berlin 2002.

[4] Vgl. BENJAMIN, Kunstwerk, a. a. O. (s. Anm. 2), 9.

[5] Der von Walter Benjamin in fünfzehn Kapitel unterteilte Haupttext wird von einem „Vorwort“ und „Nachwort“ gerahmt, die den philosophisch-politischen Horizont konturieren. Der Haupttext selbst kann in der Forschung in einen eher geschichtlichen Teil (Kapitel I–VII) und einen eher ästhetischen Teil (Kapitel VIII–XV) unterteilt werden (vgl. SCHÖTTKER, Kommentar, a. a. O. [s. Anm. 2], 134f.). In dem Sinn lässt sich ein vierteiliger Aufbau erkennen: Das „Vorwort“ ist der erste, einleitende Teil, der eher geschichtliche der zweite Teil, der eher ästhetische der dritte Teil und das „Nachwort“ der vierte Teil.

[6] Vgl. BENJAMIN, Kunstwerk, a. a. O. (s. Anm. 2), 9f.

Kunstwerken nichts Neues: Immer schon konnten Mensch nachbilden, was Menschen gemacht hatten. Aus einer längerfristigen Perspektive lässt sich diese Einsicht weiter konturieren. Zwar kannte die Antike den Guss und die Prägung, und es kamen danach der Holzschnitt, der nach Walter Benjamin oftmals überschätzte Buchdruck, der Kupferstich und die Radierung auf. Doch erst in der Moderne entstand und entsteht nach Walter Benjamin mit der Lithographie, der Fotografie und dem Film technisch eine Massenkunst, die sich täglich neu gestalten und vermarkten kann. Hierbei nehmen neue Medien alte auf, wenn etwa in der Fotografie schon der Film verborgen angelegt ist.[7] Das traditionelle Kunstwerk ist im Gegensatz zu diesen Formen des modernen Kunstwerks durch das bestimmt, was Walter Benjamin mit dem Begriff der Aura bezeichnet. Sie lässt sich dreifach bestimmen, nämlich im Sinn des Echten, des Einmaligen und des Unnahbaren. Erstens ist das traditionelle Kunstwerk echt, insofern es als Original in seiner raumzeitlichen Identität nicht hintergehbar ist. Diese Echtheit kann allenfalls näherungsweise nachgebildet werden. Hierbei sind die Möglichkeiten der manuellen Reproduktion deutlich begrenzt. Freier ist die technische Reproduktion, und zwar in doppelter Hinsicht. Sie kann – etwa durch fotografische Vergrößerung – bestimmte Aspekte am Original hervorheben, die dem natürlichen Blick verborgen bleiben; und sie kann das Abbild des Originals wesentlich beweglicher als das Original erscheinen lassen, wenn etwa ein kirchliches Chorwerk in einem Zimmer vernehmbar wird. Durch diese Möglichkeit massenhafter Vervielfältigung und situativer Aktualisierung wird das Kunstwerk aus seiner Tradition gerissen. Dies beeinträchtigt seine Echtheit und damit seine Aura.[8] Zweitens ist das traditionelle Kunstwerk einmalig, insofern es sich in seiner Gegenwart dem reproduzierenden Zugriff entzieht. Dies wird durch die Möglichkeit technischer Reproduktion problematisiert, die etwa in Form von Zeitungsbildern etwas bildlich massenhaft verfügbar machen kann. Masse und Wirklichkeitswahrnehmung werden so nach Walter Benjamin aufeinander ausgerichtet. Dies entwertet die Aura. Grundsätzlich vermag die Aura auch natür-

---

[7] Vgl. a. a. O., 10ff.

[8] Vgl. a. a. O., 12–15. Vgl. zu dem Ausweis dieser drei Kennzeichen des Auratischen auch: SCHÖTTKER, Kommentar, a. a. O. (s. Anm. 2), 138. Der Begriff der Aura wurde insbesondere durch Walter Benjamins „Kunstwerkaufsatz" bekannt. Doch er war schon zuvor im Gebrauch. Im Griechischen bezeichnet er die Luft bzw. den Hauch. Im Lateinischen wurde diese Bedeutung visuell erweitert: Aura war der Lichtglanz. Später wurde der Begriff in esoterischen Kreisen aufgegriffen, die unter der Aura die besondere geistige Ausstrahlung eines Menschen verstanden. Auf dieses Verständnis konnte sich Walter Benjamin schon im Jahr 1930 abgrenzend beziehen. Vgl. a. a. O., 139f. FÜRNKÄS, JOSEF, Aura, in: OPITZ, MICHAEL / WIZISLA, ERDMUT (Hg.), Benjamins Begriffe, Frankfurt a. M. 2000, 95–146; hier: 102f. 107.

lichen Gegebenheiten zuzukommen. Letzteres erlaubt es Walter Benjamin, den Begriff der Aura exemplarisch ins Bild zu setzen.[9] So heißt es:

> „Es empfiehlt sich, den […] Begriff der Aura an dem Begriff einer Aura von natürlichen Gegenständen zu illustrieren. Diese letztere definieren wir als einmalige Erscheinung einer Ferne, so nah sie sein mag. An einem Sommernachmittag ruhend einem Gebirgszug am Horizont oder einem Zweig folgen, der seinen Schatten auf den Ruhenden wirft – das heißt die Aura dieser Berge, dieses Zweiges atmen."[10]

Außerdem ist drittens das traditionelle Kunstwerk unnahbar, insofern es im Kult fundiert ist, der in der Nähe eine Ferne erfahren lässt. Diese Unnahbarkeit des Kultwerkes bleibt funktional im religionsaffinen Schönheitskult der Renaissance erhalten. Die Lehre von der „l'art pour l'art" gilt Walter Benjamin als eine negative Theologie der Kunst, die – gegen den revolutionären Einbruch der Fotografie – mit der Selbstzweckmäßigkeit der Kunst deren kultische Funktion beerbt. Mit der Fotografie wird, so Walter Benjamin, die Kunst erstmals in der Weltgeschichte von ihrer kultischen Fundierung befreit. Diese Revolution wird seines Erachtens bei der Filmproduktion noch deutlicher: Das technisch produzierte Kunstwerk des Films ist aufgrund seiner technischen Produktionskosten auf die Reproduktion angewiesen. Die Frage nach der echten (Film-) Kopie verliert ihren Wert. So löst sich das Kunstwerk vom Kult. An seine Stelle tritt mit der sozialen Öffentlichkeit das Phänomen der Politik. Dies versteht Walter Benjamin dahingehend, dass der Kultwert des Kunstwerks von dessen Ausstellungswert verdrängt wird. Letzterer wird durch die technische Reproduktion so gesteigert, dass er eine nie gekannte Bedeutung bekommt. Dies zeigt sich in der Fotografie, wenn mit dem Rückgang von angefertigten Porträts der letzte Bezug auf das Auratische verschwindet. Denn im Porträt zeigt sich in Gestalt des menschlichen Gesichtes ein Erinnerungskult, der dem Bild einen Kultwert zuschreibt.[11] Insgesamt wird die Moderne im Blick auf das Kunstwerk zu einer Verkehrung der Vorgeschichte:

> „Mit den verschiedenen Methoden technischer Reproduktion des Kunstwerks ist dessen Ausstellbarkeit in so gewaltigem Maß gewachsen, daß die quantitative Verschiebung zwischen seinen beiden Polen ähnlich wie in der Urzeit in eine qualitative Veränderung seiner Natur umschlägt. Wie nämlich in der Urzeit das Kunstwerk durch das absolute Gewicht, das auf seinem Kultwert lag, in erster Linie zu einem Instrument der Magie wurde, das man als Kunstwerk gewissermaßen erst später erkannte, so wird heute das Kunstwerk durch das absolute Gewicht, das auf seinem Ausstellungswert liegt, zu einem Gebilde mit ganz neuen

---

9 Vgl. BENJAMIN, Kunstwerk, a. a. O. (s. Anm. 2), 15–17.

10 A. a. O., 16.

11 A. a. O., 17–24.

> Funktionen, von denen die uns bewußte, die künstlerische, als diejenige sich abhebt, die man später als eine beiläufige erkennen mag."[12]

Entsprechend deutet Walter Benjamin den Streit um den künstlerischen Status der Fotografie im 19. Jahrhundert als unbewusste Erschütterung, die das Ersetzen des kultischen durch das politische Fundament auslöste.[13]

Der dritte, ästhetische Teil wendet sich insbesondere den filmischen Bildern zu. Wesentlich für sie ist die Apparatur, die zwischen den Filmdarsteller und den Zuschauer tritt. Daraus folgt für Walter Benjamin zweierlei. Erstens muss die Leistung des Filmdarstellers nicht als ganze angenommen werden, sondern kann geschnitten bzw. montiert werden. Die Leistung des Filmdarstellers wird insofern getestet, und zwar optisch. Zweitens entfällt für den Filmdarsteller die Möglichkeit, sich auf das Publikum einstellen zu können, weil er zu ihm keinen Kontakt hat.[14] Dies unterscheidet den Filmdarsteller von dem Theaterschauspieler. Im Theater gibt es ein lebendiges Publikum, das anwesend ist, und einen Schauspieler, der im Hier und Jetzt eine Rolle verkörpert. So hat der Schauspieler eine Aura. Anders verhält es sich bei dem Filmdarsteller, dessen Darstellung aus vielen Einzelmomenten zusammengesetzt und montiert wird. Dem damit verbundenen Schwinden der Aura begegnet die Filmindustrie, so Walter Benjamin, durch den Aufbau eines neuen Kultes, demzufolge der Filmdarsteller ein Star ist. Dadurch wird die Person des Filmdarstellers zu einer handelbaren Ware, deren Kriterium die Tauglichkeit vor der Apparatur ist. In der Politik, so merkt Walter Benjamin an, entspricht dem Star der Diktator. Im Ganzen ist der Film nur bedingt revolutionär: Er löst nicht einlinig und automatisch die Revolution aus. Dennoch kann der Film das Publikum – ähnlich wie bei Sportveranstaltungen – in einem gewissen Rahmen auch zu Fachleuten machen. Wie in der Schriftkultur aus der zunehmenden Anzahl von Lesenden immer mehr Schreibende hervorgegangen sind, können aus der zunehmenden Anzahl von Betrachtenden immer mehr Akteure in Filmen hervorgehen. Sie vermögen sich als Fachmänner selbst zu spielen, wofür Walter Benjamin im russischen Film beispielhafte Entwicklungen sieht.[15] Auch von einer anderen Warte aus lässt sich die Besonderheit des Films gegenüber dem Theater herausstreichen. Während es traditionell im Theater in der Regel nicht immer möglich ist, das Gespielte sofort als illusionär wahrzunehmen, verhält es sich bei dem Film anders. Es gibt gleichsam keine illusionäre Perspektive auf eine Szene, wenn man einmal von der Sicht des Aufnahmeapparates absieht. Immer sieht der Anwesende, was nicht unmittelbar zu dem Spielvorgang gehört – wie etwa die Beleuchtungstech-

---

[12] A. a. O., 22.

[13] A. a. O., 24ff.

[14] A. a. O., 26f.

[15] Vgl. a. a. O., 27–34.

nik, die Aufnahmeapparate oder den Assistentenstab. Daraus folgt für Walter Benjamin: Bei dem Film ist der technische Apparat so weit mit der Wirklichkeit verwoben, dass deren apparatefreie Darstellung das Ergebnis eines aufwendigen Apparates ist. Insofern wird bei dem Film die apparatefreie Wirklichkeit zur künstlichsten Wirklichkeit. Verdeutlichend vergleicht Walter Benjamin das Verhältnis von Kameramann und Maler mit dem Verhältnis von Chirurg und Magier: Der Kameramann und der Chirurg dringen ohne Beachtung der natürlichen Distanz mithilfe von Apparaten in ein Gegenüber ein. Dagegen halten der Maler und der Magier so die Distanz zum Gegenüber, dass der Eindruck einer Totale und nicht ein zerstückeltes Bild entsteht, das neu zusammengesetzt werden muss.[16] Dennoch wäre es falsch, angesichts solcher Entwicklungen die technische Reproduzierbarkeit des Kunstwerks negativ zu beurteilen, so Walter Benjamin: Sie schafft die Möglichkeit eines fortschrittlichen Verhältnisses der Masse zum Kunstwerk, wenn etwa Filme von Charlie Chaplin kritisch wie genießend wahrgenommen werden, und zwar auf dem Weg kollektiver Wahrnehmung („simultane Kollektivrezeption") und Selbstkontrolle. Dies unterscheidet den Film von der Malerei, die auch in ihrer fortschrittlichsten Form dies so nicht ermöglicht, wenn auch ihre kollektive Betrachtung nicht mehr so eingeschränkt ist wie früher, als Bilder in der Regel in Kirchen oder Herrscherhöfen hingen. Ferner ist es eine Errungenschaft des Films, so Walter Benjamin, durch Dehnung des Raumes („Großaufnahme") und Aufhalten der Zeit („Zeitlupe") etwas zu Bewusstsein zu bringen, was vorher so noch nie gesehen wurde. In dem Sinn verändert der Film auch die bemerkbare Welt des Menschen und hebt in Entsprechung zu der Psychoanalayse das Unbewusste in das Bewusstsein („Optisch-Unbewußtes").[17] Grundsätzlich verheißt der Film dem zeitgenössischen Menschen einen befreienden Spielraum:

> „Indem der Film durch Großaufnahmen aus ihrem Inventar, durch Betonung versteckter Details an den uns geläufigen Requisiten, durch Erforschung banaler Milieus unter der genialen Führung des Objektivs, auf der einen Seite die Einsicht in die Zwangsläufigkeiten vermehrt, von denen unser Dasein regiert wird, kommt er auf der anderen Seite dazu, eines ungeheuren und ungeahnten Spielraums uns zu versichern! Unsere Kneipen und Großstadtstraßen, unsere Büros und möblierten Zimmer, unsere Bahnhöfe und Fabriken schienen uns hoffnungslos einzuschließen. Da kam der Film und hat diese Kerkerwelt mit dem Dynamit der Zehntelsekunden gesprengt, so daß wir nun zwischen ihren weitverstreuten Trümmern gelassen Reisen unternehmen."[18]

---

16 Vgl. a. a. O., 34ff.

17 Vgl. a. a. O., 37–41. Vgl. zu den Begriffen „simultane Kollektivrezeption", „Großaufnahme", „Zeitlupe", „Optisch-Unbewußtes": a. a. O., 37; 40f.

18 A. a. O., 40.

Dabei ist der Film für Walter Benjamin nicht ohne Anknüpfungspunkte. Der Dadaismus in Malerei und Literatur nahm die taktilen Effekte des Films in gewisser Hinsicht vorweg: Dadaistische Bilder und Gedichte schlugen durch Zurschaustellung ihrer Reproduktion geschossartig ein, so Walter Benjamin. Der Film dringt durch die Schnelligkeit seiner Bilder in die innere Welt des Zuschauers ein. Seine Bilder unterbrechen und besetzen die Wahrnehmung des Zuschauers und lösen so bei ihm einen Schock aus. Anders als bei dem traditionellen Bildkunstwerk führt dies beim Film nicht zur gesammelten Versenkung, sondern zur zerstreuten Wahrnehmung. Dies spricht nicht gegen den Film. Denn anders, so Walter Benjamin, ist auch die seit jeher die Menschheit begleitende Kunstform der Architektur nicht verfasst: Sie erfolgte und erfolgt auch kollektiv und zerstreut, taktil und optisch. Genau diese sich ausbreitende Rezeptionsform kommt unter den Bedingungen der Gegenwart im Kunstwerk des Filmes vorzüglich zum Austrag – mit der Folge, dass der Kultwert des Kunstwerks sich verflüchtigt.[19]

Der vierte, abschließende Teil („Nachwort") nimmt die unmittelbar politische Ausrichtung des ersten Teils auf. Der Faschismus muss um der Wahrung der Eigentumsverhältnisse willen, so Walter Benjamin, den sich formierenden Massen einen Ausdruck geben: Dies hat eine Ästhetisierung der Politik zur Folge, die in der Verherrlichung des technisierten Krieges gipfelt, wie Walter Benjamin mit Blick auf den italienischen Futurismus urteilt. Das Kultische der Kunst wird damit in politischen Ritualen aufgenommen, mit denen Menschen ihre Selbstvernichtung als ästhetisches Schauspiel zelebrieren. Die massenhafte Reproduktion und die Reproduktion von Massen stehen in einer Entsprechung. Demnach wird sich die Masse durch die Apparate der Reproduktion selbst ansichtig und gewahr. Der ästhetisierten Politik des Faschismus stellt Walter Benjamin die politisierte Kunst des Kommunismus gegenüber.[20]

2. Zum Forschungsdiskurs von Walter Benjamins „Kunstwerkaufsatz"

Meines Erachtens kristallisieren sich im Forschungsdiskurs insbesondere drei Punkte heraus. Der erste Punkt betrifft den ersten und vierten Teil des „Kunstwerkaufsatzes". Sachlich geht es um die Parteinahme, in deren Horizont die Argumentation eingezeichnet wird. So findet sich das ausdrückliche Plädoyer gegen den Faschismus und für den Kommunismus – als scheinbar alternativlose Alternative – im ersten Teil („Vorwort") und vierten Teil („Nachwort").[21] Daher

---

19 Vgl. a. a. O., 41–47.

20 Vgl. a. a. O., 47–50.

21 Vgl. KLOOK / SPAHR, Medientheorien, a. a. O. (s. Anm. 2), 26.

kann man fragen: Hängen die Annahme einer im Film gipfelnden mediengeschichtlichen Revolution und die Gegenüberstellung von auratischem und postauratischem Kunstwerk im zweiten und dritten Teil davon ab? Meines Erachtens ist dies nicht zwingend der Fall. Eher lässt sich bei Walter Benjamin von einer Anregung durch die marxistische Lehre vom Überbau sprechen, die zu einer Entdeckung von Entsprechungen von Materiellem und Geistigem, von Technischem und Mentalem führt.[22] Medientheoretisch gewendet: Die Reflexionsbegriffe folgen den bewusstseinsbildenden Produktivkräften der Medienentwicklung nach und können Walter Benjamin zur Einsicht in die fundamentale Funktion des Politischen für das moderne Kunstwerk führen.[23] Diese Lesart legt die Vorstellung einer aufgeklärten Öffentlichkeit nicht ausschließlich auf einen antifaschistischen Kommunismus fest. An die Stelle der vermeintlich alternativlosen Alternative von Faschismus und Kommunismus tritt dann allgemein das Politische. Diese Lesart lässt sich meines Erachtens in drei Hinsichten plausibilisieren. Erstens wird sie innerhalb des „Kunstwerkaufsatzes" durch den Gedanken von der Ersetzung des rituellen Kultwertes des Kunstwerkes gestützt: Diese Ersetzung kommt ohne Berufung auf die genannte Alternative aus. Sie wird allgemein als die Verdrängung der kultischen Fundierung des Kunstwerks durch die politische Fundierung begriffen.[24] Zweitens lässt sich rezeptionsgeschichtlich die Deutung des „Kunstwerkaufsatzes" als die eines Dokuments politischer Theologie anführen, wozu sogleich in aller Kürze noch Stellung genommen werden soll. Diese Deutung verweigert sich einer einlinigen Festlegung auf einen antifaschistischen Kommunismus.[25] Drittens spricht außerhalb des „Kunstwerkaufsatzes" für diese Lesart die nachfolgende Entwicklung der Geschichte, welche die vermeintlich alternativlose Alternative von Faschismus und Kommunismus zukunftsträchtig überwinden konnte und kann. In diesem Zusammenhang scheitert auch der Versuch, die Ästhetisierung des Politischen allein dem Faschismus zuzuschreiben. Inzwischen lässt sich diese Ästhetisierung, so sagt man, weithin in vielen modernen Gesellschaften beobachten.[26]

---

22 Vgl. ARENDT, HANNAH, Menschen in finsteren Zeiten, hg. v. LUDZ, URSULA, München 1989, 198–201. Vgl. zu der gleichsam schillernden Vereinigung von Marxismus, Materialismus und Messianismus bei Walter Benjamin: HABERMAS, JÜRGEN, Philosophisch-politische Profile, (Sonderausgabe) Frankfurt a. M., Wien 1991, 338. 365–371.

23 Vgl. STEINER, UWE C., Die Sprengung der Kerkerwelt. Medienästhetik, Film und gnostische Politik in Benjamins Kunstwerk-Aufsatz und in Patrick Roths *Der Stab Moses*, in: SCHULTE, Medientheorie, a. a. O. (s. Anm. 2), 213–233; hier: 213f.

24 Vgl. BENJAMIN, Kunstwerk, a. a. O. (s. Anm. 2), 20. BENJAMIN 1972–1989 (GS): I 482.

25 Vgl. zur Sache auch: STEINER, Sprengung, a. a. O. (s. Anm. 23), 213–233.

26 Vgl. zur Sache auch: DOBER, HANS MARTIN, Die Moderne wahrnehmen. Über Religion im Werk Walter Benjamins, Gütersloh 2002, 379; LINDNER, Kunstwerk, a. a. O. (s. Anm. 2), 232.

Der zweite Punkt betrifft den zweiten Teil des „Kunstwerkaufsatzes". Sachlich geht es um die Stimmigkeit der Gegenüberstellung von auratischem und postauratischem Kunstwerk. Insbesondere Theodor W. Adornos Kritik ist einschlägig, die übrigens auch als einzige Reaktion von Rang zu Lebzeiten von Walter Benjamin gilt.[27] Diese Kritik besagt im Kern: Dem „Kunstwerkaufsatz" mangelt es an Dialektik.[28] Deutlich wird dies in dem „Brief an Walter Benjamin vom 18. März 1936". Dieser Brief Theodor W. Adornos stimmt der Absicht Walter Benjamins zu, die geschichtliche Selbstaufhebung des Mythos auch im Bereich der Kunst durchsichtig zu machen. Diese dialektische Absicht darf aber nicht nur nominell versichert werden. Sie muss auch tatsächlich durchgeführt werden, so Theodor W. Adorno kritisch gegen Walter Benjamin: Weder lässt sich nämlich das autonome Kunstwerk des Bürgertums einfach dem Mythischen und Magischen zuweisen noch entkommt das reproduzierte Kunstwerk der auch ihm eingeschriebenen Negativität. Was das autonome Kunstwerk angeht, so argumentiert Theodor W. Adorno folgendermaßen: In dem autonomen Kunstwerk ist dialektisch das Magische mit der Freiheit verschränkt. Letztere zeigt sich in der bewussten Herstellung autonomer Kunst, weswegen die autonome Dinglichkeit und das Magische des Kunstwerks nicht zusammenfallen. Die auch von Theodor W. Adorno geteilte Diagnose von dem Schwinden der Aura verdankt sich entsprechend nicht so sehr der technischen Reproduzierbarkeit, sondern der autonomen Form des Kunstwerks. Insofern sich dies in der Lehre von der „l'art pour l'art" ausdrückt, scheint Theodor W. Adorno gleichsam deren Ehrenrettung gegenüber Walter Benjamin angebracht. Was das reproduzierte Kunstwerk angeht, so argumentiert Theodor W. Adorno in Entsprechung folgendermaßen: Das auratische Kunstwerk geht über seine autonome Gestalt und deren technische Realisierung in eine Form über, die eine klare Abgrenzung gegenüber dem reproduzierten Kunstwerk problematisch macht. Dies betrifft sowohl den konstruktiven als auch den kritischen Aspekt. Konstruktiv überschätzt der „Kunstwerkaufsatz" das Technische des reproduzierten Kunstwerks,

---

27 Vgl. SCHÖTTKER, Kommentar, a. a. O. (s. Anm. 2), 157–167.

28 Vgl. zur Sache: RECKI, BIRGIT, Aura und Autonomie. Zur Subjektivität der Kunst bei Walter Benjamin und Theodor W. Adorno, Würzburg 1988, 74. ARENDT, Menschen, a. a. O. (s. Anm. 22), 202–205. Die Frage nach der Dialektik der Konzeption könnte man meines Erachtens auch auf die interne Verfassung des auratischen Kunstwerkes beziehen: In welchem Verhältnis stehen die von Walter Benjamin in dieser Beziehung nicht weiterbestimmten drei Kriterien des Echten, Einmaligen und Unnahbaren? Der wichtige Hinweis, dass Walter Benjamins Theorie ständig ineinander umschlagende Gegensätze annimmt (vgl. LINDNER, Kunstwerk, a. a. O. [s. Anm. 2], 247f.), beantwortet meines Erachtens noch nicht genügend die Frage, ob diese Struktur als solche auch rechenschaftsfähig gedacht wird. Genau dies wird die Kritik Theodor W. Adornos finden.

das häufig geradezu kindisch eine Wirklichkeit abbildet, wie Theodor W. Adorno unter Berufung auf einen Besuch in den Filmstudios von Neubabelsberg feststellt. Und kritisch überschätzt der „Kunstwerkaufsatz" die revolutionäre Wirkung: Das Lachen der Kinobesucher kann so bürgerlich wie sadistisch sein. Wie dieses Beispiel zeigt, so Theodor W. Adorno, bedeutet dieser Mangel an Dialektik politisch ein treuherziges Vertrauen in das hier als Kinopublikum auftretende Proletariat, das diese Leistung gar nicht vollbringen kann. Dafür bedarf es vielmehr der dialektisch agierenden Intellektualität, was Walter Benjamin sich in einer ängstlichen Tabuisierung verbietet. Dahinter vermutet Theodor W. Adorno bei Walter Benjamin auch eine Orientierung an Bertolt Brecht.[29] Klar zutage tritt Theodor W. Adornos Kritik auch im „Brief an Max Horkheimer vom 21. März 1936". Demnach mythologisiert Walter Benjamin die von ihm selbst diagnostizierte Entmythologisierung des Kunstwerks, um die eigene Angst zu tabuisieren. Dies äußert sich, so Theodor W. Adorno, politisch in dem einlinigen Vertrauen auf das Proletariat und in der wirklichkeitsfremden Einschätzung der Technik. Pointiert schreibt Theodor W. Adorno:

> „Benjamins Arbeit habe ich nun [...] sehr genau gelesen [...] es ist eine große Konzeption dahinter [...] Ich habe dagegen nur [...] den Grundeinwand, daß er die Entmythologisierung mythologisiert [...] Er ist im Grunde über das mir gewiß sehr vertraute Stadium der Angst des bürgerlichen Künstlers vor der ‚Kunstfeindschaft' der Revolution nicht hinausgekommen. Er weiß aber zugleich, daß diese Haltung reaktionär ist. Und er hilft sich damit, daß er die Augen zukneift, sich Watte in die Ohren steckt und dazu mit Emphase alle die Dinge schreit, vor denen er sich fürchtet. Es ist eine inverse Tabuierung: er mythisiert die Entmythologisierung, weil er sie anders nicht [er]tragen kann. Oder drastischer gesprochen, er schüttet erst das Kind mit dem Bade aus und betet dann die leere Wanne an [...] Politisch gesprochen [...] [vertraut] Benjamin, und da steckt wirklich der schlechteste Brecht, auf das Proletariat wie auf einen blinden Weltgeist [...] Dazu die professoral romantischen Vorstellungen von der Technik. Es hat wirklich etwas von einem wahnsinnig gewordenen Wandervogel"[30].

Die in diesen Briefen artikulierte Kritik findet sich auch in Theodor W. Adornos posthum publizierter Studie „Ästhetische Theorie" (1970). Demnach krankt der „Kunstwerkaufsatz" an einer dialektisch unterbestimmten Antithetik von aura-

[29] Vgl. ADORNO, THEODOR W., Brief an Walter Benjamin vom 18. März 1936, in: BENJAMIN, Kunstwerk, a. a. O. (s. Anm. 2), 73–80. Bertolt Brecht distanziert sich von der Konzeption der Aura. Er erblickt darin den unhaltbaren Versuch, eine antimystische Mystik als materialistische Geschichtsauffassung auszugeben. Vgl. BRECHT, BERTOLT, Arbeitsjournal, Bd. 1, hg. v. HECHT, WERNER, Frankfurt a. M. 1974, 14.

[30] ADORNO, THEODOR W., Brief an Max Horkheimer vom 21. März 1936, in BENJAMIN, Kunstwerk, a. a. O. (s. Anm. 2), 81–86; hier: 83ff.

tischem und postauratischem Kunstwerk. Im „Kunstwerkaufsatz" wird durch die Vorstellung von dem Verschwinden der kultgebundenen Aura zugunsten des profitorientierten Ausstellungswerts das Kunstwerk theoretisch gegen den Missbrauch durch massenhafte Ausbeutung und Manipulation wehrlos. Damit verspielt Walter Benjamin das im Begriff der Aura gesetzte Verhältnis der kritischen Distanz.[31] Das Kunstwerk wird so zu einem Bild der Kulturindustrie und

[31] Vgl. ADORNO, THEODOR W., Ästhetische Theorie, Frankfurt a. M. 2003, 73. 89f. 460. Der Begriff der Aura unterliegt bei Walter Benjamin einem Bedeutungswandel, der auf die konkrete Auslegung der einzelnen Schriften verweist (vgl. zu der Übersicht über die entsprechenden Schriften und Stellen einschließlich weiterführender Literaturangaben: FÜRNKÄS, JOSEF, Aura, a. a. O. [s. Anm. 8], 104–141; 144ff. DOBER, Moderne, a. a. O. [s. Anm. 26], 371–383). In grenzwertiger Verkürzung kann das Folgende festgehalten werden: In der Studie „Kleine Geschichte der Photographie" (1931) wird die Entwicklung der Photographie als Befreiung von der Aura gedeutet, die mit den gleichen Beispielen genauso verstanden wird, wie es später im „Kunstwerkaufsatz" der Fall ist, nämlich „als einmalige Erscheinung einer Ferne, so nah sie sein mag" (vgl. insgesamt: BENJAMIN, 1972–1989 [GS]: II 368–385; hier: 378f.). In dem Aufsatz „Über einige Motive bei Baudelaire" (1939) wird die Aura im Verhalten des Menschen verankert, der Naturerscheinungen und Kunstwerke durch die Verleihung seines Blicks verlebendigt (DERS., 1972–1989 [GS]: I 605–653; hier: 646f.; vgl. zum Zusammenhang von Gestirnkult, Sprachursprung und Aura-Erfahrung im Blick, der dem mimetischen Vermögen zugrundeliegen könnte: DERS., 1972–1989 [GS]: II 958). In dem „Passagenwerk" (1927-1940) kann der Begriff der Aura von dem der Spur unterschieden werden. Während die Spur ursächlich mit dem verbunden ist, was sie hervorrief, und insofern einen Zugriff gestattet, verhält es sich bei der Aura so, dass sie sich unser bemächtigt. Dies erlaubt eine spiegelbildliche Bestimmung von Spur und Aura: „Die Spur ist Erscheinung einer Nähe, so fern das sein mag, was sie hinterließ. Die Aura ist Erscheinung einer Ferne, so nah das sein mag, was sie hervorruft. In der Spur werden wir der Sache habhaft; in der Aura bemächtigt sie sich unser" (DERS. 1972–1989 [GS]: V 45–1063; hier: 560). Mit anderen Worten: Die Spur vergegenwärtigt ein Abwesendes, während die Aura ein Anwesendes entzieht. Darin kann man die Unterscheidung von Zeichen (Spur) und Wirkung (Aura) entdecken (Vgl. MERSCH, DIETER; Was sich zeigt. Materialität, Präsenz, Ereignis, München 2002, 89). Im Einzelnen ist das Verständnis des Begriffs der Aura in Basalem und Nuancen so unterschiedlich, dass eine Vereinheitlichung der Forschung sehr problematisch erscheint. Dies schließt allerdings nicht den Versuch einer Typologisierung aus (vgl. FÜRNKÄS, Aura, a. a. O. [s. Anm. 8], 103; 98; 141ff.), der im Folgenden noch aufgenommen wird. Was die Kritik von Theodor W. Adorno angeht, so wird sie ihrerseits kritisiert, insbesondere mit dem Verweis, dass Theodor W. Adorno den „Kunstwerkaufsatz" auf sein eigenes Interesse einer Autonomieästhetik verpflichtet und mit seiner – zumindest tendenziell einsinnigen – negativen Sicht der Massenmedien zusammenbringt (vgl. einschließlich weiterführender Literaturangaben: LINDNER, Kunstwerk, a. a. O. [s. Anm. 2], 241. SCHÖTTKER, Kommentar, a. a. O. [s. Anm. 2],161–164). Diese Kritik an Theodor W. Adorno stellt tendenziell darauf ab, dessen Kritik an Walter Benjamin als äußerlich zu relativieren. Dies bleibt meines Erachtens jedoch selbst etwas äußerlich. Weiterführend scheint das Argument zu sein, dass Walter

ihrer Tauschprozesse. Dies lässt die Frage nach der Ablösung bzw. nach dem Fortdauern der Aura stellen. Folgerichtig schlägt sich die Frage nach der verborgen oder ausdrücklich dialektischen Konzeption des reproduzierten Kunstwerks in einem verwickelten Diskurs über den Begriff der Aura nieder, der über Theodor W. Adorno hinausgeht.[32] So wird gegen die Lesart von einer geschichtlich eingrenzbaren Ablösung der Aura im Zeitalter des reproduzierten Kunstwerks einerseits betont, dass der Begriff der Aura ambivalent ist, insofern er von Walter Benjamin auch nostalgisch gebraucht wird.[33] Andererseits wird in Abgrenzung zu dieser Diagnose von der Ambivalenz der Begriff der Aura bei Walter Benjamin für stimmig gehalten – mit der Begründung, dass der Begriff der Aura selbst im Sinne reflexiver Performanz dialektisch und aktuell orientiert ist. Demnach sind die von Walter Benjamin ausgewiesene Bestimmung der Aura als einer einzigartigen Erscheinung von einer nahen Ferne und die entsprechenden Naturbilder eine Reproduktion von Textpassagen von Karl Kraus, Marcel Proust und Immanuel Kant. Deswegen kann, so die Argumentation, die Aura nicht von der Reproduktion unterschieden werden. Das Verschwinden der Aura meint daher nicht deren Wegfall, sondern ihr Erscheinen im Sinn dessen, was von Anfang an auf Wiederholung basiert. In diesem Zusammenhang kann man in der Forschung um der Klarheit willen die Vielschichtigkeit des Begriffs der Aura auf verschiedenen Ebenen bestimmen: Auf der ersten Ebene gibt es die Aura des Originals, die durch moderne Reproduktionstechniken verfällt; auf der zweiten Ebene gibt es die angemaßte Aura, die unzeitgemäß und fehlgeleitet etwas Verlorenes ersetzen möchte. Beispiele wären der Starkult der Filmindustrie oder in der Politik die Inszenierung des Diktators; und auf der dritten Ebene gibt es die Aura, die konstruktiv die Destruktion auf den ersten beiden Ebenen voraussetzt. Auf dieser dritten Ebene geht es um eine gleichsam weltliche Erleuchtung. Ein Beispiel aus dem Bereich der Kunst wäre die Aufwertung einer einzelnen Kopie aus einer Massenproduktion, die zu einer künstlerischen Autorität wird – wie

Benjamin nicht weniger als Theodor W. Adorno das Kunstwerk von einem emanzipatorisch zu verstehenden Akt des Herstellens zu begreifen versucht: Insofern steht die Autonomieästhetik ihrer Absicht nach nicht in einem ausschließenden Gegensatz zum Aura-Konzept, auch wenn bei Theodor W. Adorno die Vernunft des Kunstwerks sich in einem sich selbst durchsichtigen Formgesetz und bei Walter Benjamin in einer Form zeigen kann, die ihres mythischen Grundes nicht entraten kann. Letzteres verweist auf das bei Walter Benjamin komplexe Verhältnis von Materialismus und Messianismus, worauf sogleich einzugehen ist.

32 Vgl. zur Literatur und zum Stand des Aura-Diskurses einschließlich begriffsgeschichtlicher Erkundungen und der Verhältnisbestimmungen zu den Thesen vom Ende der Kunst bei Georg Wilhelm Hegel und von der Kunstautonomie bei Theodor W. Adorno: FÜRNKÄS, Aura, a. a. O. (s. Anm. 8), 95–146. SCHÖTTKER, Kommentar, a. a. O. (s. Anm. 2), 174f. 242f. STEINER, Sprengung, a. a. O. (s. Anm. 23), 216.

33 Vgl. HARTMANN, FRANK, Medienphilosophie, Wien 2000, 210.

etwa ein Pissoir in einem Kunstmuseum (Ready-Made-Kunst). Entscheidend ist auf dieser dritten Ebene: Die Aura als dialektische Denkfigur von Anwesenheit und Abwesenheit hängt nicht an dem vergegenwärtigten Gegenstand oder seiner Abbildung, sondern stellt sich buchstäblich medial als Zwischenraum ein. Gegenwartsorientiert müsste dies, so heißt es ausblickend, auf die Bilder des Internets bezogen werden, in denen man in Echtzeit handeln und in die man sich einbilden kann.[34] Dieser kritisch gebrochene Aura-Begriff der dritten Ebene, so wird es in der Forschung ausgeführt, ist bei Walter Benjamin selbst auf den Film bezogen und wird durchaus religiös verstanden: Aus der kerkergleichen Realität der entfremdeten Moderne erlöst der Film, in dem die alte Wirklichkeit so (kon-)figuriert wird, dass die Menschheit neue Spielräume entdeckt und im revolutionären Sinn massenhaft zu Bewusstsein kommt. So bietet der „Kunstwerkaufsatz" das Programm einer politischen Theologie, heißt es, die im Medium des Filmes die messianische Offenheit des Materiellen erkennt, deren Erfüllung die Menschheit retten kann. Diese Verbindung von Materialismus, Messianismus und Figuralismus, so heißt es weiter, erklärt letztlich auch, warum der „Kunstwerkaufsatz" den Begriff der geschichtlichen Aura an Naturbildern einschließlich des pneumatologisch entschlüsselbaren Atmens bzw. des Hauches (*pneuma*) erklären kann: Die Erläuterung der geschichtlichen durch die natürliche Aura erlaubt die Umkehrung, wonach die Natur als verfremdete Figuration der Geschichte begriffen werden kann.[35]

Der dritte Punkt betrifft den dritten Teil des „Kunstwerkaufsatzes". Sachlich geht es um die Frage nach der diagnostischen Triftigkeit der Beschreibung des (Kino-)Films. So wird gefragt, ob die von Walter Benjamin dem Film unterstellte Wirkung einer zerstreuten Wahrnehmung nicht eher vom Fernsehen als vom Kino erfüllt wird: Ist das Kino nicht ein Ort der gesammelten und sammelnden Wahrnehmung, während in der Regel der postmoderne Fernsehzuschauer zerstreut wie taktil mit der Fernbedienung verschiedene Programme testet und auswählt? Und bietet das Fernsehen nicht anders, als es Walter Benjamin vom (Kino-)Film annimmt, keine apparatefreie Darstellung, indem es durch Einblendung von Mikrofonen, Kameras und Technik dem Zuschauer eine vermeintliche Echtheit zur Schau stellt, die vereinnahmen soll?[36] Wie immer man die Frage be-

---

[34] Vgl. zur Sache und zum Diskurs einschließlich weiterführender Literaturhinweise: ELO, MIKA, Die Wiederkehr der Aura, in: SCHULTE, Medientheorie, a. a. O. (s. Anm. 2), 117–135; hier: 121–135. Vgl. zu der anthropologischen Unumgänglichkeit des Auratischen auch: LINDNER, BURKHARDT, Benjamins Aurakonzeption: Anthropologie und Technik, Bild und Text, in: STEINER, UWE (Hg.), Walter Benjamin, 1892–1940, zum 100. Geburtstag, Bern / Berlin / Frankfurt a. M. 1992, 217–248; hier: 232f.

[35] Vgl. STEINER, Sprengung, a. a. O. (s. Anm. 23), 217–228. FÜRNKÄS, Aura, a. a. O. (s. Anm. 8), 141ff.

[36] Vgl. SIEREK, KARL, Aus der Bildhaft. Filmanalyse als Kinoästhetik, Wien 1993, 75.

urteilt, ob der „Kunstwerkaufsatz" eher auf das Fernsehen als das Kino zutrifft, so wird herausgestrichen, dass der „Kunstwerkaufsatz" die Entwicklung der neuen Medien vorwegnimmt: In seinem Sinn würden die Reproduktionstechniken das Kunstwerk prägen, das an raumzeitlicher Besonderheit verliert und zugleich an glaubwürdiger Allgemeinheit gewinnt; denn einerseits schiebt sich die reproduzierende Technik zwischen Kunstwerk und Wahrnehmung und andererseits erscheint gerade dadurch das Dargestellte genauer und wirklicher. Damit würde anstelle der Vorstellung von einer mutmaßlich objektiven Vergegenwärtigung von Wirklichkeit die Anerkennung ihrer medialen Verfasstheit treten, die zu Bewusstsein kommt.[37] Allerdings wird die unterstellte Hellsichtigkeit des „Kunstwerkaufsatzes" auch eingeschränkt: Vor dem Zeitalter der Digitalisierung beseitigte die kapitalistische Filmproduktion das Original keineswegs, sondern benötigte es als unumgängliche Vorlage für Kopien, die ihrerseits den einzigartigen Wert des Originals gerade in dessen serienreifer Verbreitung und insofern Ersetzung anzeigten. Erst mit der Digitalisierung ist das Original kein entscheidender Produktionsfaktor mehr.[38] Scheint Walter Benjamin so zu einem Propheten des digitalen Zeitalters aufzurücken, warnt man im Gegenzug davor, Walter Benjamin mit einer eher linearen Mediengeschichte in Verbindung zu bringen, wie man sie mitunter Marshall McLuhan bzw. Vilém Flusser zuschreibt: Walter Benjamin würde dialektisch die kulturelle Umschreibung der Vergangenheit durch neue Medien mit der Einsicht in die ausstehende Erschließung vergangener Wirkmächte aufeinander beziehen. Konkret heißt das nach dieser Lesart etwa: Zwar würden Daten digitalisiert, aber sie müssten in gewohnte Wahrnehmungsmuster zurückübersetzt werden, damit man sie lesen kann.[39]

KREIMEIER, KLAUS, Benjamin und die Medien, in: SCHULTE, CHRISTIAN (Hg.), Medientheorie, a. a. O. (s. Anm. 2), 87–97; hier: 92. 95. Es kann auch gefragt werden, ob die von Walter Benjamin vorgenommene Entgegensetzung von Zerstreuung und Sammlung für das Medium des Filmes zwingend ist (vgl. SCHULTE, CHRISTIAN, Ausgraben und Erinnern. Denkfiguren Walter Benjamins im Werk Alexander Kluges, in: DERS. (Hg.), Medientheorie, a. a. O. (s. Anm. 2), 187–211). Außerdem wird darauf hingewiesen, dass mit der Verbindung von Biologie und Computertechnologie, die das gentechnische Klonen erlaubt, der Eintritt in das Zeitalter einer biokybernetischen Reproduzierbarkeit erfolgt sein soll. Vgl. MITCHELL, WILLIAM J. T., Das Leben der Bilder. Eine Theorie der visuellen Kultur. Mit einem Vorwort von Hans Belting, München 2008, 191–223.

37 Vgl. zur Diskussion einschließlich weiterführender Literaturhinweise: KÜPPER, THOMAS / SKRANDIES, TIMO, Rezeptionsgeschichte, in: LINDNER, Handbuch, a. a. O. (s. Anm. 2), 17–56; hier: 46–49.

38 Vgl. KREIMEIER, Benjamin, a. a. O. (s. Anm. 36), 88f.

39 Vgl. LINDNER, BURKHARDT, Von Menschen, Mondwesen und Wahrnehmungen. Benjamin und die „Medienwissenschaft", in: SCHULTE Medientheorie, a. a. O. (s. Anm. 2),

3. Zu Technik und Transzendenz in Walter Benjamins „Kunstwerkaufsatz“

In Walter Benjamins bekanntester und wirkmächtigster Studie werden Technik und Transzendenz zwar nicht eigens abgehandelt. Doch sie werden grundlegend thematisch in einem umfassenden Theoriehorizont des ökonomisch bedingten und kulturgeschichtlich gefassten Gesamtgesellschaftlichen – und darin wichtig. Dies kann man vor dem Hintergrund des Dargestellten meines Erachtens im Blick auf das Verständnis erstens der Technik, zweitens der Transzendenz und drittens ihres Verhältnisses folgendermaßen verstehen. Mit dem dritten Punkt wird die einleitend genannte Generalthese erläutert.

Erstens wird die technische Dimension nicht zufällig schon im Titel genannt. Die Rede vom Zeitalter technischer Reproduzierbarkeit hebt die technische von der manuellen Reproduzierbarkeit ab. Die technische Reproduzierbarkeit erreicht mit der Fotografie eine grundlegend neue Stufe, insofern sie den revolutionären Einschnitt der Moderne markiert. So beschleunigt sich mit der Fotografie nicht nur der Vorgang der Reproduktion, die im Medium des Filmes gleichsam zu sich kommt, und es wird auch nicht allein das, was vorher als Kunst galt, selbst zum Objekt massenhafter Reproduzierbarkeit und infolgedessen auch der Begriff der Kunst verändert. Vielmehr wird mit der technischen Reproduzierbarkeit auch das, was vermeintlich reproduziert wird, allererst produziert: Erst der Film zeigt das, was gefilmt wurde. Damit geht einher, dass der Film zum Zweck seiner technischen Reproduzierbarkeit technisch produziert wird, und zwar so, dass die massenhafte Reproduktion und die Reproduktion von Massen einander entgegenkommen können. Im Massenmedium des Filmes wird sich die Masse weltgeschichtlich erstmals selbst ansichtig. Damit werden im Kunstwerk des Films kollektive Verhaltensmuster vergegenständlicht, die anders kaum in den Blick und ins Bewusstsein kommen. Genau darum ist das Kunstwerk der vorzügliche Ort, kulturgeschichtliche Umwälzungen der Technik sich bewusst zu machen, die auf ökonomischen Grundlagen beruhen. Anders gesagt: Im Kunstwerk werden ökonomisch bedingte und technisch verfasste Änderungen unserer geschichtlichen Verhaltensmuster und Wahrnehmungsstrukturen deutlich, die weit über den Bereich der Kunst hinausgehen. Hier wird bei Walter Benjamin deutlich: Die Technik ist letztlich nicht Selbstzweck (*praxis*), sondern steht in der Vormoderne im Dienst der Religion und in der Moderne im Dienst der Politik. Letzteres besagt in der von Walter Benjamin vorgenommenen Zuspitzung, dass entweder die Technik ein Mittel der faschistischen Unterdrückung oder der kommunistischen Befreiung des Menschen ist. Hier kommt freilich noch eine andere Dimension ins Spiel, die nun anzusprechen ist.

9–38; hier: 9–12. 17. 25f. 29f.

Zweitens wird die Dimension der Transzendenz thematisch, wenn darunter die Erfahrung verstanden wird, in seinem Selbstbezug sich selbst so unverfügbar zu sein, dass dies als Fremdbezug erscheint, der religiös deutbar ist. Hier besteht für Walter Benjamin die Pointe einer gleichsam verkehrten Entsprechung von Urzeit und Spätmoderne: Während in der Urzeit die religiös-kultische Sphäre das Kunstwerk und das darin zum Ausdruck kommende Selbstverständnis des Menschen beherrscht, wandert in der Spätmoderne in gewisser Hinsicht die Transzendenz in die Technik aus. Das Religiöse erfüllt sich gewissermaßen technisch. So gibt es bei Walter Benjamin ein Zutrauen, dass die Technik in Gestalt des Filmes eine befreiende Selbstaufklärung des seine Unterdrückung verkennenden Menschen nach sich ziehen kann, und zwar aufgrund der ungeahnte Möglichkeiten einspielenden und eröffnenden Wirklichkeit des Filmes. Walter Benjamin sieht daher in der Technisierung der modernen Industriegesellschaft ein messianisches Potential einschließlich dessen mitlaufender Bedrohung durch seinen bösartigen Gegenspieler, die – wie soeben geschildert – letztlich mit den politischen Gegensätzen von Kommunismus und Faschismus gleichgesetzt werden. Insofern hofft in der Fluchtlinie einer politischen Theologie und materialistischen Geschichtstheorie das spätmoderne Bewusstsein bei Walter Benjamin auf die im Selbstbezug aufbrechende Fremdheit dessen, was der eigenen Entfremdung ein Ende bereitet.

Drittens kann das Verhältnis von Technik und Transzendenz im Forschungsdiskurs von dem Verständnis einer technisch einfach überholten Aura entfernt werden, wenn – wie dargelegt – der Begriff der Aura im Sinn reflexiver Performanz dialektisch verstanden wird: Die Verflüchtigung der Aura meint dann nicht deren Wegfall, sondern ihr Erscheinen im Sinn dessen, was von Anfang an auf Wiederholung basiert. Damit ergibt sich aber meines Erachtens eine reizvolle Möglichkeit: Wenn mit der Überführung der transzendenten Dimension der Aura („Erscheinung einer Ferne, so nah sie sein mag") in den Bereich der Technik das Religiöse beerbt wird, dann wird dadurch das Religiöse formal so verallgemeinert, dass wiederum das Technische des Kunstwerks für das Religiöse in seiner Besonderheit anschlussfähig wird. Das technisch reproduzierte Kunstwerk ist dann als die mögliche Erfahrung eines Gegenübers zu begreifen, das in der Verschränkung von Nähe und Ferne eine befreiende Erfüllung in Aussicht stellt, die religiös-kultischen Deutungen gegenüber offen ist, ohne sie nach sich ziehen zu müssen. Voraussetzung für dieses Verständnis ist die Aufnahme von Theodor W. Adornos Hinweis, das Kunstwerk nicht nur an seinem öffentlichen Marktwert und Tauschwert zu messen. Genau dem könnte die negationstheoretische und gewissermaßen überflüssige, weil nicht-notwendige Deutung des Religiösen entsprechen, die sich meines Erachtens gegen bloß funktionale Verrechnungen sperrt. Es wäre dann die Rechtfertigung des Religiösen in seiner Überflüssigkeit, der Funktion der Funktionslosigkeit einen Ort angewiesen zu haben. Anders gesagt: Die Aura wird durch die religiöse Deutung gegenüber ihrer in der Verallgemeinerung liegenden Tendenz („Transzendenz"), wie sie sich in der Technik vollzieht, noch einmal distanziert („transzendent") und insofern sich selbst gegenüber frei. Dies ist die reflexive Auratisierung spätmoderner Aura, die das Verhältnis von Transzendenz und Technik selbst als auratisch erscheinen lässt – und als ihr geheimes Zentrum verrät, was auch die reformatorische Theologie in anderer Perspektivierung umtrieb und umtreibt, nämlich die menschliche Freiheit.[40]

---

[40] Vgl. zu der angedeuteten freiheitstheoretischen Deutung von Theologie: KRÜGER, MALTE DOMINIK, Göttliche Freiheit. Die Trinitätslehre in Schellings Spätphilosophie, Tübingen 2008.

Thorsten Moos

Paul Tillichs Technikdeutung im Kontext seiner wissenschaftssystematischen und religionsphilosophischen Schriften der 1920er Jahre

> „An Plötzlichkeit und Gewalt einer Naturkatastrophe vergleichbar kam die moderne Technik über die abendländischen Völker. Und sie beugten sich, ohne zu verstehen, was geschah. Allmählich aber dämmerte ein Bewußtsein darum, daß sich ein Schicksal vollzogen hatte, daß das Abendland einen Weg gegangen war, der weit hinausführte über alle Möglichkeiten der bisherigen Menschheit. [...] Weltperspektiven eröffnen sich, wo nach dem Sinn der Technik gefragt wird, und fordern zur Deutung heraus."[1]

Mit einigem Pathos beginnt Tillich seinen Text „Logos und Mythos der Technik" von 1927. Der Aufsatz steht im Kontext einer intensiven Beschäftigung Tillichs mit dem Thema der Technik in den späten 1920er Jahren. Das Interesse des Theologen an der Technik hat dabei einen dreifachen Hintergrund. Zum einen ist Technik für Tillich ein wichtiges Kulturphänomen, an dessen Analyse sich seine Kultur- und Religionsphilosophie zu bewähren hat. Seine Deutung der Technik ist als exemplarische Einlösung des 1919 vorgelegten Programms einer Theologie der Kultur zu verstehen. Zum anderen ist es die Zeit seiner Professur an der Technischen Hochschule Dresden (1925–1929), in der Tillich zu verschiedenen Anlässen das Phänomen der Technik einer Deutung unterzieht. Hierzu zählt etwa der Vortrag „Die technische Stadt als Symbol" (1928)[2], den er zur Eröffnung der Dresdener Ausstellung „Die technische Stadt" hielt. Drittens steht Technik bei Tillich für die grundlegende Geisteshaltung des modernen Menschen, die er als „technischen Realismus"[3] bezeichnet. Dieser bildet die Negativfolie, vor der Tillich sein eigenes religiös-gesellschaftliches Programm entfaltet. Tillichs Interesse an der Technik ist mithin kultur-, technik- wie modernitätstheoretisch grundiert.

Im Folgenden wird Tillichs Technikdeutung entsprechend in drei Schritten dargestellt: Auf eine Skizze der kultur- und religionsphilosophischen Voraussetzungen in den Schriften von 1919 bis 1925 (I.) folgt die Rekonstruktion von Til-

---

1 Die verwendeten Abkürzungen für die Werke Tillichs beziehen sich auf die Gesammelten Werke, hg. von ALBRECHT, RENATE, Stuttgart 1959ff. (GW), die zugehörigen Ergänzungs- und Nachlassbände, Stuttgart bzw. Berlin / New York 1971ff. (EGW) sowie die Main Works, hg. v. RATSCHOW, CARL HEINZ, Berlin 1987ff. (MW). TILLICH, PAUL, Logos und Mythos der Technik (1927), in: GW IX, 297–306; hier, S. 297.

2 DERS., Die technische Stadt als Symbol (1928a), in: GW IX, 307–311.

3 DERS., Gläubiger Realismus (1927a), in: MW IV, 183–192; hier: 186.

lichs Ausführungen zur Technik im engeren Sinne (II.) sowie zum technischen Realismus (III.) aus den Jahren 1926 bis 1929. Im Vordergrund steht dabei nicht die Einordnung von Tillichs Technikdeutung in den zeitgenössischen Technikdiskurs, sondern deren werkimmanente Kontextualisierung. Tillich, so wird sich zeigen, entfaltet am Gegenstand der Technik wie in einem Brennglas zentrale Aspekte seiner Zeitdiagnose der Moderne sowie seiner Kultur- und Religionsphilosophie auf eine spezifische Weise, die auch für seine späteren Schriften Gültigkeit behalten wird.

1. Technik als Kultur. Tillichs Programm der Kulturanalyse Die Frage nach dem Sinn der Technik

Die im Aufsatz „Logos und Mythos der Technik" von 1927 gestellte Frage nach dem Sinn von Technik ist werkgeschichtlich zu verstehen vor dem Hintergrund der kulturphilosophischen und kulturtheologischen Arbeiten Tillichs in den frühen 1920er Jahren. Deren Programm legt Tillich in dem Aufsatz „Über die Idee einer Theologie der Kultur" von 1919 dar und entfaltet es sukzessive im System der Wissenschaften von 1923 und in der Religionsphilosophie von 1925. Auch die Marburger Dogmatikvorlesungen von 1925 führen dieses Programm im Modus der Durchmusterung des christlichen Symbolbestandes weiter. Das Programm findet schließlich seine Erfüllung in den materialen Kulturanalysen,[4] zu denen auch die Ausführungen zur Technik gehören. Im Folgenden werden aus den genannten Schriften einige für das Verständnis von Tillichs Technikdeutung wichtige Grundlagen skizziert.

Zunächst zum Verständnis der Frage nach dem Sinn der Technik: Die kategoriale Basis von Tillichs Kulturphilosophie ist das Schema von Form und Gehalt. Dass kulturelle Inhalte sinnvoll sind, setzt zweierlei voraus: Dies ist zum einen der Prozess kulturellen Formens, durch den der Kulturgegenstand den autonomen Gesetzen des jeweiligen Sinngebietes – Wissenschaft, Kunst, Recht etc. – entsprechend Gestalt gewinnt. Vermöge dieser Formgesetze steht der Inhalt in Beziehung zu anderen Inhalten. Zum anderen aber kommt in jedem kulturellen

---

[4] Vgl. hier: DERS., Über die Idee einer Theologie der Kultur (1919), in: GW IX, 13–31. DERS., Logos und Mythos, a. a. O. (s. Anm. 1). DERS., Stadt als Symbol, a. a. O. (s. Anm. 2). DERS., Religion und Weltpolitik (wahrscheinlich 1938 entstanden), in: GW IX, 139–192. Sowie HAIGIS, PETER, Theologische Wegmarken in einem wilden Gelände. Biographisches und Werkbiographisches aus den Jahren 1919–1925, in: NORD ILONA / SPIEGEL, YORICK (Hg.), Spurensuche: Lebens- und Denkwege Paul Tillichs (Tillich-Studien Bd. 5), Münster 2001, 105–119. BULMAN, RAYMOND F., Theonomy and Technology: A Study in Tillich's Theology of Culture, in: CAREY, JOHN J. (Hg.), Kairos and Logos. Studies in the Roots and Implications of Tillich's Theology, o. O. (Mercer University Press, USA) 1978, Neuausgabe 1984, 213–233.

Inhalt der aller Kultur zugrundeliegende unbedingte Sinn zum Ausdruck, den Tillich Gehalt nennt. Dieser unbedingte Sinn ist Grund und Abgrund allen Sinns in der Kultur, den er fundiert sowie letztlich relativiert und durchbricht. Er ist, wie Tillich 1925 sagt, die religiöse Substanz der Kultur und insofern Thema der Theologie.[5] Religion, so die Pointe von Tillichs Kulturphilosophie, ist also ihrem Wesen nach keine eigene Sphäre oder kein eigenes Segment in der Kultur, sondern die Richtung auf den allem Kulturellen zugrundeliegenden, gleichwohl nicht jenseits der kulturellen Formen zugänglichen, unbedingten Sinn.[6] Religion als eigener Kulturbereich (im Sinne etwa spezieller Kultusformen) ist demgegenüber sekundär und hat nur die Funktion, stellvertretend auf die aller Kultur zugrundeliegende religiöse Substanz hinzuweisen. In der Religion wird die Kultur ihrer eigenen „Tiefenstruktur" ansichtig.[7]

Es ist also Aufgabe einer Theologie der Kultur, „daß die konkreten religiösen Erlebnisse, die in allen großen Kulturerscheinungen liegen, herausgestellt und zur Darstellung gebracht werden."[8] Präziser handelt es sich um eine dreifache Aufgabe: Die Theologie der Kultur

> „leistet eine allgemeine religiöse Analyse aller Kulturschöpfungen, sie gibt eine geschichtsphilosophische und typologische Einordnung der großen Kulturschöpfungen unter dem Gesichtspunkt des in ihnen realisierten religiösen Gehaltes, und sie schafft von ihrem konkreten religiösen Standpunkt aus den idealen Entwurf einer religiös erfüllten Kultur."[9]

Es geht der Theologie mithin erstens um die Analyse der Unbedingtheitsmomente kultureller Phänomene wie Kunst, Recht, Wirtschaft, Medizin, Natur-

---

5 Vgl. TILLICH, PAUL, Religionsphilosophie (1925), in: GW I, 295–364; hier: 320. „Religion ist Erfahrung des Unbedingten und das heißt Erfahrung schlechthinniger Realität auf Grund der Erfahrung schlechthinniger Nichtigkeit [...]." (DERS., Theologie der Kultur, a. a. O. (s. Anm. 4), 18). Die sinntheoretische Fundierung des Religions- und Kulturbegriffs wird Tillich später auf ontologische Kategorien umstellen: vom unbedingten Sinn hin zum Sein und zum unbedingt Wirklichen. Diese lassen sich bei Lichte besehen, aber von der früheren Sinntheorie aus rekonstruieren. Vgl. DANZ, CHRISTIAN, Religion als Freiheitsbewußtsein. Eine Studie zur Theologie als Theorie der Konstitutionsbedingungen individueller Subjektivität bei Paul Tillich, Berlin, New York 2000. Daher wird diese Umstellung im Folgenden nicht weiter thematisiert.

6 Damit unterscheidet sich Tillich von der etwa bei Cassirer vertretenen Sinntheorie der Kultur. Vgl. CASSIRER, ERNST, Philosophie der symbolischen Formen, 3 Bände plus Index, Darmstadt ^{2}1953.

7 DANZ, CHRISTIAN, Religion der konkreten Existenz: Heideggers Religionsphilosophie im Kontext von Ernst Troeltsch und Paul Tillich, in: Kerygma und Dogma 55 (2009), 325–341; hier: 332.

8 TILLICH, Theologie der Kultur, a. a. O. (s. Anm. 4), 18.

9 A. a. O., 20.

wissenschaften oder eben Technik – inwiefern kommt an ihnen der unbedingte Sinn zum Ausdruck? –, zweitens um deren geschichtsphilosophische Einordnung – wie kommen die gegenwärtig aufzuweisenden Unbedingtheitsmomente etwa der Technik in der Historie „profaner" und „religiöser" Kulturschöpfungen zu stehen? – und drittens um den Bezug dieser Unbedingtheitsmomente auf das Ideal einer „theonomen" Kultur, in der der Gegensatz „heiliger" und „profaner" Gegenstände aufgehoben ist und der unbedingte Sinn in allen Kulturformen gleichermaßen zum Ausdruck kommt.

Auf das kulturphilosophische Schema von Form und Gehalt spielt bereits der Titel des Aufsatzes von 1927, „Logos und Mythos der Technik", an. „Logos" steht für die kulturelle Form und damit für deren Einbindung in das Beziehungsgefüge kultureller Formen. Mit dem Logos der Technik sind das Wesen des Technischen als einer kulturellen „Seinsgestalt"[10] und ihr kultureller Kontext thematisch. „Mythos" ist hingegen die religionsphilosophische Kategorie für anschauliche Ausdrucksgestalten des Unbedingten, also für konkrete Symbole, in denen der religiöse Sinngehalt logisch und ästhetisch Ausdruck findet.[11] In der Rede vom Mythos der Technik ist also ihr Verweischarakter auf das Unbedingte, ihr Transzendenzmoment angezielt. Inwieweit ist in der Technik mehr greifbar als in den Funktionsgesetzen technischer Apparaturen enthalten ist? Erst von hier aus kann die Frage nach der Lebensbedeutsamkeit der Technik, nach ihrem „Lebenssinn"[12] eine Antwort erfahren.[13]

Die kulturtheologische Analyse der Technik hat ihre Pointe mithin nicht in der Beziehung zwischen Technik und Religion als distinkten Kulturphänomenen. Auch geht es nicht vorrangig um die Beziehung der Technik auf ein religiös

---

10 DERS., Logos und Mythos, a. a. O. (s. Anm. 1), 297. Vgl. zum Logos die schon im Wissenschaftssystem verwendete Kategorie des „Logismus", der „mit einer ruhenden rationalen Form alles Wirkliche zu erfassen [sucht]". DERS., Das System der Wissenschaften nach Gegenständen und Methoden (1923), in: GW I, 109–293; hier: 123.

11 Vgl. DERS., Religionsphilosophie, a. a. O. (s. Anm. 5), 350f. DERS., Mythos und Mythologie (1930), in: GW V, 187–195.

12 DERS., Logos und Mythos, a. a. O. (s. Anm. 1), 297.

13 Zur zeitgenössischen Rede von Logos und Mythos vgl. etwa den Aufsatz „Logos und Mythos in Theologie und Religionsphilosophie" von Ernst Troeltsch. TROELTSCH, ERNST, Logos und Mythos in Theologie und Religionsphilosophie (1913), in: DERS., Gesammelte Schriften, Bd. II, Zur religiösen Lage, Religionsphilosophie und Ethik, Tübingen 1913, 805–836. Auch Troeltsch geht es um die „Anerkennung der Polarität von Leben und Denken, von Mythos und Logos". TROELTSCH, Logos und Mythos, a. a. O., 836. Was bei ihm enger auf das Verhältnis von Religion und Wissenschaft zugeschnitten ist, ist bei Tillich verallgemeinert zum Verhältnis von autonomer kultureller Form einerseits und unbedingtem Gehalt andererseits. Die apologetische Grundierung ist jedoch beiden gemeinsam.

symbolisierbares Ganzes der Kultur oder der Welt,[14] schon gar nicht um ihre Rückführung auf ein vermeintlich verlorengegangenes religiöses Früheres.[15] Vielmehr geht es um die Frage, inwieweit in der Technik selbst bei aller Profanität naturwissenschaftlich-technischer Gesetzmäßigkeiten eine religiöse Tiefenstruktur zum Ausdruck kommt. Inwieweit lassen sich an der Technik Erfahrungen „schlechthinniger Realität" bzw. „schlechthinniger Nichtigkeit"[16] machen?

Die Deutung der Technik vor 1926

Es ist auffällig, dass die Technik in den Schriften der ersten Hälfte der 1920er Jahre noch keine wesentliche Rolle spielt.[17] Zwar kommt sie schon 1919 als möglicher Gegenstand kulturtheologischer Analyse in den Blick. Allerdings wäre sie das allenfalls indirekt, nämlich nur, insofern sie „durch ästhetische, sozial-

---

14 Gleichwohl ist die „vollendete Sinneinheit", die „Synthesis der Weltformen", das höchste Symbol für das Unbedingte. TILLICH, Religionsphilosophie, a. a. O. (s. Anm. 5), 324. Daher gilt auch in der geschichtsphilosophischen Einordnung: „Die historische Mächtigkeit des Seins erfassen heißt: jedes Einzelne aus der Gesamtheit dessen erfassen, was den historischen Augenblick konstituiert." DERS., Über gläubigen Realismus (1928), in: MW IV, 193–206; hier: 199.

15 Dagegen etwa DERS., Logos und Mythos, a. a. O. (s. Anm. 1), 305.

16 DERS., Theologie der Kultur, a. a. O. (s. Anm. 4), 18.

17 Für die Zeit davor könnte man etwa an die Feldpredigten Tillichs denken (DERS., Feldpredigt *(1909–1918)*, in: EGW VII, 355–665). Hier fällt auf, dass Kriegstechnik nur in topisch-generalisierenden Formulierungen wie „Donner der Kanonen"(a. a. O., 367) oder „Hagel der Granaten" (a. a. O., 661), nicht aber als spezifische Form moderner Technik in den Blick kommt (Direkte Parallelen solcher technischen Kriegstopoi sind Naturgewalt-Metaphern wie die vom „brausenden Sturm" (a. a. O., 439). Das in der zeitgenössischen Kriegsrhetorik gängige „Eisen" ist auch bei Tillich ubiquitär, aber in archaisierender Weise mit Artefakten wie „Mauer" (a. a. O., 501. 553), „Turm" (a. a. O., 397), „Panzer" (i.S. von Rüstung, a. a. O., 404) oder „Schwert" (a. a. O., 400. 536), nicht jedoch mit modernen Techniken verbunden. Umgekehrt steht Technik an den wenigen Stellen, an denen Tillich sie – immer in Reihung mit anderen Kulturleistungen wie Recht, Kunst oder Wissenschaft – explizit nennt, als Paradigma für kulturellen Fortschritt (vgl. a. a. O., 548f. 643) und damit auch als Teil derjenigen Kultur, die in der „sakramentale[n] Situation" (STURM, ERDMANN, Zwischen Apologetik und Seelsorge. Paul Tillichs frühe Predigten, in: NORD / SPIEGEL, Spurensuche, a. a. O. (s. Anm. 4), 85–104; hier: 97) des Krieges zerbricht (vgl. TILLICH, Feldpredigt, a. a. O. (s. Anm. 17),484. 541 und allgemein zur Kultur a. a. O., 497f.). Hier ist ein Grundmotiv seiner späteren Technikdeutung bereits vorgebildet, aber nicht systematisch entfaltet. Den generalisierenden Gestus in der Rede von Technik, der selten auf spezifische, lebensweltlich vorhandene Techniken eingeht, wird Tillich ebenfalls beibehalten. Für den Hinweis auf Tillichs Feldpredigten danke ich Frau Dr. Katja Bruns.

ethische, rechtliche Auffassungen hindurch religiös wirken [kann]."[18] Im System der Wissenschaften von 1923 erhalten die Technikwissenschaften dann einen eigenen Platz. Sie werden neben den organischen Wissenschaften als zweite Untergruppe der Gestaltwissenschaften eingeordnet. Jedoch werden sie, schon durch ihre summarische Behandlung, klar den ihnen entsprechenden erkenntnisbezogenen Wissenschaften untergeordnet. Tillichs Wissenschaftsbegriff ist vom antiken Ideal der „theoria" geprägt.[19]

Die nachrangige Bedeutung der Technik manifestiert sich auch darin, dass Technik nicht zu den geistigen Schöpfungen zählt. Technik wird erfunden, nicht geschaffen. Darin liegt eine Wertdifferenz:

> „Ein deutliches Unterscheidungsmerkmal zwischen Erfindung und Schöpfung liegt darin, daß die Erfindung grundsätzlich *veraltet*, während die Schöpfung in sich unendlich ist und nur nach ihrer technischen, nie nach ihrer schöpferischen Seite veralten kann."[20]

Tillichs Bewertung von Technik ändert sich erst, als er 1925 an die Technische Hochschule Dresden berufen wird und sich aufgefordert sieht, etwa zum 99. und zum 100. Gründungsjubiläum der Hochschule zu sprechen.[21] In dieser Zeit und im Umfeld dieser Anlässe tritt die moderne Technik als Signatur der geistigen Lage der Zeit[22], aber auch als eigener kultureller Gegenstand hervor[23]. Jetzt erst wird die technologische Moderne, wie sie in der Weimarer Republik

---

18 DERS., Theologie der Kultur, a. a. O. (s. Anm. 4), 27.

19 Ohne Konsequenz für sein System bemerkt Tillich an einer Stelle allerdings: „Der wirklichen Haltung des modernen abendländischen Geistes entspräche aber zweifellos eine Wertung der technischen Wissenschaften als eigentliches Ziel der wissenschaftlichen Arbeit." DERS., System der Wissenschaften, a. a. O. (s. Anm. 10), 178.

20 A. a. O., 181f. (Hervorhebung hier und in allen weiteren Zitaten im Original) sowie DERS., Theologie der Kultur, a. a. O. (s. Anm. 4), 13 zur Unterscheidung des Schöpferischen in den Kulturwissenschaften vom Erkennen in den Erfahrungswissenschaften.

21 DERS., Logos und Mythos, a. a. O. (s. Anm. 1). DERS., Stadt als Symbol, a. a. O. (s. Anm. 2). Vgl. zur Dresdener Zeit Tillichs MARSCHALL, ROBERT, Mit gläubigem Realismus in einer Kulturstadt. Paul Tillich in Dresden, in: NORD / SPIEGEL, Spurensuche, a. a. O. (s. Anm. 4), 120–139. Für einen entsprechenden Anlass aus der Spätzeit siehe Tillichs Rede zur Hundertjahrfeier des Massachusetts Institute of Technology. TILLICH, PAUL, Wie hat die Wissenschaft im letzten Jahrhundert das Selbstverständnis des Menschen gewandelt? (1961), in: GW III, 209–217.

22 DERS., Gläubiger Realismus, a. a. O. (s. Anm. 3). DERS., gläubiger Realismus 1828, a. a. O. (s. Anm. 14). DERS., Die religiöse Lage der Gegenwart (1926), in: GW X, 9–93.

23 DERS., Logos und Mythos, a. a. O. (s. Anm. 1). DERS., Stadt als Symbol, a. a. O. (s. Anm. 2).

soziokulturell zum Durchbruch kommt,[24] zum Gegenstand von Tillichs theologischer Aufmerksamkeit.

2. Technik als Gegenstand. Tillichs Technikdeutung „Logos und Mythos der Technik" (1927)

In knappster Definition bestimmt Tillich das Wesen der Technik als instrumentelles Handeln: „Technisches Handeln ist Einstellung von Mitteln auf einen Zweck."[25] Überall dort, wo Mittel in den Dienst der Erreichung von Zwecken gestellt werden, ist Technik. Dies findet Tillich bereits in der Zweckmäßigkeit natürlicher Phänomene, die – wie das Auge für die Kamera – als Vorbilder für menschliche Technikgestaltung dienen können. Allerdings fallen im Lebenszusammenhang der Natur Mittel und Zweck zusammen. Die Natur kennt keine Mittel für ‚externe' Zwecke. Im Organismus sind Glieder und Ganzes wechselseitig im Verhältnis von Mittel und Zweck aufeinander bezogen.[26] Erst der Geist setzt Zwecke und sucht Mittel, er trennt Zwecksetzung und Mittelwahl in zeitlicher, kategorialer und geltungsmäßiger Hinsicht: Das Mittel ist lediglich um Willen des Zweckes da; seine Dignität ist der des Zweckes untergeordnet und von ihr abgeleitet.[27] Im Geist tritt auseinander, was in der Natur zusammenfällt. Hinsichtlich des so bestimmten Technischen sind eine starke und eine schwache Lesart möglich. Die schwache Lesart ginge von gegebenen Zwecken aus, für die der technikgebrauchende Geist anschließend Mittel suchte. Diese Lesart würde sich dem Vorwurf aussetzen, die in der Technikkritik topische Diastase von „bloß" instrumenteller Technik und deren notwendiger Bindung an „höhere" Ziele bereits in die Definition der Technik eingetragen zu haben. Eine stärkere Lesart ginge davon aus, dass die Definition der Technik nicht das Gegebensein von geistgesetzten Zwecken voraussetzen muss. In diesem Sinne läge technisches Handeln gerade dann vor, wenn im Fluss vortechnischen Lebens und Verhaltens die Unterscheidung von Zweck und Mittel *gesetzt* wird. Technik und Zwecksetzung gehörten demzufolge unmittelbar zusammen. Technik wäre kein zur Zwecksetzung des Geistes hinzutretendes Äußeres, sondern deren Vollzugs-

---

[24] Vgl. PEUKERT, DETLEV, Die Weimarer Republik. Krisenjahre der Klassischen Moderne, Frankfurt a. M. 1987. Dazu auch WEHLER, HANS-ULRICH, Deutsche Gesellschaftsgeschichte, Bd. 4, München 2003, 239ff.

[25] TILLICH, PAUL, Logos und Mythos, a. a. O. (s. Anm. 1), 297.

[26] „Denn in allem, was die Natur tut, verwirklicht sie sich selbst, ihr eigenes Leben. Das, was Mittel ist, ist auch Zweck, sofern es zur lebendigen Gestalt gehört, und das, was Zweck ist, ist auch Mittel, sofern das Ganze das einzelne trägt." A. a. O., 298.

[27] Zum Begriff der Würde bei Tillich in diesem Zusammenhang vgl. a. a. O., 305. DERS., Systematische Theologie, Bd. III. (1966), Frankfurt a. M. [4]1984, unveränderter Nachdruck, Berlin / New York 1987, 111.

form. Genetisch fielen Technikentstehung und Geistwerdung des Menschen zusammen. Diese zweite Lesart stützt ein posthum veröffentlichter Text von 1938, in dem Technik als anthropologisches Grunddatum eingeführt wird:

> „Der technische Weltbegriff ist schöpfungsmäßig fundiert; er wird als wesentliches Merkmal des Menschen unmittelbar bei seiner Erschaffung ausgesprochen. Er kommt nicht hinzu, nachdem der Mensch sonst fertig ist, sondern er wird als Mensch fertig dadurch, daß er die technische Welt als Möglichkeit und Aufgabe hat."[28]

Diese naturphilosophisch-anthropologische Grundierung des Technikbegriffs wird an dieser Stelle wie in Tillichs anderen Schriften zur Technik nicht weiter entfaltet. Allerdings weist dieser Gedanke bereits voraus auf die Ambiguität der Technik: Die im Geist gesetzte Scheidung von Zweck und Mittel ist prekär. Der Zweck kann seinerseits wieder zum Mittel werden, und mit ihm der Zwecksetzende selbst. Die Technik, mit der der Mensch seine Naturbedingtheit übersteigt, droht ihm selbst zur neuen Naturbedingung zu werden und die Selbstbefreiung des Geistes aus der Natur rückgängig zu machen. Aufgrund ihres prekären Zwischenstatus zwischen einem Instrument des schöpferischen Geistes und einem naturhaften Abhängigkeitsgefüge kann Tillich die Technik auch als „ein drittes Reich [...] zwischen Natur und Geist"[29] bezeichnen. Doch ich greife weit voraus.

Im Gestus des Systemphilosophen macht Tillich sich auf die – allerdings bald wieder aufgegebene[30] – Suche nach einem „System der Technik". Hierzu unterscheidet er innerhalb der vom Geist *geschaffenen* Technik drei Grundformen. Die „entfaltende Technik"[31] zielt auf die Pflege und Entwicklung lebendiger Gestalten. Sie bezieht sich auf biologische Gestalten in Züchtung, Ernährung und Heilung, auf seelische Gestalten von der Psychotherapie bis zur Pädagogik und schließlich auch auf soziale Gestalten (Ökonomie, Verkehrstechnik, Publizistik, Verwaltung, Kriminalistik, Hygiene, Sozialfürsorge, Sozialpädagogik), die Tillich schon 1923 als Organismen konzipierte. In der entfaltenden Technik schließt der Geist an die inneren Zweck-Mittel-Relationen von Organismen an und macht sich diese für seine eigenen Zwecke zunutze.

---

[28] DERS., Religion und Weltpolitik , a. a. O. (s. Anm. 4), 183.

[29] DERS., Gläubiger Realismus, a. a. O. (s. Anm. 3), 185.

[30] Vgl. DERS., Logos und Mythos, a. a. O. (s. Anm. 1), 300f. Anders DERS., Gläubiger Realismus, a. a. O. (s. Anm. 3), 185: Es gibt kein System der technischen Gebilde, da deren (kontingente) Existenz für sie wesensbestimmend ist. Bereits 1923 wird ein System der technischen Wissenschaften aus anderem Grund, nämlich aufgrund der Dynamik der Technikentwicklung, als unmöglich gekennzeichnet. Vgl. DERS., System der Wissenschaften, a. a. O. (s. Anm. 10), 185.

[31] DERS., Logos und Mythos, a. a. O. (s. Anm. 1), 298.

Von dieser unterscheidet Tillich die „umgestaltende Technik"[32], die technische Gebilde wie Werkzeuge und Maschinen selbst erzeugt. Damit entsteht eine neue Klasse von Seinsgestalten, die gänzlich auf ihnen externe Zwecke ausgerichtet sind. Diese bezeichnet Tillich auch als „Technik im engsten Sinne"[33] und stellt sie in das Zentrum seiner Technikdeutung.

Diese beiden Gruppen der Technik finden sich bereits in der Entfaltung der technischen Wissenschaften im System von 1923.[34] Doch 1927 führt Tillich noch eine dritte Form der Technik ein: die „verwirklichende Technik", die neben den Materialien und Instrumenten der Kunst die (Massen-)Medien umfasst, also Buch, Radio und Kino. In ihr erhält der Geist „die Möglichkeit, zur Existenz zu kommen"[35], also sich in geistigen Schöpfungen zu objektivieren. Die Pointe liegt hierbei auf der Einsicht, dass die Techniken der Objektivierung des Geistes auf diesen selbst zurückwirken. Hier scheint die Anlage einer Medienphilosophie auf, die Tillich – leider – nicht weiterverfolgt.

Die gegenüber 1923 erweiterte Systematik der Technik lässt sich inhaltlich auf die gestiegene Bedeutung der audiovisuellen Medien in der Weimarer Republik, die eine Medienphilosophie nahelegten, zurückführen.[36] In struktureller Hinsicht lässt sie sich jedoch noch aus dem System der Wissenschaften von 1923 selbst verstehen, wo Tillich eine Dreiteilung der Seinswissenschaften eingeführt hatte. Er unterschied dort erstens die am Naturgesetz orientierten Gesetzeswissenschaften (physikalische Wissenschaften), denen die umgestaltende Technik entspricht; zweitens die mit der lebendigen Gestalt befassten Gestaltwissenschaften (Biologie, Psychologie und Soziologie), denen die entfaltende Technik entspricht; und drittens die mit der Geschichte befassten Folgewissenschaften, denen keine eigene Form der Technik zugeordnet ist.[37] Nun lässt sich die verwirklichende Technik gleichsam als Nachzügler den Folgewissenschaften zuordnen. Beide sind verbunden über die Momente des Schöpferischen und der Ver-

---

32 A. a. O., 299.

33 A. a. O., 298.

34 Vgl. DERS., System der Wissenschaften, a. a. O. (s. Anm. 10), 184ff.

35 DERS., Logos und Mythos, a. a. O. (s. Anm. 1), 299.

36 Zur Mediengeschichte der Weimarer Republik vgl. WEHLER, Deutsche Gesellschaftsgeschichte, a. a. O. (s. Anm. 24), 480ff. FAULSTICH, WERNER, Die Mediengeschichte des 20. Jahrhunderts, München 2012.

37 Vgl. TILLICH, System der Wissenschaften, a. a. O. (s. Anm. 10), 184: „Innerhalb der beiden Gruppen [der technischen Wissenschaften] ist es zweckmäßig, sich an die einzelnen Seinswissenschaften anzulehnen". Davon ist unbenommen, dass die technischen Wissenschaften insgesamt den Gestaltwissenschaften zugeschlagen werden, insofern sie es mit lebendigen oder artifiziellen Gestalten zu tun haben.

wirklichung von Geist.[38] Tillich scheint hier also nebenbei seine systematische Gliederung von 1923 vervollständigt zu haben.

Vermöge ihrer Entsprechung zu den Seinswissenschaften erben die Formen der Technik das normative Gefälle, das zwischen den Wissenschaften herrscht. So sind die Gegenstände der Gesetzeswissenschaften – und mit ihr die Technik im eigentlichen Sinne – doppelt defizitär: Ihnen fehlt das Gestaltmoment als Einheit des Seins und des Denkens, insofern sie weitgehend denkbestimmt und formal sind; und ihnen fehlt das Individuelle und Freie, das der Geschichte eigen ist. Die Kritik an der Technik im eigentlichen Sinne, sich vom Seins-, Sinn- und Lebenszusammenhang gelöst zu haben und der Freiheit des Geistes gefährlich zu sein, ist mithin bereits in der Einteilung der Technik präformiert.

Die Gebilde der umgestaltenden Technik, denen Tillich sich nun ausschließlich zuwendet, verdanken ihre Existenz rein ihrer Zweckbestimmung. Sie zeichnen sich durch „unbedingte Rationalität"[39] aus: in technischer Hinsicht durch die Zweckbestimmtheit ihrer Gestaltung, wissenschaftlich durch ihre Bindung an das Naturgesetz und schließlich durch die ökonomische Rationalität des sparsamen Einsatzes von Mitteln. Es ist das instrumentelle Wesen des Technischen selbst, das in diesen drei Hinsichten auf Rationalisierung drängt. Die die Moderne kennzeichnende „Dreieinigkeit von Naturwissenschaft, Technik und Wirtschaft"[40] ist mithin bereits im Wesen des technischen Gebildes angelegt.[41] Hier wird die zeitdiagnostische Qualität des Technikbegriffs Tillichs deutlich, auf die noch einzugehen sein wird.

In aller Rationalität ihrer Gebilde hat die Technik jedoch einen schöpferischen Charakter. Wie alles geistige Schaffen ist sie „in ihrer Urkonzeption, in der Schau ihrer Gestaltmotive intuitiv [...]. Intuitive Schöpfung und vollkommene Rationalität widersprechen sich nicht."[42] Noch im System von 1923 hatte Tillich,

---

38 Vgl. a. a. O., 193ff. v.a. 196, und MOOS, THORSTEN, Paul Tillichs Interpretation der Naturwissenschaften im „System der Wissenschaften" von 1923, in: DANZ, CHRISTIAN et al. (Hg.), International Yearbook for Tillich Research, Bd. 7: Theology and Natural Science, Berlin, Boston 2012, 1–31. 1923 hatte Tillich noch festgestellt: „Die historische Beziehung der Seinswissenschaften ist ihrem Wesen nach ohne Beziehung zur Technik. Es ist ja gerade die Eigentümlichkeit des einmalig Schöpferischen, in seinem Sein *zweckfrei* zu ruhen." TILLICH, System der Wissenschaften, a. a. O. (s. Anm. 10), 178.

39 DERS., Logos und Mythos, a. a. O. (s. Anm. 1), 299f.

40 DERS., Lage der Gegenwart, a. a. O. (s. Anm. 22), 17.

41 Vgl. dazu Arnold Gehlens klassische Analyse der „Superstruktur" von Naturwissenschaft, Technik und Industrialisierung. GEHLEN, ARNOLD, Die Technik in der Sichtweise der Anthropologie (1953), in: DERS., Die Seele im technischen Zeitalter und andere soziologische Schriften und Kulturanalysen, hg. v. REHBERG, KARL-SIEGBERT, Frankfurt a. M. 2004, 151–163.

42 TILLICH, Logos und Mythos, a. a. O. (s. Anm. 1), 300.

wie gezeigt, die Anwendung der Kategorie des Schöpferischen auf Technik verweigert und eine entsprechende Wertabstufung vorgenommen. Nun, vier Jahre später und an einer technischen Hochschule, kann Tillich auch den ingenieurwissenschaftlichen Erzeugnissen seiner Zeit nicht mehr den schöpferischen Charakter absprechen. So darf nun der Techniker wissen, „daß auch in seinen Schöpfungen etwas ist, was nicht veraltet, was fortwirkt in jeder neuen technischen Gestalt, was teilhat an der Ewigkeit jeder wahren Gestalt“[43]. Diese Aufwertung der Technik aufgrund ihres schöpferischen Charakters behält Tillich auch später bei.[44]

Die Maschine als Paradigma der Technik

Tritt fasst Tillichs Technikdeutung in dem Moment, als er sich der Maschine als dem Höhepunkt der Technik zuwendet. An ihr wird das Wesen, der Logos der Technik sinnfällig; und an ihr macht sich auch ihr Lebenssinn, ihr Mythos, fest. Am Paradigma der Maschine werden im Folgenden die zentralen Bestimmungsstücke der Technik und ihres Lebenssinns, wie Tillich sie an verschiedenen Stellen entfaltet, dargestellt und systematisiert.

> „Das Maschinelle setzt dort ein, wo ein Werkzeug nicht mehr gehandhabt, sondern bedient und gelenkt wird. [...] Sie ist eine eigene Gestalt [...]. Sie hat ein relatives Eigenleben, das jeden, der mit ihr umgeht, zwingt, sich in sie einzufühlen, auf sie zu horchen. Sie hat – und je komplizierter sie ist, desto mehr – einen individuellen Charakter, der nicht ganz zu berechnen ist, der unheimlich, ja dämonisch wirken kann. Und nicht selten ergibt sich zwischen der Maschine und ihrem Lenker ein Verhältnis, das verwandt ist dem Verhältnis zu einem lebendigen Wesen. Hier ist der Technik das Höchste gelungen: die reine Zweckgestalt ist wieder zu einer, wenn auch bedingten, Eigengestalt geworden.“[45]

Es ist eine Einsicht schon des Wissenschaftssystems von 1923, dass die Maschine unter denselben Gattungsbegriff fällt wie der Organismus: den der Gestalt. Eine Gestalt ist „ein allseitig qualitativ bestimmtes Sein, dessen Teile nicht Quantitäten, sondern Qualitäten, nämlich Glieder sind“[46]. Sie ist ein individueller, durch Mittel-Zweck-Relationen zwischen seinen Teilen sowie zwischen den Teilen und dem Ganzen strukturierter Funktionszusammenhang. Organismus und Maschi-

---

43 DERS., System der Wissenschaften, a. a. O. (s. Anm. 10), 304.

44 Vgl. DERS., Religion und Weltpolitik, a. a. O. (s. Anm. 4), 183.

45 DERS., Logos und Mythos, a. a. O. (s. Anm. 1), 301f. Vgl. auch: „Je mächtiger und komplizierter die technischen Gebilde sind, desto mehr erhalten sie ein eigenes, vom Menschen unabhängiges Leben, desto schwerer ist es, sie zu beherrschen, desto bedrohlicher werden sie selbst für den, der sie am besten kennt und durchschaut. Mit dem Eigenleben des technischen Gebildes erhebt sich ein neues Element des Unheimlichen mitten in dem Bekanntesten.“ DERS., Stadt als Symbol, a. a. O. (s. Anm. 2), 310.

46 DERS., System der Wissenschaften, a. a. O. (s. Anm. 10), 139.

ne als die beiden Arten der Gestalt unterscheiden sich nur dadurch, dass der Zweck des Ganzen im Falle des Organismus in ihm selbst, in seinem Fortbestehen, im Falle der Maschine jedoch außerhalb ihrer, etwa in der Produktion von Gütern, liegt. Im Begriff der Gestalt fasst Tillich, so meine in einem anderen Beitrag entfaltete These, die systematischen Konstruktionsleistungen des idealistischen Organismusbegriffs mit den Erklärungsleistungen des seit Ende des 19. Jahrhunderts in Einzelwissenschaften wie der Wahrnehmungspsychologie prominent werdenden Gestaltbegriffs zusammen.[47] So vermag er das Lebendige und das technisch Artifizielle unter eine gemeinsame Kategorie zu bringen, die eine reiche Struktur hat und dadurch Bezüge zwischen beiden vermittelt. Der Gestaltbegriff ist das systematische Scharnier, vermöge dessen am Lebendigen entwickelte Begriffe für die Technikdeutung fruchtbar gemacht werden können.

Das erste Moment, das sich im Gestaltcharakter der Maschine zeigt, ist das Potentialitäts- und Entgrenzungsmoment von Technik:

> „Durch das Eigenleben der Maschine ist die technische Produktion unabhängig von der vitalen Leistungsfähigkeit des Menschen. Dadurch wird die Maschine zum Symbol der grenzenlosen Möglichkeit, unbegrenzt im Verhältnis zur handwerklichen Produktion und jeder Voraussicht, begrenzt nur durch die Grenzen der Rohstoffe und der natürlich aufgespeicherten Kräfte. Diese Unbegrenztheit und Eigengestaltlichkeit der Maschine ist der Grund ihrer umwälzenden Bedeutung für die Gesellschaft.“[48]

Gerade in ihrem naturanalogen Charakter wird die Maschine zum Paradigma der Naturbeherrschung.[49] In ihrem „Eigenleben“ befreit sie den Menschen von seiner Bindung an das ihm vital Vorgegebene. Der flügellose Zweibeiner erhebt sich mit maschineller Hilfe in die Lüfte. Darin „bedeutet“ Technik jedoch mehr als nur das jeweilige Können über vormalige Grenzen hinaus. Sie lässt vielmehr in ihrem fortwährenden Grenzüberschreiten selbst keine Begrenzung erkennen. Über ihre jeweilige begrenzte Wirklichkeit hinaus ist Technik Symbol der unbegrenzten Möglichkeit. Das jeweils technisch Erreichte zeigt sich immer nur als Zwischenstand einer nicht prinzipiell beschränkten oder gebundenen Fortschritts- und Rationalisierungsdynamik.[50]

In der fortschreitenden technischen Naturbeherrschung liegt, daran lässt Tillich keinen Zweifel, eine Befreiung des Menschen. Im Dienste menschlicher Zwecksetzung kann Technik befreien von unwürdiger mechanischer Arbeit, von

---

[47] Vgl. Moos, Interpretation der Naturwissenschaften, a. a. O. (s. Anm. 38).

[48] Tillich, Logos und Mythos, a. a. O. (s. Anm. 1), 302.

[49] Hier zitiert Tillich gegen sonstige Gewohnheiten einen Psalm. Ps 8, vgl. a. a. O., 305.

[50] Zur unbegrenzten Fortschritts- und Rationalisierungsbewegung im Bereich der kulturellen Formen vgl. ders., Religionsphilosophie, a. a. O. (s. Anm. 5), 348 sowie zum Begriff des Fortschritts Ders., Wert und Grenzen der Fortschrittsidee (1964), in: EGW IV, 119–131; hier: 122. 125.

natürlichen Übeln wie Schmerz und Wehrlosigkeit, aber auch von räumlichen und zeitlichen Schranken der Gemeinschaftsbildung.[51] Doch im „Eigenleben" der Maschine wird auch die Problematik der unbegrenzten Möglichkeit, die die Technik vor Augen stellt, sichtbar. In der Technik ist die Versuchung mitgegeben, die Möglichkeiten um ihrer selbst willen zu ergreifen. Der instrumentelle Charakter technischer Rationalität kann eine Eigendynamik freisetzen, die sich an der Optimierung des Könnens orientiert und dabei den Lebenssinn des Technischen aus den Augen verliert: „[W]ir erliegen der Versuchung und verlieren unseren Sinn und unsere Notwendigkeit. Wir holen Neues und immer Neues aus der ‚Möglichkeit', und der Prozeß der Technik geht über uns weg."[52] Der stählerne Koloss einer Maschine wird zum Sinnbild des stahlharten Gehäuses moderner Rationalisierung, wie Max Weber es analysiert hat.[53] In ihrem Potentialitäts- und Entgrenzungsmoment ist Technik ambivalent: Sie kann Befreiung oder neue Versklavung des Menschen bedeuten.

In dieser ersten Ambivalenz der Technik liegt eine zweite. Einerseits ist Technik wie beschrieben eine originale Setzung des Menschen. Im Technischen wird also immer etwas von der schöpferischen Kraft des menschlichen Geistes anschaulich.[54] Doch der Mensch verhält sich zur Technik nicht nur souverän. Vielmehr unterwirft er sich schon im Prozess technischer Gestaltung den Produktionsbedingungen des Technischen, die in den Naturgesetzen gegeben sind.[55] Noch mehr ist der Mensch als Bediener einer Maschine deren gestalthaftem Charakter unterworfen, der Einfühlung in das maschinelle Eigenleben verlangt. Als Arbeiter in der Industrie („Proletarier") ist der Mensch schließlich gänzlich der Logik maschineller Produktionsabläufe ausgeliefert. So wird er selbst zum Mittel externer Zwecke, zum bloßen Instrument.[56] Er wird, wie Tillich im An-

---

51 Vgl. DERS, Logos und Mythos, a. a. O. (s. Anm. 1), 305.

52 A. a. O., 305.

53 Vgl. WEBER, MAX, Die protestantische Ethik und der Geist des Kapitalismus (1920), in: DERS., Die protestantische Ethik, hg. v. WINCKELMANN, JOHANNES, München, Hamburg 1965, 29–277; hier: 188.

54 Die frühere Charakterisierung der Technik als unschöpferisch findet hier noch ihren Reflex in der Bemerkung, bei technischen Schöpfungen handele es sich um „Urfindung", nicht um Schaffung von „Urgestalten." TILLICH, Logos und Mythos, a. a. O. (s. Anm. 1), 304. Technische Schöpfung ist keine creatio ex nihilo, sondern setzt Natur immer schon voraus. Zum Begriff der Findung vgl. auch DESSAUER, FRIEDRICH, Philosophie der Technik. Das Problem der Realisierung, Bonn 1927.

55 „So unterwirft das Werkzeug, das den Menschen befreit, ihn gleichzeitig den Regeln, nach denen es hergestellt werden muß." DERS., Systematische Theologie, a. a. O. (s. Anm. 27), 91.

56 „[W]ir werden selbst unserer Lebendigkeit beraubt und erstarren im Dienste dessen, was wir selbst zum Erstarren gebracht haben. Das gilt von uns allen, am meisten aber von denen, die am tiefsten im Dienste der technischen Stadt, des technischen Hauses

schluss an sozialistische Theoretiker sagt,[57] verdinglicht. So wird nicht nur im technischen Handeln ein Seiendes zum Ding, das vollständig durch seine Zweckhaftigkeit bestimmt ist. In der Eigendynamik des Technischen droht auch der Mensch selbst zum Ding zu werden. Die zweite Ambivalenz bezieht sich also auf den Status des technisch handelnden Menschen zwischen Schöpfersubjekt und verdinglichtem Objekt der Technik.[58]

Noch eine dritte Ambivalenz der Technik wird im Gestaltcharakter der Maschine anschaulich. Mit den Mitteln der Technik, so konstatiert Tillich in Heidegger'scher Terminologie,[59] sucht der Mensch sich in der Welt heimisch zu machen. Das Bedrohliche, Unheimliche, ja: Dämonische des Seienden wird technisch entdämonisiert. Das Seiende wird zum zweckdienlichen Ding und verliert seinen potentiell bedrohlichen Überschuss an Eigenmacht.[60] Diesen Gedanken entfaltet Tillich umfänglich in dem Vortrag „Die technische Stadt als Symbol"[61], den er im Pavillon der Technischen Hochschule Dresden auf der 7. Dresdener Jahresschau „Die technische Stadt" 1928 hält. Der Mensch baut Häuser und Städte, um sich im Dasein, das ihm unheimlich erscheint, heimisch zu machen. Allgemeiner gilt: „Wie Haus und Stadt das Mittel zur Einfügung in das menschliche Dasein, so ist *alle Technik eine Überwindung des Unheimlichen in den Dingen*."[62] Das Technische ist bestimmt durch Gesetz und Zweck und ist so dem Welterkennen und der Verfügung eingeordnet. Es „birgt keine drohende Tiefe, keine erschütternde, unerwartete Wirklichkeit mehr."[63] In der technischen Stadt realisiert sich somit „Seinsbeherrschung", „Seinsaneignung", „*Einwohnung*"[64] ins Sein.[65]

‚Erde' stehen, die nirgends einen Ersatz haben für die Lebenskräfte, deren sie beraubt sind, die zwar die Herrschaft über die Dinge tragen, aber doch als selbst Beherrschte, in ihrem vitalen und seelischen Leben Verkümmerte: die Proletarier." DERS., Stadt als Symbol, a. a. O. (s. Anm. 2), 311.

57 Vgl. etwa LUKÁCS, GEORG, Geschichte und Klassenbewusstsein. Studien über marxistische Dialektik, Berlin 1923.

58 Eine weitere Stufe der Verdinglichung des Menschen fügt Tillich 1961 hinzu: Im mechanistischen Menschenbild des Behaviorismus wird der Mensch selbst als maschinelles Objekt verstanden und behandelt. Vgl. TILLICH. Wissenschaft, a. a. O. (s. Anm. 21), 216f.

59 Vgl. HEIDEGGER, MARTIN, Sein und Zeit (1926), Tübingen [17]1993, 188f. Zu Heidegger und Tillich vgl. auch DANZ, Heideggers Religionsphilosophie, a. a. O. (s. Anm. 4).

60 Vgl. TILLICH, Logos und Mythos, a. a. O. (s. Anm. 1), 305. DERS., Stadt als Symbol, a. a. O. (s. Anm. 2), 309.

61 DERS., Stadt als Symbol, a. a. O. (s. Anm. 2).

62 DERS , Logos und Mythos, a. a. O. (s. Anm. 1), 309.

63 A. a. O., 309.

64 A. a. O., 309.

65 „Das technische Haus, die technische Stadt, die von der technischen Stadt beherrschte, zum Menschheitshaus gemachte Erde: das ist das Symbol unseres Zeitalters, des

Doch auch dies hat seine Rückseite. Die technische Gestaltung der Welt setzt den Menschen in neuer Weise der Erfahrung des Unheimlichen aus. Das „Eigenleben" der Maschine, die eigendynamischen Potentiale der Technik treten dem Menschen als nicht gänzlich durchschaubar und beherrschbar gegenüber. Und auch eine gänzlich zweckhafte Dingwelt hat einen unheimlichen Charakter, insofern keine Einfühlung in diese möglich ist:

> „Dem Ding ist sein Eigenleben genommen, und darum kann kein *eros* es verbinden mit unserem Eigenleben. Der Boden, die Verbindung mit der lebendigen Erde, ist genommen. [...] Die Fremdheit bleibt trotz aller Aneignung, und sie steigert sich ins Unüberwindliche, alles Beherrschende in der Großstadt. Mit der Fremdheit der technisierten Dingwelt aber erhebt sich eine neue Unheimlichkeit, ein Grauen vor der erstarrten Welt, die uns dient und die nicht reden kann als Lebendiges zu Lebendigem."[66]

Alle drei Ambivalenzen der Technik haben es mithin mit dem Doppelcharakter moderner Technik zu tun, einerseits gleichsam der Höhepunkt rationaler wie ingeniöser Welt- und Selbstgestaltung zu sein, andererseits dem Menschen als neue, quasi-naturhafte Bedingung und Begrenzung seines Lebens entgegenzutreten. In der technisierten Welt findet sich der Mensch als Gestalter und Getriebener, als Schöpfersubjekt und unterworfenes Objekt, als Verfügender und unheimlich Bedrohter. Technik ist durch und durch ambig und damit in ihrem „Lebenssinn" ambivalent.

> „Ist sie göttlich, ist sie schaffend, ist sie befreiend, so ist sie auch dämonisch, knechtend und zerstörend. Sie ist zweideutig, wie alles, was ist; nicht zweideutiger als der reine Geist, nicht zweideutiger als die Natur, aber ebenso wie sie."[67]

Anders als eine Fundamentalkritik der Technik, die Tillich unter dem Epitheton „Romantik" als beständiges Gegenüber präsent hält,[68] hält er selbst diese Ambi-

---

Zeitalters der Erfüllung der technischen Utopie, des Zeitalters der Einwohnung des Menschen in die Erde und der Aneignung und Umschaffung der Erde durch den Menschen." (DERS., Stadt als Symbol, a. a. O. [s. Anm. 2.], 310). Tillich bezieht das später selbst auf eine frühe biographische Erfahrung einer „Sehnsucht nach der großen Stadt": „Das Schützende, Bewahrende und zugleich Lebendige der Stadt gegenüber dem Unheimlichen nächtlicher Wälder, schweigender Felder und schlafender Dörfer gehört zu meinen ersten und stärksten Jugendeindrücken." DERS., Auf der Grenze (1962), in: GW XII, 13–57; hier: 15.

66 DERS., Logos und Mythos, a. a. O. (s. Anm. 1), 310. Seit Januar 1927 ist Fritz Langs „Metropolis" in den Kinos zu sehen.

67 A. a. O., 306.

68 Vgl. etwa DERS., Logos und Mythos, a. a. O. (s. Anm. 1), 305. DERS., Gläubiger Realismus, a. a. O. (s. Anm. 3), 185. DERS., Systematische Theologie, a. a. O. (s. Anm. 27), 70.

valenz offen. Ihre Wahrheit hat die fundamentale Technikkritik – nicht nur für den frühen Tillich als religiösen Sozialisten[69] – als Kritik der Ökonomie.

> „In der Maschine schläft die neutrale Möglichkeit. Die Wirtschaft weckt sie zur schlechten Wirklichkeit. [...] Die Maschine ist neutral. Damit fällt fast alles weg, was der Technik vorgeworfen wird an Verheerungen des Geistes und der Gesellschaft."[70]

Durch den Einfluss der kapitalistischen Wirtschaft wird die Technik zum Instrument von Machtinteressen, vom Mittel der Befreiung zum Instrument der Ausbeutung. Hier spart Tillich nicht mit religiösen Kategorien wie „Dämonie"[71], „Verderbnis", „Fluch"[72] und „Fall"[73]. Die Ambivalenz der Technik wird durch die Kopplung an den Kapitalimus ins Negative hinein vereindeutigt.

Technik und Transzendenz

Es ist das Ziel der Kulturanalysen Tillichs, die kulturellen Formen auf die ihnen unterliegende religiöse Substanz zu befragen. Religion ist in der Kultur präsent, indem der unbedingte Gehalt durch die Bedingtheit der autonomen kulturellen Formen hindurchbricht. Diese Grundfigur ist in den bisherigen Ausführungen zur Technik schon mit Händen zu greifen gewesen. Im Folgenden werden die wesentlichen religiösen Momente der Technik im Zusammenhang dargestellt.

Zum einen verdankt sich jede echte Schöpfung des Geistes dem Durchbrechen des Unbedingten. „In den geistigen Schöpfungen des Menschen offenbart sich der Abgrund des Unbedingten tiefer als in den immer auch gesetzesgebundenen Gestalten des unmittelbaren Daseins."[74] Im Schöpferischen kommen Denken und Sein, das formal Geltende, Rationale, und das unbedingt Wirkliche, Individuelle zusammen.[75] Das vollendet rationale technische Gebilde lässt sich aus dem rational Allgemeinen nicht ableiten. Es ist die individuelle Lösung eines allgemeinen Problems. Damit verdankt es sich einer kontingenten geistigen Schöpfung, die ein Moment des Unbedingten trägt.

Allgemeiner hat der Befreiungscharakter der Technik Anteil an der Selbstbefreiung des Geistes aus der Naturbedingtheit. Indem Zwecke und Mittel auseinandertreten und das eigentlich Technische als Einsetzung von Mitteln für

---

69 Vgl. dazu BULMAN, Theonomy, a. a. O. (s. Anm. 4), 226.
70 TILLICH, Logos und Mythos, a. a. O. (s. Anm. 1), 304.
71 DERS., Stadt als Symbol, a. a. O. (s. Anm. 2), 311.
72 A. a. O., 303.
73 Vgl. a. a. O., 304.
74 DERS., System der Wissenschaften, a. a. O. (s. Anm. 10), 213.
75 Zum Begriff des Schöpferischen vgl. a. a. O., 212ff. In theologischer Sprache zum Verhältnis menschlicher und göttlicher Schöpfung vgl. a. a. O., 212f. DERS., Religion und Weltpolitik , a. a. O. (s. Anm. 4), 183.

einen Zweck entsteht, reißt der Geist sich los aus der gesetzlichen Bestimmtheit des Naturzusammenhanges. Insofern ist Technik ein anthropologisches Grunddatum.[76] So kann die Technik auch dazu beitragen, den Rückfall des Geistes in die Naturbestimmtheit etwa in Form von entwürdigenden, mechanischen Arbeitsbedingungen zu verhindern. Insofern steht sie im Dienste des Geistes und damit des Unbedingten, auf dem alles Geistige ruht. Am Ort des technikgebrauchenden Geistes – bei Tillich ist Geist immer in seiner konkreten Existenz gedacht[77] – manifestiert sich das Unbedingte als Substanz von Kultur.

Ihr zweites Transzendenzmoment erhält die Technik durch ihre ästhetischen und symbolischen Qualitäten. Das technische Gebilde hat eine eigene innere Schönheit, die den Menschen jenseits der Zweckerfüllung ergreifen kann. Tillich, der an dieser Stelle deutlich von der Ästhetik der klassischen Moderne, insbesondere des Bauhauses, geprägt ist,[78] versteht das Schöne der Technik als Anmutungsqualität des vollendet Funktionalen und ordnet es als eigene ästhetische Kategorie zwischen Natur- und Kunstschönem ein.[79]

Die ästhetische Anmutungsqualität des Technischen ist Voraussetzung für seine Symbolkraft. Insbesondere „ist das Haus keine Wohnmaschine, sondern ein doppelsinniges Gebilde, in dem sich rationale Zwecke einigen müssen mit innerer Symbolkraft für das Leben des Bewohners."[80] Von der prähistorischen Höhle über das mittelalterliche Stadthaus bis zum modernen Glaspalast symbolisiert die Architektur insbesondere das Verhältnis des Menschen zur Unendlichkeit. Vermöge dieser Symbolkraft kann Technik sinnvoll in den Lebenszusammenhang integriert werden und „Ausdruck [der] Lebensganzheit"[81] sein.[82]

---

[76] „Der technische Weltbegriff ist schöpfungsmäßig fundiert; er wird als wesentliches Merkmal des Menschen unmittelbar bei seiner Erschaffung ausgesprochen. Er kommt nicht hinzu, nachdem der Mensch sonst fertig ist, sondern er wird als Mensch fertig dadurch, daß er die technische Welt als Möglichkeit und Aufgabe hat. [...] Auf diese Weise erhält das technische Welt-Schaffen des Menschen seinen religiösen Sinn. Es ist Teilnahme am Schöpfungsprozeß selbst." A. a. O., 183.

[77] Vgl. dazu grundlegend DERS., System der Wissenschaften, a. a. O. (s. Anm. 10), 119f.

[78] „Ein Stückchen technischer Schönheit ist heilig zu sprechen gegenüber jener Unwahrheit [der kitschigen Verzierung durch Verwendung vergangener Formenwelten], die heute den Markt überschwemmt." DERS., Logos und Mythos, a. a. O. (s. Anm. 1), 303. Die Tillichs haben sich in Dresden selbst im Stil des Bauhauses eingerichtet. Vgl. MARSCHALL, Paul Tillich in Dresden, a. a. O. (s. Anm. 21), 122.

[79] Vgl. TILLICH, Logos und Mythos, a. a. O. (s. Anm. 1), 302 sowie DERS., Gläubiger Realismus, a. a. O. (s. Anm. 3), 185: „[...]. die wunderbaren Gebilde der Technik, die ein eigenes Reich bilden zwischen Natur und Geist, die ihr eigenes Leben und ihre eigene Schönheit haben, und zwar um so mehr, je reiner sie dem Zweck unterworfen sind, je vollkommener sie für den Dienst konstruiert sind."

[80] DERS., Logos und Mythos, a. a. O. (s. Anm. 1), 303.

[81] A. a. O., 303.

Die symbolische Qualität der Technik für das Lebensganze entfaltet Tillich insbesondere in der Deutung von Technik als Lebenshaltung (siehe unten 3.). Damit kann die Technik schließlich auch das diese Lebensganzheit fundierende Unbedingte zum Ausdruck bringen,[83] also direkt zum religiösen Symbol werden. Letzteres entfaltet Tillich etwa am Symbol der himmlischen Stadt, in der Technik „zur Symbolisierung der überweltlichen Erfüllung"[84] dient.

Ein drittes Transzendenzmoment der Technik entfaltet Tillich unter dem Begriff des Dämonischen. In der Religionsphilosophie von 1925 bestimmt er das Dämonische als das Widergöttliche, also als Heiliges unter negativem Vorzeichen. Wie das Göttliche ist das Dämonische Ausdruck des „Sinnabgrundes"[85] unter allen bedingten Sinnformen. Es hat „die Realität des Heiligen selbst"[86]. Im Unterschied zum Göttlichen trägt es jedoch die Qualität der Zerstörung, der Negativität, des Widerspruchs gegen das Seinsollende. Zwar trat die Technik an zur Entdämonisierung der Welt: Indem sie Dinge schuf, reduzierte sie das Seiende auf seinen Mittelcharakter für menschliche Zwecke und nahm ihm damit seine Unheimlichkeit und Bedrohlichkeit. Doch in dieser Entdämonisierungsbewegung kann die Technik wie gezeigt selbst dämonische Züge annehmen.[87] Die Maschine erscheint mit eigener Macht ausgestattet und nicht zur Gänze durchschaubar; und sie kann sich gegen den Menschen wenden, ihn bedrohen und ihn im Arbeitsprozess unterjochen. Die entfesselten Maschinen treten mithin in der entzauberten Welt die Nachfolge der Dämonen und Naturgeister an. In ihrer Dämonie hat die Technik, und darin liegt

---

82 Die Symbolkraft der Technik ruht wiederum darauf, dass Technik eine geistige Schöpfung ist: „Jedes menschliche Werk ist zugleich *Sache* und *Symbol.* Als Sache dient es einem Zweck und ist bestimmt durch ihn. Als Symbol drückt es ein Sein aus und ist bestimmt durch dieses." DERS., Stadt als Symbol, a. a. O. (s. Anm. 2), 307.

83 „Unter dem Einfluß des göttlichen Geistes können so auch technische Prozesse theonom und die Kluft zwischen Subjekt und Objekt, wie sie der technischen Tätigkeit anhaftet, überwunden werden. In der Gegenwart des göttlichen Geistes verliert jedes Ding seinen bloß dinghaften Charakter, es wird zu einem Träger von Form und Sinn und damit zu einem möglichen Gegenstand des *eros.* Das gilt sogar von Werkzeugen – vom einfachen Hammer bis zum hochentwickelten Computer." TILLICH, Systematische Theologie, a. a. O. (s. Anm. 27), 296. Sie können „heute zu neuen Verkörperungen der Macht des Seins werden". A. a. O. 297.

84 DERS., Religion und Weltpolitik, a. a. O. (s. Anm. 4), 185.

85 DERS., Religionsphilosophie, a. a. O. (s. Anm. 5), 338.

86 A. a. O., 339.

87 Vgl. DERS., Lage der Gegenwart, a. a. O. (s. Anm. 22), 18. DERS., Logos und Mythos, a. a. O. (s. Anm. 1), 301. DERS., Stadt als Symbol, a. a. O. (s. Anm. 2), 310. DERS., Lage der Gegenwart, a. a. O. (s. Anm. 22), 19.

wiederum ein Transzendenzmoment, Qualität des Heiligen, wenngleich in verzerrter – aber nicht vollständig entstellter[88] – Form.[89]

3. Technik als Mentalität. Tillichs Deutung der Geisteshaltung der modernen Menschen

Technik ist für Tillich eine Signatur der Gegenwart. Dies gilt nicht allein aufgrund der zunehmenden Präsenz technischer Artefakte in allen Lebensbereichen. Technik steht vielmehr für eine „Gesamthaltung zur Wirklichkeit."[90] Sie ist das Symbol für eine spezifische, historisch situierte Grundierung des Menschseins, die sich in „Seelenlage" und „Gestaltungswillen"[91], Vergesellschaftungsform und Persönlichkeitsideal manifestiert. Diese gegenwärtig dominierende Lebenshaltung[92] konkurriert mit anderen Haltungen, die Tillich unter Begriffen wie „Idealismus", „historischer Realismus" oder „gläubiger Realismus" subsumiert. Die mentalitätsprägende und gemeinsinnstiftende Kraft der Technik ist mehr noch als die bereits genannten Unbedingtheitsmomente des Technischen für das Verhältnis von Technik und Religion bedeutsam. Ihr widmet Tillich mehrere Schriften und löst damit die zweite, geschichtsphilosophische Aufgabe einer Theologie der Kultur ein.

---

88 Zur Unterscheidung des Dämonischen und des (rein negativen) Satanischen vgl. BULMAN, Theonomy, a. a. O. (s. Anm. 4), 224.

89 In der Marburger Dogmatik erhält der Begriff des Dämonischen im Kontext der Christologie noch einen anderen Akzent. „Wenn aber ein Gegenstand, in dem die Offenbarungserschütterung zum Ausdruck gekommen ist, von sich selbst spricht, so ist das die eigentliche metaphysische Perversion, der wir den Namen ‚das Dämonische' geben." DERS, Dogmatik. Marburger Vorlesung von 1925 hg. v. SCHÜSSLER, WERNER, Düsseldorf 1986, 60. Vgl. dazu HAIGIS, Wegmarken, a. a. O. (s. Anm. 4), 114. Auch dieses Moment des immanenten Selbstabschlusses rechnet Tillich der Technik und der Wirtschaft als dämonisch zu: So „wurde die freie Wirtschaft und die sie tragende Technik zum stärksten Symbol des sich selbst wollenden, zeitgebundenen Daseins, und für viele, insonderheit für die im Kampfe unterdrückten Massen, nicht nur ein profanes, sondern geradezu ein widergöttlich-dämonisches Wahrzeichen." DERS., Lage der Gegenwart, a. a. O. (s. Anm. 22), 19.

90 DERS., Gläubiger Realismus 1928, a. a. O. (s. Anm. 14), 194.

91 DERS., Stadt als Symbol, a. a. O. (s. Anm. 2), 307.

92 Die Verbindung von Technik und Lebenshaltung begegnet bei Tillich schon 1923. „Es ist üblich, den *Gegensatz von organisch und technisch* exklusiv zu fassen, und die beiden Begriffe zu Symbolen entgegengesetzter Lebenshaltungen zu machen. [...] Zweifellos liegt dieser Gegensatz in der abendländischen Geistesgeschichte vor." DERS., System der Wissenschaften, a. a. O. (s. Anm. 10), 177. In der Religionsphilosophie spricht er von der Geisteslage „einer dem Werden zugewandten, aktiven, technisch weltgestaltenden Auffassung". DERS., Religionsphilosophie, a. a. O. (s. Anm. 5), 312.

In seinem Essay „Die religiöse Lage der Gegenwart" von 1926 bezeichnet Tillich die zeitgenössisch dominante „grundlegende Welt- und Lebenshaltung" als „Geist der bürgerlichen Gesellschaft."[93] Sie ist charakterisiert durch die Trias aus mathematischer Naturwissenschaft, Technik und Wirtschaft, die sich wechselseitig befördern und so die „Geistes- und Gesellschaftslage"[94] dominieren. Diese Geisteslage ist „ein äußerster Fall des sich selbst behauptenden, in seiner eigenen Form ruhenden Daseins."[95] Naturwissenschaft, Technik und Wirtschaft haben ihren gemeinsamen Kern gerade in einer entschiedenen Diesseitigkeit, die sich im Vorfindlichen einrichtet und dieses gestaltet. Im Verbund mit Naturwissenschaft und Wirtschaft ist Technik die Signatur einer „in sich bleibenden, sich selbst und ihre Endlichkeit bejahenden Zeit."[96] Dies strahlt in andere Lebensbereiche aus und erfasst auch die Kunst, die Wissenschaft, das staatliche Leben, das sittliche Ideal.

Die durch Technik bestimmte Lebenshaltung hat dabei eine weltanschauliche Komponente: „Die Welt wird angeschaut als Maschine. Das, was an ihr berechenbar, konstruierbar, in den Dienst einstellbar ist, das ist ihre wahre Wirklichkeit, darum bemühen sich in Wechselwirkung Naturwissenschaft und Technik."[97] „Das Sein der Dinge ist ihr technisch nutzbarer Gesetzeszusammenhang."[98] Aufgrund ihres weltanschaulichen Aspekts verhandelt Tillich die haltungsprägende Kraft der Technik ab 1927 unter dem Thema des *Realismus* als der Frage nach dem wahrhaft Wirklichen.[99] Im „technischen Realismus"[100] wird die Maschine selbst zum Sinnbild für die Wirklichkeit in ihrer Abgeschlossenheit und Diesseitigkeit.

Gleichwohl verdankt sich die Technik in ihrem schöpferischen und befreienden Charakter durchaus noch einer „Hingabe an das Ewige."[101] Der technische Realismus ist historisch aus dem „Idealismus" der Renaissance erwachsen. Dieser hatte das wahrhaft Wirkliche erblickt im naturbeherrschenden

---

93 DERS., Lage der Gegenwart, a. a. O. (s. Anm. 22), 9f. Vgl. 15ff.
94 A. a. O., 15.
95 A. a. O., 17.
96 A. a. O., 18.
97 DERS., Gläubiger Realismus, a. a. O. (s. Anm. 3), 185.
98 DERS., Gläubiger Realismus 1928, a. a. O. (s. Anm. 14), 196.
99 Vgl. DERS., Gläubiger Realismus, a. a. O. (s. Anm. 3). DERS., Gläubiger Realismus 1928, a. a. O. (s. Anm. 14). Zum Begriff des Realimus vgl. auch LILJE, HANNS, Das technische Zeitalter, Berlin 1928 und MÜLLER, ALFRED DEDO, Religion und Alltag, Berlin 1927.
100 TILLICH, Gläubiger Realismus, a. a. O. (s. Anm. 3), 186.
101 DERS., Lage der Gegenwart, a. a. O. (s. Anm. 22), 18.

Geist, der die Technik in seinen Dienst nimmt.[102] Technischer Realismus zielt daher ursprünglich auf „die Befreiung aller von der Sklaverei des Mechanischen durch die Maschine, die angemessene und allen dienende Bedürfnisbefriedigung."[103] Erst im Verbund mit der kapitalistischen Wirtschaft entwindet sich die instrumentelle Vernunft des Technischen aus der Bindung an dieses emanzipatorische Ziel und verfällt einer Eigendynamik innerweltlicher Optimierung, unbegrenzter Bedürfnisbefriedigung und Machtsteigerung.[104] Der technische wird zum ökonomischen Realismus. In diesem Zusammenhang kann Tillich geradezu von einer „Entwürdigung der Technik" sprechen.[105]

Doch technischer Realismus als Lebenshaltung ist mehr als Weltanschauung und wirtschaftliche Praxis. Er verbindet sich auch mit einer spezifischen Persönlichkeitsformation:

> „Er hat die intellektuellen und willensmäßigen Kräfte mitgeformt, diejenige seelische Seite also, die Herrschaftlichkeit und Dingentmächtigung bewirken; er hat damit ein historisches Wesen geschaffen, dessen ganze Kraft und Entleertheit als ‚Amerikanismus' auf uns eindringt."[106]

Hier steht Tillich ganz in der Tradition deutscher Kulturüberheblichkeit über eine „entleerte" angelsächsische Zivilisation.[107] Technik als Lebenshaltung geht einher mit dem Ideal einer über ihre Naturbedingungen souverän herrschenden Persönlichkeit. Mit diesem hohen Bild der Persönlichkeit ist gleichwohl eine starke Reduzierung verbunden: „[D]er technische Realismus schneidet alle diejenigen Lebensbeziehungen ab, die über den technischen Beherrschungswillen hinausgehen."[108]

Schließlich hat der technische Realismus auch die Theologie zutiefst beeinflusst.

---

[102] Vgl. a. a. O., 18. DERS., Gläubiger Realismus, a. a. O. (s. Anm. 3), 185f. sowie DERS., Hat die Eroberung des Weltraums die Würde des Menschen erhöht oder vermindert? (1963), in: EGW IV, 132–143, 133f.

[103] DERS., Gläubiger Realismus, a. a. O. (s. Anm. 3), 187.

[104] Vgl. DERS., Lage der Gegenwart, a. a. O. (s. Anm. 22), 19.

[105] Vgl. DERS., Gläubiger Realismus, a. a. O. (s. Anm. 3), 187.

[106] DERS., Gläubiger Realismus 1928, a. a. O. (s. Anm. 14), 199f.

[107] Es ist ein Topos des deutschen 19. Jahrhunderts, Technik wie kapitalistische Wirtschaft mit der französischen, englischen und amerikanischen „Zivilisation" zu verbinden und dieser die deutsche „Kultur" gegenüberzustellen. Kapitalismus und Technisierung erscheinen in dieser Lesart als Importe. Damit erhält die Technikkritik in Deutschland einen nationalen Unterton. Das Befremdliche an der Technik wird gleichsam exterritorialisiert und spricht englisch oder französisch.

[108] A. a. O., 199. Vgl. dazu auch die Gegenüberstellung von ontologischer und technischer Vernunft in: DERS, Systematische Theologie, a. a. O. (s. Anm. 27), 91.

> „Die protestantische Theologie verband sich mit der kritischen, an Kant anschließenden Philosophie, erkannte die moderne Wissenschaft vorbehaltlos an, und nahm für sich den Glauben als ihr Sondergebiet in Anspruch, in der festen Zuversicht, auf diese Weise allen Konflikten mit der Wissenschaft enthoben zu sein. Es war eine Flucht, ein Rückzug auf der ganzen Linie, der zwar das religiöse Leben vor der Zerstörung bewahrte, es aber weithin zu einer Winkelangelegenheit machte."[109]

Diese kritiklose Übernahme eines naturwissenschaftlich-technischen Wirklichkeitsbegriffs und die Flucht ins Nebeneinander von Glauben und Wirklichkeitserfassung verbinden sogar die sonst so antipodische liberale und dialektische Theologie.[110]

Technischer Realismus ist für Tillich mithin ein geistes-, kultur- und men-talitätsgeschichtliches Deuteschema, das er geschmeidig auf die unterschiedlichsten historischen Lagen anwenden kann:

> „Sophisten, Kyniker, Epikuräer, Stoiker, Skeptiker, das ist die Linie, die durch jene Stichworte angedeutet wird. Und diese Linie geht über den Nominalismus und die magische Technik der Renaissance weiter zur Gegenwart und ihrer technischen Erhebung über die Dinge."[111]

Ebenso vielfältig sind die entgegengesetzten Strömungen von Platon bis zur Romantik, mit denen Tillich die technische Lebenshaltung kontrastiert. Im Kern hat er mit dem Syndrom aus schöpferischer Geistigkeit, Befreiung von Naturbindungen, Orientierung an innerweltlichen Zielen und dem Pathos von Fortschritt und Entgrenzung einen Idealtypus bürgerlicher Kultur des 19. Jahrhunderts vor Augen, der durch Aufklärung, naturwissenschaftlich-technische Modernisierung und Kapitalismus geprägt ist. Diese Mentalität sieht er durch eine Unempfindlichkeit gegenüber tieferen Sinnfragen gefährdet. Als solche, das aufzuweisen ist das Ziel von Tillichs Zeitdiagnostik der späten 1920er Jahre, weist sie allerorts Risse und Brüche auf. Sie ist noch dominant, aber die Morgendämmerung eines neuen Zeitalters ist in allen Gebieten der Kultur zu ahnen. Dieses wird die selbstgenügsame Diesseitigkeit der technischen Lebenshaltung durchbrechen. Es wird darauf drängen, die freigesetzte instrumentelle Rationalität des Technischen wieder in umfassendere Lebenszusammenhänge einzubinden. Ohne das Recht des Realismus zu leugnen, wird die neue Zeit sich wieder vom unbedingten Gehalt als der Substanz aller Kultur beunruhigen lassen.[112]

---

109 DERS., Lage der Gegenwart, a. a. O. (s. Anm. 22), 17.

110 Vgl. DERS, Gläubiger Realismus, a. a. O. (s. Anm. 3), 189. DERS., Gläubiger Realismus 1928, a. a. O. (s. Anm. 14), 196. 202.

111 DERS, gläubiger Realismus 1828, a. a. O. (s. Anm. 14), 196.

112 Vgl. DERS., Lage der Gegenwart, a. a. O. (s. Anm. 22), 20ff. DERS., System der Wissenschaften, a. a. O. (s. Anm. 10), 193ff. Dieser Optimismus wird unter anderem durch die Erfahrung des Kulturbruchs des Nationalsozialismus getrübt. A. a. O., 123f.

Der Wandel von einem technischen in Richtung auf einen gläubigen Realismus wird mit der Figur des Durchbrechens des Neuen durch das Alte beschrieben. Anders als noch Richard Rothe[113] kann Tillich sein theologisches Kulturideal mit der durch Technik tiefenimprägnierten Gegenwart nicht mehr evolutiv vermitteln: „[D]er technische Realismus kann nicht zum gläubigen Realismus werden“[114], sondern muss durchbrochen, ergriffen, erschüttert werden.[115]

4. Schluss

Tillichs Deutung der Technik ist in den 1920er Jahren bereits voll entfaltet.[116] In den 1950er und 1960er Jahren nimmt die Systematische Theologie diese direkt auf, indem sie den Aufweis von Zweideutigkeiten endgültig zur zentralen Kategorie der Technikdeutung macht.[117] Obwohl die destruktiven Potentiale der Technik inzwischen in Atomwaffen und in der Zerstörung natürlicher Lebensbedingungen neue Realisierungsformen gefunden haben,[118] hält Tillich weiter-

---

113 Vgl. ROTHE, RICHARD, Theologische Ethik, 3 Bände, Wittenberg 1845–1848.

114 TILLICH, Gläubiger Realismus 1928, a. a. O. (s. Anm. 14), 202.

115 Eine theologische Textgattung, in der die Vermittelbarkeit von Vergemeinschaftungs- bzw. Kulturideal und Zeitdiagnose thematisch wird, ist die ethische Apokalypse. Zumeist in den Abschlusskapiteln theologischer Ethiken wird beschrieben, wie das Reich Gottes aus der menschlichen Geschichte hervorgehen wird. In der Mitte des 19. Jahrhunderts sieht Richard Rothe hier einen kontinuierlichen Fortschrittsprozess. Ein Vierteljahrhundert später kann, an Rothe anschließend, Hans Lassen Martensen seine Gegenwart nicht mehr mit dem idealen Endzustand vermitteln. Bei ihm reichert sich die Struktur der Endzeit an: Aus linearem Fortschritt wird eine Abfolge von Kulturverfall, irdischem Glückseligkeitsreich und Reich Gottes, die mehrfacher göttlich-extramundaner Interventionen bedarf. Das Ideale ist im Bestehenden nicht als sich bereits abzeichnendes Entwicklungstelos präsent, sondern kann allenfalls noch als Verborgen-Unterliegendes verstanden werden – ein Grundschema, das auch Tillichs Kulturdeutung unterliegt. Vgl. dazu MOOS, THORSTEN, Staatszweck und Staatsaufgaben in den protestantischen Ethiken des 19. Jahrhunderts, Münster 2005, 245f.

116 Tillich passt lediglich seinen Begriff der Technik in der Systematischen Theologie stärker an den allgemeinen Sprachgebrauch an, indem er zwischen technischer Vernunft als allgemeiner Rationalität der Mittelwahl für gegebene Zwecke (vgl. TILLICH, PAUL, Systematische Theologie, Bd. I. (1958), Frankfurt a. M. [8]1984, Berlin, New York 1987, 87–91; bisher: Technik im weitesten Sinne) und Technik (vgl. DERS., Systematische Theologie, a. a. O. (s. Anm. 27), 70ff.; bisher: Technik im engeren Sinne) unterscheidet.

117 Tillich spricht hier von den Zweideutigkeiten von „Freiheit und Begrenztheit“ (DERS., Systematische Theologie, a. a. O. (s. Anm. 27), 91), „von Mittel und Zweck“ und „von Selbst und Ding“. A. a. O., 92.

118 Bulman findet in den späten Schriften einen skeptischeren Grundton Tillichs, den er stark vom „early enthusiasm” der 1920er Jahre absetzt. BULMAN, Theonomy, a. a. O.

hin gegen alle fundamentale Technikkritik die Ambivalenzen des Technischen offen. Auch die Transzendenzmomente der Technik kehren wieder: An ihnen kann die angezielte theonome Durchdringung des Technischen mit dem göttlichen Geist festgemacht werden.[119] Die theonome Kultur wird dabei auch der zerstörerischen Potentiale der Technik Herr, indem sie die Formulierung der Ziele technischer Entwicklung nicht dem Wirtschaftsprozess in seiner abstrakten Gewinnmaximierung überlässt. Vielmehr hält sie das Ewige Leben als Lebensziel präsent und trägt damit bei zu einer „Änderung der inneren Haltung, einem Wandel des Willens, Dinge zu produzieren, die höchst zweideutig sind und Strukturen der Destruktion aufweisen."[120]

Insgesamt verdankt sich also Tillichs Technikdeutung dem frühen kulturphilosophischen Programm. Technik ist ein Paradigma für die Ambivalenz aller Kultur, Gestaltungsraum wie Zwangsbedingung menschlichen Lebens zu sein. Dabei liegt die Technik Tillich im Vergleich zu den Naturwissenschaften[121] phänomenal und kategorial näher, und er lässt sich intensiver auf eine Deutung ein. Tillich hat als Religionsphilosoph durchaus eine Antenne für die materielle Kultur. Sein Aufweis der Doppelgestalt von Technik zwischen religiöser Symbolfähigkeit bzw. dämonischem Charakter auf der einen Seite und selbstgenügsamer Diesseitigkeit auf der anderen Seite ist durchweg an zeitgenössischen Phänomenen orientiert. Paradigmatische Techniktypen sind dabei aufgrund ihrer lebensweltlichen Präsenz vor allem Architektur, Verkehrs-, Kommunikations- und Militärtechnik.

Die hohe Würdigung technischer Leistungen ist dabei eine Errungenschaft der Dresdener Zeit. Tillich vermeidet die Defensive gegenüber der technischen Kultur und grenzt sich beständig von einer romantisierenden Fundamentalkritik an der Technik ab. Er kann positiv an die Technik und ihre Kulturbedeutung anschließen. Sie erscheint ihm im Pathos der Sachlichkeit und des „Realismus" als Verbündete einer Theologie, der es ihrerseits auf ihren Realitätsbezug ankommt.[122] Das scheint mir für eine heutige theologische Deutung der Technik –

(s. Anm. 4), 232. Es dürfte jedoch deutlich geworden sein, dass die Schriften von 1926 bis 1928 keineswegs technikenthusiastisch waren.

[119] Vgl. TILLICH, Systematische Theologie, a. a. O. (s. Anm. 27), 296ff.

[120] A. a. O., 298. Auch der späte Aufsatz 1963 benennt die Motive der Ambivalenz, Verdinglichung, Fortschrittsdynamik, Verdiesseitigung und Symbolizität sowie das der Unterstellung der Technik unter ein „vertikales", in der Unbedingtheit des Menschen fundiertes Ziel.

[121] Vgl. dazu MOOS, Interpretation der Naturwissenschaften, a. a. O. (s. Anm. 38).

[122] Vgl. TILLICH, Gläubiger Realismus, a. a. O. (s. Anm. 3), 190. DERS., Gläubiger Realismus 1928, a. a. O. (s. Anm. 14) sowie zum Sachproblem MOOS, THORSTEN, Die kosmologische Verlegenheit moderner Religion. Zur praktischen Notwendigkeit einer theologischen Kosmologie, in: VOGELSANG, FRANK et al. (Hg.), Der Kosmos zwischen

sofern man diese auf einem derart allgemeinen Niveau treiben möchte – ebenso weiterführend wie der grundsätzliche Verweis auf die Vieldeutigkeit des Technischen, das als Weltanschauung, Mentalität oder auch als religiöses Symbol dienen kann.[123] Auch den Ansatz einer Kulturgeschichte der Technik als Basis einer theologischen Technikdeutung halte ich für sinnvoll, auch wenn diese bei Tillich material mit recht dickem Strich gezeichnet ist. Spätestens hier dürfte daher eine Differenzierung nach konkreten Ausprägungen und sozialen Orten von Technik angezeigt sein, wie Tillich sie nur höchst sporadisch unternimmt.

Aufschlussreich ist die explizite Indienstnahme naturphilosophischer Kategorien in die Technikdeutung. Es wurde gezeigt, wie Tillich über das Scharnier des Gestaltbegriffs Organismus und Maschine, Natur und Technik, jenseits der geläufigen Diastase des Mechanischen und Organischen aufeinander beziehbar macht. Technik hat, hierin paradigmatisch für Kultur, das Zeug zur zweiten Natur. Sie tritt dem modernen Menschen als Gegebenes, mitunter gar mit Akteursqualitäten versehen, gegenüber. Hier sollte man m.E. allerdings von ontologisierenden Interpretationen Abstand nehmen.[124] Insbesondere der idealistische Organismusbegriff wird bei Tillich zum möglichen Werkzeug theologischer Technikdeutung, ohne dass dessen metaphysische Grundierung übernommen werden müsste. Der Wert der Tillich'schen Kategorie der Gestalt scheint mir vielmehr darin zu liegen, das nahezu ubiquitäre Vorhandensein von Naturanalogien in der Technikdeutung (und umgekehrt der Technikanalogien in der Naturdeutung) auf eine reflexive Ebene zu heben. Damit werden diese erstens analytisch handhabbar und kritisierbar. Es ist dann zu fragen, inwieweit bestimmte Phänomene moderner Technik sich mittels Naturanalogien verstehen lassen, und wo dies gerade nicht mehr der Fall ist. Zweitens wird das Konkurrenzverhältnis zwischen Technik und Natur, wie es in vielen Technikkritiken, aber auch etwa in transhumanistischen Vollendungsvisionen vorausgesetzt wird, durch den Aufweis von Naturanalogien in der Technikdeutung besser verständlich. Das Technische kann gerade dann als Usurpation oder

---

Messung, Anschauung und religiöser Deutung (FS Jürgen Hübner), Bonn 2012, 201–229.

123 Die materialen Ausführungen in der Systematischen Theologie können hier allerdings kaum überzeugen. Die vom Eros geprägte Mensch-Technik-Beziehung als Zielbestimmung erinnert an die Firmenphilosophie heutiger Computerhersteller, dürfte aber kaum ein erstrebenswerter Ausweg aus den Ambivalenzen des Technischen sein. Tillich, Systematische Theologie, a. a. O. (s. Anm. 27), 47.

124 Vgl. dazu die Akteur-Netzwerk-Theorie im Anschluss an Bruno Latour. Latour, Bruno, Eine neue Soziologie für eine neue Gesellschaft. Einführung in die Akteur-Netzwerk-Theorie, Frankfurt a. M. ²2012.

Vollendung des Natürlichen verstanden werden, wenn es von Anfang an als dessen funktionales bzw. strukturelles Analogon konzipiert ist.[125]

Abschließend sei Tillichs Grundeinsicht noch einmal betont: Auch wenn Technik Transzendenzmomente hat und insofern einer positiven kulturtheologischen Deutung zugänglich ist, darf nicht vergessen werden, dass sie ihrem Wesen nach zutiefst profan ist. Als instrumentelle Rationalität steht sie für Diesseitigkeit, die zunächst keine Referenz über die mit ihrer Hilfe verfolgten innerweltlichen Zwecke hinaus kennt. Die sich dem historisch-kulturphilosophischen Blick eröffnenden Unbedingtheitsmomente der Technik stehen unter der Kautel einer systematischen Inkommensurabilität von Religion und Technik. Technik ist wesentlich nichtreligiös, und Religion ist wesentlich nichttechnisch.[126] Das macht sich vor allem an der Frage des Lebenssinnes fest. Religion liegt als Fundament allem Sinn zugrunde, während Technik ihrem Wesen nach nur Mittel, aber nicht Zweck ist, und daher keinen Bezug zur Frage nach Sinn und letzten Zielen hat. Doch Tillich wäre nicht Tillich, wenn er nicht in einer „Gott-hinter-Gott"-artigen Volte auch dieses Nebeneinander noch in eine positive Beziehung auflösen könnte. Die Abwesenheit von Lebenssinn im Technischen kann den Menschen der Gegenwart gerade die *Frage* nach dem Sinn neu eröffnen. So schließt der Vortrag zur technischen Stadt mit einer an die Werbung eines bekannten schwedischen Möbelhauses unserer Tage erinnernden Sequenz:

> „Wir wohnen nicht, um zu wohnen, sondern wir wohnen, um zu leben. Wenn aber das Leben, unser ganzes Leben, im Dienste des Wohnens, im Dienste der technischen Stadt steht: wozu dann dieses Leben? Die technische Stadt gibt keine Antwort auf diese Frage, aber sie *stellt* diese Frage. Und wenn die Ausstellung ‚Die technische Stadt' und mit ihr die Jahrhundertfeier der Technischen Hochschule viele vor diese Frage stellen würde, so wäre sie wirklich Symbol geworden, in dem wir uns selbst angeschaut hätten in der Macht und in der Fragwürdigkeit unseres Seins."[127]

---

[125] Spätestens für die Biotechnologien der Gegenwart wäre zudem zu berücksichtigen, dass die Grenze des „Natürlichen" und des „Technischen" nicht mehr als ontologisch festgelegt begriffen werden kann, sondern sich in vielfältigen Prozessen der Verschiebung und partiellen Auflösung befindet. In Tillichs Diktion von 1927: Die Differenz zwischen „entfaltender" Technik der Nutzung gegebener Organismen und „umgestaltender Technik" der Schaffung neuer Maschinen erweist sich mehr und mehr als prekär. Gleichwohl dürfte die Unterscheidung von Natur und Technik im Sinne eines Gegebenen einerseits und eines Gemachten andererseits auch weiterhin den Charakter einer kulturellen Leitunterscheidung behalten.

[126] Vgl. TILLICH, Religion und Weltpolitik, a. a. O. (s. Anm. 4), 185f. DERS., Gläubiger Realismus 1928, a. a. O. (s. Anm. 14), 202 sowie unter Aufnahme des Säkularisierungsbegriffs. DERS., Wissenschaft, a. a. O. (s. Anm. 21), 213.

[127] DERS., Stadt als Symbol, a. a. O. (s. Anm. 2), 311.

Anne Katrin Lemmel

„Nuclear Knowledge, the Special Serpent of our Time“[1] – Gordon D. Kaufman, Sallie McFague und der Ruf nach einer Theologie für das Nuklearzeitalter

Die Kerntechnik steht spätestens seit den 1950er Jahren in besonderer Weise im Mittelpunkt gesellschaftlicher Auseinandersetzungen[2] – zunächst vor allem angesichts der drastischen Auswirkungen der Atombombe und Fragen militärischer Aufrüstung, bis heute aufgrund von Themen rund um die friedliche Nutzung der Kernenergie, Reaktorunfällen, Atommüll und radioaktiver Belastung der Umwelt. Hierbei handelt es sich keineswegs um ein deutsches Spezifikum – die Thematik spielte auch in den USA nicht erst seit dem Reaktorunglück von Harrisburg eine große Rolle.[3] Eindrucksvolles Beispiel für eine theologische Wahrnehmung der Kernenergie ist die biografische Notiz Sallie McFagues, die ihre Wahrnehmung der ländlichen Idylle Englands während eines Sabbaticals mit folgenden Worten beschreibt:

> „I recall an early morning trip to Coventry on the bus: the lovely, gently rolling hills, quaint villages with thatched-roofed cottages – very pastoral, very idyllic. There were sheep dotting the hills, but also something else: huge, concrete towers of nuclear plants rising up through the morning mist. It seemed like a strange juxtaposition: sheep and nuclear towers – life and potential death.“[4]

---

1 McFague, Sallie, Models of God. Theology for an Ecological, Nuclear Age, Philadelphia 1987, 138.

2 Hierzu vgl. Renger-Berka, Peggy, Atome spalten. Transzendenz und Gemeinsinn im Diskurs um die Kernspaltung in Deutschland in Theologie und Politik der 50er Jahre, in: Neumeister, Katharina / Renger-Berka, Peggy / Schwarke, Christian (Hg.), Technik und Transzendenz. Zum Verhältnis von Technik, Religion und Gesellschaft, Stuttgart 2012, 129–145.

3 Vgl. Rucht, Dieter, The impact of anti-nuclear power movements in international comparison, in: Bauer, Martin (Hg.), Resistance to new technology. Nuclear power, information technology and biotechnology, Cambridge 1997, 277–291; hier: 278–281. So entstanden bereits Ende der 1950er lokale Protestgruppen gegen den Bau von Kernkraftwerken und bereits Ende der 1960er nahmen Zweifel und Protest in der Bevölkerung deutlich zu.

4 McFague, Sallie, Imaging a Theology of Nature: The World as God's Body, in: Birch, Charles / Eakin, William / McDaniel, Jay B. (Hg.), Liberating Life. Contemporary Approaches to Ecological Theology, Maryknoll 1990, 201–227; hier: 201.

Kühltürme, die die Wahrnehmung idyllischer Landschaft stören, werden für McFague zum Symbol einer neuen Zeit, die auch die Theologie zu neuen Fragen und Antworten herausfordert.[5]

Dass Technik und Theologie, technische und religiöse „Stellungnahmen" sich auch in der Moderne vielfältig aufeinander beziehen,[6] zeigt sich nicht nur durch Transzendenzbehauptungen bei der Implementierung neuer Techniken in die Gesellschaft,[7] sondern auch anhand der Beschäftigung mit Technik in der Theologie. Anders als oftmals in der deutschen Theologie erfolgt die Auseinandersetzung mit Technik bei Gordon D. Kaufman (1925 - 2011) und Sallie McFague (geb. 1933) jedoch nicht (ausschließlich) anhand von ethischen Fragestellungen. Kaufman und McFague nehmen die durch die Kerntechnik veränderte Situation zum Anlass, ihre Theologie grundlegend zu überdenken. Die Reflexion technischer Neuerungen erfolgt hier also gerade nicht durch Rekurs auf den Schöpfungsbegriff oder die Gottebenbildlichkeit – die technisch herbeigeführte Situation veranlasst zur grundlegenden Neukonzeption des Gottesbegriffs. Dass ein derartiger Ansatz nicht notwendig zu einer negativen Einschätzung der Technik führen muss, sondern vor allem einen verantwortungsvollen Menschen voraussetzt, werden die folgenden Ausführungen zeigen.

1. Der Anlass

Beim Annual Meeting der *American Academy of Religion* im Jahre 1982 rief der damalige Präsident der *Academy*, Gordon D. Kaufman, Theologen wie Religionswissenschaftler dazu auf, der „premier issue which our generation must address", der Gefahr eines „nuklearen Holocausts"[8], ihre theologische Aufmerksamkeit zu widmen. Als konkreter Anlass für die *Presidential Address* zum Thema „Nuclear Eschatology and the Study of Religion" dienten Kaufman drei Artikel Jonathan Schells, die im Februar 1982 im *New Yorker* und später auch ge-

[5] Vgl. a. a. O., 202.

[6] SCHWARKE, CHRISTIAN, Einleitung, in: NEUMEISTER / RENGER-BERKA / DERS., Transzendenz, a. a. O. (s. Anm. 2), 10.

[7] Dazu u.a. SCHWARKE, CHRISTIAN, The Gospel According to Fortune. Technik und Transzendenz in der Mission für eine industrielle Kultur, in: VORLÄNDER, HANS (Hg.), Transzendenz und die Konstitution von Ordnungen, Berlin 2013, 289–310; NEUMEISTER, KATHARINA, Unsterblichkeit, Jungbrunnen, Hoffnung und Heilung. Zur Konstruktion von Transzendenz und Gemeinsinn in der Biotechnik, in: DIES. / RENGER-BERKA / SCHWARKE, Transzendenz, a. a. O. (s. Anm. 2), 165–179.

[8] KAUFMAN, GORDON D., Nuclear Eschatology and the Study of Religion, in: JAAR 51 (1983), 3–14; hier: 14.

sammelt als Buch erschienen.[9] In diesen Artikeln schilderte Schell eindringlich, dass aufgrund der Möglichkeit der militärischen Nutzung von Kernwaffen, politisch verschärft durch die Situation des Kalten Krieges, die Menschheit mit der Situation konfrontiert sei, sich selbst auszulöschen und damit jede menschliche Zukunft auf der Erde zu vernichten.

Kaufman führte in seiner Ansprache auf drastische Weise vor Augen, dass die Möglichkeit eines nuklearen Holocausts nicht nur dazu herausfordert, sich dem Paradox menschlicher Macht und Endlichkeit neu zu stellen, sondern zu erkennen, dass in dieser Situation die überkommenen religiösen Symbolsysteme keine Antwort mehr bieten können.[10]

Nach Kaufmann ist die christliche Eschatologie stets durch den Glauben an einen aktiven Schöpfer und Herrscher über die Geschichte geprägt gewesen, der ein heilbringendes Weltende herbeiführen könne. Im 20. Jahrhundert jedoch muss man sich der Frage nach der Souveränität Gottes ganz neu stellen: auch der Mensch kann nun erstmals das Ende der Welt im Sinne der Ausrottung allen Lebens herbeiführen. Laut Kaufman könnte man dies auch weiterhin im Lichte der Tradition interpretieren: In der fundamentalistischen Perspektive bietet sich die Deutung des göttlich herbeigeführten Weltendes an, mit Barth kann bekräftigt werden, dass Gott sich in so einzigartiger Weise an die Menschen gebunden hat, dass er eine endgültige Zerstörung der Menschheit in dieser Form nie zulassen würde.[11]

Damit gelingt es diesen Positionen, weiterhin an der Souveränität Gottes festzuhalten, jedoch um den Preis der Verfehlung des eigentlichen Problems: dass es eben der Mensch ist, der dieses Ende herbeiführen kann. Traditionelle Antworten gehen für Kaufman daher nicht nur am Problem vorbei, sondern sind geradezu irreführend und gefährlich.[12]

Die grundlegend veränderte Situation verlangt auch nach einer veränderten Theologie, die endlich aus ihrem „dogmatic slumber“[13] erwacht:

> „[…] we must be prepared to enter into the most radical kind of deconstruction and reconstruction of the traditions we have inherited, including especially their most central and precious symbols, *God* and *Jesus Christ* and *Torah*.“[14]

---

9 SCHELL, JONATHAN, The Fate of the Earth, New York 1982. In der dt. Übersetzung: SCHELL, JONATHAN, Das Schicksal der Erde. Gefahr und Folgen eines Atomkriegs, München 1984.

10 Vgl. KAUFMAN, Nuclear Eschatology, a. a. O. (s. Anm. 8), 11.

11 Vgl. a. a. O., 5–7.

12 Vgl. a. a. O., 8–9.

13 Vgl. a. a. O., 13.

14 Vgl. ebd., Hervorhebung im Original.

Nach Kaufman reicht es also nicht aus, dem Problem mithilfe ethischer und dogmatischer Abwägung zu begegnen – das christliche Symbolsystem muss sich grundsätzlich in Frage stellen lassen, um dieser neuen, technisch induzierten Lage gerecht werden zu können. Erst im Zuge dieser Reevaluierung und gegebenenfalls Rekonstruktion christlicher Symbole ist gewährleistet, dass christliche Theologie auch heute sinnvoll Orientierung für die Welt bietet.

Dieser Aufgabe widmete sich Kaufman nicht nur in „Theology for a Nuclear Age“ (1985) – die Thematik beschäftigte ihn seitdem und taucht auch in seinen späteren Veröffentlichungen, allen voran in dem systematischen Entwurf „In Face of Mystery“ (1993), als zentraler Ausgangspunkt und Motivation auf.

Eine ähnliche Rolle als Symbol einer grundlegend veränderten Situation nimmt die Kerntechnik auch bei McFague ein. In „Models of God. Theology for an Ecological, Nuclear Age“ (1987) knüpft sie nicht nur an ihr bereits entwickeltes Modell einer metaphorischen Theologie an, sondern nimmt direkt auf Kaufmans Aufruf Bezug:

> „If theologians are to be part of the solution to the problem posed by the unprecedented nuclear knowledge that human beings now possess, they must, I believe, answer the call to deconstruct and reconstruct the traditional symbols of Christian faith.“[15]

Welche Bedeutung aber kann das kerntechnische Wissen (und dessen praktische Umsetzung) für die Theologie haben? Wie die geforderte Dekonstruktion und Rekonstruktion traditioneller Symbole bei Kaufman und McFague aussieht, wird in den folgenden Abschnitten skizziert.

2. Gordon Kaufman – Kreativität und Vorstellungskraft als Grundlagen der Theologie

Zeit seines Lebens durch die mennonitische Tradition und durch die Philosophie Kants geprägt, veränderte sich Kaufmans Denken im Laufe seiner akademischen Laufbahn dennoch signifikant.[16] „Theology for a Nuclear Age“, das

15 McFague, Sallie, Models of God, a. a. O. (s. Anm. 1), 20.

16 So ist bei Kenneth Nordgren von drei Schaffensphasen die Rede: Einer frühen Phase, geprägt durch neo-orthodoxe Einflüsse, in der sich Kaufman hauptsächlich mit epistemologischen Fragen auseinandersetzte, einer mittleren, die sich bereits mit „God the Problem“ (1972) andeutete, hauptsächlich aber geprägt war durch „An Essay on Theological Method“, und einer späten, die mit der oben geschilderten *Presidential Address* und deren Ausarbeitung in „Theology for A Nuclear Age“ beginnt, umfangreich aber erst in „In Face of Mystery“ (1993) und den nachfolgenden Publikationen ausgearbeitet ist. Vgl. Nordgren, Kenneth, God As Problem And Possibility. A Critical Study of Gordon Kaufman's Thought toward a Spacious Theology, Uppsala 2003, 22–28. Klaus-Phillip Neumann hingegen betont stärker die Kontinuität in

zum Teil auf dem einige Jahre früher erschienenen „An Essay on Theological Method" aufbaut (1975 bzw. 1979 in der *revised edition*), kann gewissermaßen als Einschnitt und Übergang in seine letzte Schaffensphase betrachtet werden.[17]

Hatte er bereits in „An Essay on Theological Method" den radikal konstruktivistischen Charakter der Theologie hervorgehoben,[18] so nimmt er diesen Gedanken in „Theology for a Nuclear Age" auf und beschreibt Theologie als „human work", eine Tätigkeit, die zu menschlichen Zwecken betrieben, von Menschen ausgeführt und nach menschlichen Maßstäben beurteilt werden muss. Theologie sei daher „much more the product of the creativity of the human spirit attempting to find its way in the face of ever new problems and crises arriving in life, than had traditionally been supposed."[19]

Diese Konzeption greift er auch in „In Face of Mystery" auf und öffnet Theologie damit für die Aufnahme von Erkenntnissen (post-)moderner Wissenschaft, die Kaufman zufolge unbedingt notwendig ist:

> „If theological claims are to be intelligible and relevant to today's world, they must be formulated in close interconnection with modern cosmological, evolutionary and ecological ideas."[20]

Eindimensionale wie zweidimensionale[21] theologische Ansätze lehnt Kaufman ab, da sie für ihn der Wirklichkeit, wie sie heute wahrgenommen und wissen-

---

Kaufmans Denken, die er durch dessen kontinuierliche Beschäftigung mit der Philosophie Kants sowie die Beschreibung konstruktiver Gottes- und Weltbilder bereits in dessen Dissertationsschrift begründet sieht (1955, veröffentlicht in aktualisierter Form 1960 als „Relativism, Knowledge and Faith"). Vgl. NEUMANN, KLAUS P., Wege amerikanischer Theologie. Gordon Kaufman, David Tracy und Edward Farley fragen nach Gott, Heidelberg 1995, 24.

17 Aufgrund der Tatsache, dass die de- bzw. rekonstruktive Phase in Reaktion auf die Möglichkeit eines „nuclear holocaust" erst mit „Theology for A Nuclear Age" voll einsetzt, werde ich im Rahmen dieser Ausführungen vorrangig auf diese Phase eingehen. Eine gute Zusammenfassung in sechs Punkten von Kaufmans später Theologie durch ihn selbst findet sich auch in: KAUFMAN, GORDON D., God – Mystery – Diversity. Christian Theology in a Pluralistic World, Minneapolis 1996, 42–53.

18 DERS., An Essay on Theological Method, revised ed., Missoula 1979, 35.

19 DERS., Theology for A Nuclear Age, Philadelphia 1985, 19.

20 DERS., In Face of Mystery. A Constructive Theology, Cambridge 1993, 12.

21 Unter eindimensionalen Ansätzen fasst Kaufman solche, die sich entweder vorrangig auf die Schrift (und Tradition) beziehen oder ausschließlich erfahrungsbasiert sind. Mit zweidimensionalen meint er korrelationale bzw. revisionistische Ansätze, wie bei Paul Tillich, Langdon Gilkey, David Tracy u.a. Das Problem eindimensionaler Ansätze liege v.a. in der Missachtung von Historizität sowie der Komplexität des Erfahrungsbegriffs. Korrelationale Ansätze hingegen tragen nicht nur die Problematik der historischen Genese dessen, was als Offenbarung mit der Situation korreliert werden soll, mit sich, sondern seien zu beschränkt auf eine bestimmte Tradition. Vgl. KAUFMAN, In Face of Mystery, a. a. O. (s. Anm. 20), 22–25.

schaftlich erklärt wird, nicht mehr gerecht werden. Eine Theologie, die auch in unserer Zeit Orientierung für das Leben bieten will, muss angesichts zunehmender Pluralisierung und Globalisierung einen holistischen Ansatz wählen. Damit ist für ihn die autoritative Bindung an Schrift und Tradition obsolet:[22] Für den Theologen leitend sind lediglich Bedeutung und Gebrauch des Symbols ‚Gott', das Quelle und Grund all dessen ist, was *ist*. Wenn Gott also „ultimate point of reference for understanding and orienting *us* in the world in which *we* live" sein soll, dann müssen zwangsläufig *unser* Wissen und *unsere* Erfahrungen im Zentrum unseres theologischen Denkens stehen.[23] Einen „christlichen Kern" kann es nicht geben, auch die Frage danach ist letztlich nicht sinnvoll. Anliegen der Theologie ist es, Antworten darauf zu finden, wie sich Menschen anhand des letzten Geheimnisses in der Welt orientieren.[24]

Das Gottessymbol als erster Ort für eine Neukonzeption ist für Kaufman m.E. deswegen so zentral, weil sich ausgehend davon anthropologische, schöpfungstheologische und eschatologische Fragen konstruktiv verbinden lassen. Ist Gott Quelle und Grund all dessen, was ist, dann muss neu überdacht werden, was dies für den Menschen und seinen Umgang mit der Welt heute heißen kann.

Geheimnis – „Mystery" – ist das, was für Kaufman Gott ausmacht.[25] ‚Gott' als zentrales Symbol zu haben, markiert gerade die Anerkennung, dass in der Tiefe menschlichen Lebens ein Geheimnis liegt.[26] Jedwede Gottesbilder sind Ergebnis des menschlichen Bedürfnisses (wie auch der Notwendigkeit), sich Bilder zu machen, und sind daher untrennbar mit ihrem soziokulturellen Entstehungskontext verbunden. Sie sind „product of the human imagination", was die Wirklichkeit Gottes jedoch Kaufman zufolge nicht in Frage stellt, sondern dazu auffordert, alle religiösen Symbole regelmäßig auf ihren lebensorientierenden Wert zu überprüfen.[27] Das christliche Symbolsystem wird damit zu einem unter

---

22 Vgl. a. a. O., 29.

23 A. a. O., 30, Hervorhebung im Original.

24 Vgl. a. a. O., 30f.

25 Ergänzend dazu kann Kaufman das Wirken Gottes in der Welt als „serendipitous creativity" beschreiben, also als apersonale Kreativität, die zufällig in der und durch Welt und Menschen wirkt (gleichzeitig grenzt er sich jedoch von explizit prozesstheologischen Ansätzen ab. Vgl. a. a. O., 46). Diese Beschreibung drückt für ihn das Geheimnis Gottes aus und kann gleichzeitig als Handeln Gottes im Sinne der *creatio continua* gedacht werden. Beschrieben wird die Überlegung explizit in „In Face of Mystery" (265–297), vertieft in „In the beginning … Creativity". Vgl. KAUFMAN, GORDON D., In the beginning … Creativity, Minneapolis 2004.

26 Vgl. DERS., In Face of Mystery, a. a. O. (s. Anm. 20), 5.

27 Vgl. a. a. O., 38f. Kaufman wurde u.a. dafür kritisiert, dass er ‚imagination' nahezu ausschließlich aktiv verstehe, auf passive Aspekte, wie die Prägung unserer ‚imagination' durch die Wirklichkeit, jedoch nicht eingehe. Vgl. DORRIEN, GARY, The Making of American Liberal Theology. Crisis, Irony, and Postmodernity. 1950–2005. Louis-

vielen anderen, die grundsätzlich gleichwertig sind, wenn sie die Aufgabe der praktischen Orientierung leisten können.[28] Da kein tradiertes, christliches Gottesbild mehr vorausgesetzt werden kann, muss Theologie beim Menschen ansetzen, der sich aufgrund der Folgen seiner technischen Gestaltungsmacht mit einer Situation konfrontiert sieht, die ihn zum Umdenken nötigt:[29]

> „The enormous growth of human technological power in recent centuries, culminating in the power to destroy all of humankind along with many other species of life, means that only as humans gain the ability to take greater responsibility for the effects of their actions on both the environment and the ongoing movement and direction of history and culture, is their much possibility that they will survive."[30]

Wenn es um die Frage geht, woher der Mensch kommt und wodurch er erhalten wird, muss die Antwort nach Kaufman in Evolution und Ökosystem sowie in der langen Geschichte der Menschheit und ihren soziokulturellen Systemen und nicht in tradierten und, schlimmstenfalls ethnozentrischen, christlichen Antworten gesucht werden.[31] Als „socio-cultural animal"[32] und „biohistorical being"[33] muss der Mensch neu zu einem Verständnis der Welt als inklusive Totalität, als strukturiertes Ganzes, von dessen komplexem Ökosystem er selbst nur ein Teil ist, gelangen.[34] Zentrale Norm dieses neuen Verständnisses von Welt und Mensch sei unsere Historizität selbst, die verbunden ist mit Verantwortung, Selbstverständnis, Freiheit und Sorge für die physisch-organische Welt, die uns umgibt.[35] Menschen müssen zu freien, verantwortungsvollen Personen werden, denn nur so ist gewährleistet, dass sie ihre eigene Geschichte in die Hand nehmen.[36] Eine Mitwirkung Gottes kann für Kaufman nur im Sinne der „serendi-

---

ville 2006, 318. Der passive Aspekt wird m. E. zwar nicht in der gleichen Weise betont, wird aber zumindest implizit vorausgesetzt, wenn davon ausgegangen wird, dass Theologie zeitgenössische Erkenntnisse aufnehmen sollte und immer auch durch ihren Kontext geprägt ist.

28 Ein Symbolsystem wird dieser Aufgabe nach Kaufman dann gerecht, wenn es für Gemeinschaft und Individuum die Möglichkeit eröffnet, die eigene Existenz sinnvoll zu deuten und wenn genug motivierende Deutungsmacht generiert wird, um sich neuen Herausforderungen stellen zu können. Vgl. KAUFMAN, In Face of Mystery, a. a. O. (s. Anm. 20), 47.

29 Vgl. a. a. O., 3.

30 Vgl. a. a. O., 128.

31 Vgl. KAUFMAN, Theology for a Nuclear Age, a. a. O. (s. Anm. 19), 62; sowie DERS., In Face of Mystery, a. a. O. (s. Anm. 20), 130–137.

32 KAUFMAN, In Face of Mystery, a. a. O. (s. Anm. 20), 32.

33 Vgl. a. a. O., 109.

34 Vgl. a. a. O., 113f.

35 Vgl. a. a. O., 130.

36 Vgl. a. a. O., 136.

pitous creativity"[37] gedacht werden. Darüber hinaus sind Menschen politisch und ethisch, aber eben auch theologisch gefordert, Ansätze und Strategien zu entwickeln, um ihrer Situation gerecht zu werden. ‚Glauben' heißt also

> „acknowledging and accepting the ultimate mystery of things and, precisely in face of that mystery, going out like Abraham [...] not really knowing where we are going, but nevertheless moving forward creatively and with confidence – confidence in the serendipitous creativity that has brought our trajectory and us into being [...]."[38]

Eine ähnlich radikale Betonung der menschlichen Verantwortung angesichts nuklearer Bedrohung und ökologischer Krise nimmt auch Sallie McFague vor. Der folgende Abschnitt widmet sich einer kurzen Einführung zu ihrem Ansatz der ‚Welt als Leib Gottes', mit dem sie dem Ruf Kaufmans nach einer Theologie für das nukleare Zeitalter folgen will.

3. Sallie McFague – Die Welt als Leib Gottes

Wie auch Kaufman hat McFague neo-orthodoxe Wurzeln, von denen sie sich im Laufe ihrer Entwicklung immer weiter entfernt hat.[39] Ihre späten Werke sind geprägt durch ökologische wie feministische Anliegen, Gary Dorrien zufolge hat sie damit ein eigenes theologisches Genre geschaffen, den „ecofeminism".[40]

McFague entwirft in „Metaphorical Theology" (1982) eine Theologie, die die religiöse als metaphorische Sprache versteht. Im Gegensatz zum symbolischen Verständnis religiöser Sprache, welches etwas als Teil eines anderen betrachtet (das Symbol hat Anteil an der Wirklichkeit, welche es repräsentiert), gelingt es der Metapher, Position und Negation in sich zu verbinden. Damit kann die Me-

---

37 A. a. O., 30–31.

38 KAUFMAN, In the Beginning ... Creativity, a. a. O. (s. Anm. 25), 106.

39 McFague selbst spricht von drei Phasen ihres theologischen Wirkens: einer wesentlich barthianisch geprägten Phase, einer dekonstruktiven, durch Auseinandersetzung mit dem metaphorischen Status religiöser Sprache geprägten Phase und einer konstruktiven Phase, die mit dem Aufruf Kaufmans zu einer Theologie für das Nuklearzeitalter begann. Vgl. MCFAGUE, SALLIE, An Earthly Theological Agenda, <http://www.religion-online.org/showarticle.asp?title=54>, Zugriff: 17.08.2013. Ähnlich wie bei Kaufman werde ich auch hier lediglich auf die spätere Phase eingehen, einsetzend bei „Metaphorical Theology" (Vgl. MCFAGUE, SALLIE, Metaphorical Theology. Models of God in Religious Language, Philadelphia 1982).

40 DORRIEN, American Liberal Theology, a. a. O. (s. Anm. 27), 358.

tapher gleichzeitig etwas über Gott sagen und die Grenzen der Rede von Gott immer mit im Blick behalten.[41]

Theologische Sprache ist für McFague intrinsisch mit religiöser, metaphorischer Sprache verbunden. Theologische Ausdrucksformen bauen Metaphern zu Modellen aus, die damit Strukturpotential erhalten. Mit Hilfe dieser Modelle kann Wirklichkeit geordnet werden, aufgrund der Verwandtschaft zu Metaphern bleibt aber auch hier die Aufmerksamkeit für die Begrenztheit theologischer Rede erhalten.[42]

Eine Theologie, die die Menschen neu ansprechen kann, muss laut McFague auf zwei Voraussetzungen eingehen, die die Postmoderne prägen: Zum einen ist dies die postmoderne Betonung des „Anderen" sowie die apokalyptische Angst in einem Leben zwischen zwei Holocausts, dem der Juden und dem nuklearen, die das Leben der Menschen bestimmt. Zum anderen fordert eine neue Wertschätzung der Natur und ihres komplexen, interdependenten Netzes des Lebens ihren Raum im menschlichen Umgang mit der Umwelt. Eine Theologie, die nicht die Bilder, Metaphern und Fragestellungen aufgreift, mit denen Menschen heute ihr Leben interpretieren, verliert für McFague notwendig an Deutungskraft.[43] Die Gefahr eines nuklearen Holocausts ist auch hier das auffälligste Zeichen dafür,[44] dass in der Theologie ein Umdenken nötig ist. Bisher werde die Bedrohung durch die Kerntechnik meist verschwiegen oder verschleiert: „So the nuclear issue becomes the unspoken, unacknowledged terror that shadows all we do. Like sex in the Victorian era, it is the unmentionable of our time."[45]

Im Anschluss an Kaufman verabschiedet sie die Vorstellung göttlicher Allmacht sowie die triumphalistischen Bilder der Tradition, die die Gott-Mensch-Beziehung in monarchischen und patriarchalischen Strukturen fasst.[46] Mit ihren hierarchischen Strukturen und militärischen Anklängen können sie der gesteigerten Verantwortung des Menschen nicht mehr gerecht werden. Gefordert ist daher eine konstruktive Theologie, die sich bewusst von der Tradition emanzipiert und neue Wege öffnet.[47] Auch McFague wählt also einen Ansatz beim

---

41 McFague, Metaphorical Theology, a. a. O. (s. Anm. 39), 16–19. Das Symbol ist ihrer Meinung nach zu harmonisch, da es die Spannung zwischen ‚ist' und ‚ist nicht' nicht in gleicher Weise in sich trägt.

42 Vgl. a. a. O., 193.

43 Vgl. McFague, Sallie, Models of God, a. a. O. (s. Anm. 1), x.

44 „The nuclear threat is but the most extreme example of what we call the postmodern sensibility." ebd.

45 A. a. O., 14.

46 A. a. O., ix.

47 Vgl. a. a. O. 15, 20. Ähnliches gilt laut McFague auch für die Christologie (und Soteriologie). Vor allem die Zweinaturenlehre in Verbindung mit der Rechtfertigungslehre unterminieren die für jene Zeit notwendige Vorstellung einer inklusiven, hierarchische Strukturen unterlaufenden Form der Rechtfertigung. Vgl. a. a. O., 53f.

Gottesbegriff, weil in diesem die Frage nach der Beziehung des Menschen zu Gott und Welt exemplarisch deutlich wird.

Bereits in „Metaphorical Theology“ hatte McFague zur Ergänzung der Vatermetapher ein Modell von Gott als Freund skizziert.[48] Dieses Modell übernimmt sie in „Models of God“ zum Teil, baut es jedoch signifikant aus.[49] Grundlage ist hier die Vorstellung der Welt als Gottes Leib. Diese könne nicht nur Gottes Abwesenheit in der Welt, sondern auch seine Sorge für die Welt ausdrücken, ohne jedoch den Menschen in eine passive Rolle zu drängen, die ihn seiner Verantwortung entledigt:

> „The suggestion however, that God cares for the world as one cares about one's body, that is, with a high degree of sympathetic concern, does not imply that all is well or that the future is assured, for with the body metaphor, God is at risk. It does suggest, however, that to trust in God whose body is the world is to trust in a God who cares profoundly for the world.“ [50]

Im Rahmen dieser Vorstellung wird der Mensch zum Mitarbeiter Gottes, indem er der Teil dieses (Schöpfungs-)Leibes ist, der aufgrund seiner reflexiven Fähigkeiten auch für den ökologischen Zusammenhang des Lebens verantwortlich ist. Der Leib Gottes muss geschützt werden, und es kann nicht von Gott erwartet werden, dass dieser der Aufgabe allein nachkommt. Das Verfehlen der Übernahme dieser Verantwortung durch den Menschen kann McFague daher auch als Sünde deuten, als Sünde gegen die Welt und damit gleichzeitig auch gegen Gott.[51]

Diesen Entwurf ergänzt sie durch die Metaphern von Gott als Mutter/Vater, als Geliebte/-r und als Freund/-in.[52] Diese Trinität von Metaphern kann McFague zufolge am besten Gottes unvoreingenommene und vereinigende Lie-

---

48 Vgl. McFague, Metaphorical Theology, a. a. O. (s. Anm. 39), 145–192 (Kapitel 5: God the Father: Model or Idol?).

49 In „Models of God“ legt sie zudem dar, dass sie dieses Modell nicht als direkte Anknüpfung an klassische Spielarten dieser Leibmetapher, die für sie zu stark am menschlichen Leib orientiert sind, verstanden wissen möchte. Sie orientiere sich stattdessen an Modellen aus der Naturwissenschaft und dem Feminismus (siehe McFague, Models of God, a. a. O. (s. Anm. 1), Kapitel 2, The Organic Model, 27–63).

50 Vgl. a. a. O., 74.

51 Vgl. a. a. O., 60–77.

52 Vgl. a. a. O., 91. An dieser Stelle ergibt sich ein Problem für die Übersetzung: McFague spricht von „God as parent“, „God as lover“ und „God as friend“. Da im Deutschen die Elternschaft gewöhnlich nicht im Singular wiedergegeben wird, habe ich mich an dieser Stelle für „Mutter/Vater“ entschieden. In der Entwicklung dieser Metaphern verfolgt sie ausdrücklich das Bild der Mutter, um das Vaterbild zu ergänzen. Aus Gründen der Lesbarkeit werde ich im Folgenden von „Mutter/Geliebte/Freundin“ sprechen, weil McFague im Englischen meist feminine Pronomina verwendet, dabei ist jedoch die maskuline Form als inbegriffen gedacht.

be ausdrücken. Gott als Mutter ist die Schöpferin, die auf der Seite des Lebens steht, die Geliebte ist erfüllt von ihrem Verlangen nach den Geschöpfen und leidet mit ihnen, Gott als Freundin braucht den Menschen als Mitarbeiter, um Erfüllung für alle zu ermöglichen.[53] Diese Aufgabe umfasst eine Haltung der Liebe des Menschen zur Natur sowie die Neukonzeption der Vorstellung eines guten Lebens und das entsprechende Handeln.[54]

4. Technische Weltgestaltung als Anstoß theologischer Erkenntnis

> „Theological reconstruction is not interested in fringe issues relating science and religion or in supporting cosmetic changes in theology to avoid clashes with science […]. It is the broad features of the postmodern scientific view of reality that are exciting and fruitful for reformulating the essentials, not the minutiae, of faith."[55]

Obwohl beide Entwürfe sich auf den Aufruf der *Presidential Address* zurückführen lassen, den sowohl Kaufman als auch McFague in die Titel ihrer Publikationen aufgenommen haben, gehen sie zum Teil unterschiedliche Wege. Gemeinsam ist beiden jedoch der konstruktivistische Ansatz. Theologie muss konsequent als „human work" verstanden werden, als Aufgabe des Menschen, sich immer wieder neu auf den „letzten Bezugspunkt" auszurichten.

Für Kaufman jedoch gibt es keine feste Bindung mehr an Schrift und Tradition. Als ein Entwurf unter vielen anderen kann das Christentum nur dann Orientierung für heute bieten, wenn es zentrale naturwissenschaftliche und gesellschaftliche Annahmen zu integrieren vermag. Dies erfordert die Reformulierung tradierter Inhalte, im Zweifelsfall jedoch auch deren konsequente Verabschiedung.

Auch McFague strebt, ausgehend von ihrer Konzeption und Interpretation von Gottesmodellen und -metaphern, ein Umdenken in der Theologie an. Sie

---

53 Vgl. ebd.

54 McFagues Werke bauen alle in dem Sinne aufeinander auf, dass sie sich jeweils Punkten, die ihr in ihren eigenen vorhergehenden Publikationen nur unzureichend berücksichtigt scheinen, zuwendet. Im Rahmen dessen versteht sie „Metaphorical Theology" als Grundlage, „Models of God" als Experiment mit verschiedenen Modellen und „Body of God" als systematische Theologie auf Grundlage der Leibmetapher. Vgl. McFague, Sallie, Super, Natural Christians. How we should love nature, Minneapolis 1997, 2. Einer spezifisch christlichen, der Natur zugewendeten Spiritualität und dem entsprechenden Modell eines guten Lebens widmet sie sich in „Super, Natural Christians" und „Life Abundant" (2000).

55 McFague, Sallie, Cosmology and Christianity: Implications of the Common Creation Story for Theology, in: Greeve Davaney, Sheila (Hg.), Theology at the End of Modernity. Essays in Honor of Gordon Kaufman, Philadelphia 1991, 19–40; hier: 24.

jedoch fühlt sich stärker mit christlich-religiöser und theologischer Sprache und deren Denkmustern verbunden, denen sie neues Gewicht und eine der Wirklichkeit angemessene Aussage verleihen will. Für sie ist daher die Frage nach einem Wesen, einem Kern des Christentums, den es unter neuen Vorzeichen neu zu entdecken gilt, durchaus interessant.[56] Sie orientiert sich infolgedessen auch konsequent an personalistischen Gottesbildern, die Kaufman als Grundlage theologischen Denkens ablehnt.[57] Während McFague seit „Models of God" Theologie mit dem Ziel betreibt, ökologische Fragestellungen stärker in den Blick zu nehmen, liegt Kaufmans Schwerpunkt stärker auf systematischen Überlegungen zur Konzeption einer konstruktiven Theologie.

Die zentrale Stellung des Verantwortungsbegriffes, die sich sowohl bei Kaufman als auch bei McFague konstatieren lässt, ist angesichts der zeitgenössischen Renaissance des Verantwortungsbegriffes sicher nicht einzigartig.[58] Ähnlich wie kurz zuvor zum Beispiel Hans Jonas[59] fordern Kaufman und McFague letztlich eine Ausweitung des Verantwortungsbegriffes von der Subjektebene auf die gesamte Lebenswirklichkeit sowie in prospektiver Hinsicht, damit also auch auf die Natur und auf ökologische Zusammenhänge. Die Schlussfolgerungen unterscheiden sich meines Erachtens jedoch erheblich. Jonas' „*Heuristik* der Furcht"[60]

---

[56] Vgl. McFague, Cosmology and Christianity, a. a. O. (s. Anm. 55), 30.

[57] Vgl. Kaufman, Gordon D., Models of God: Is Metaphor enough? in: Religion and Intellectual Life V/3 (1988), 11–18; hier: 17. Kaufman zufolge kann Personalität nicht mehr als Quelle, sondern nur noch als Produkt evolutionärer Prozesse gedacht werden und personale Realität daher auch nicht mehr als Grundlage der Wirklichkeit als Ganzes dienen. McFague meint jedoch, dass Kaufmans konzeptuelle Modelle von der Ergänzung mit personalen Metaphern profitieren, da diese ein breiteres Interpretationsspektrum aufweisen. Vgl. McFague, Sallie, Response, in: Religion and Intellectual Life V/3 (1988), 38–44; hier: 42.

[58] Dass der Verantwortungsbegriff im 20. Jahrhundert zur „ethischen Schlüsselkategorie" bzw. zum „Zentralbegriff neuerer philosophisch-ethischer Ansätze" geworden ist (vgl. Lenk, Hans / Maring, Mathias: Art. Verantwortung, in: TRE X, hg. von Gerhard Krause, Gerhard Müller et. al., Berlin / New York, De Gruyter, 1982, 570–575, hier: 570.), ist dem heutigen Leser nicht neu. Vor allem Hans Jonas' „Das Prinzip Verantwortung" (1979) war nicht nur philosophisch, sondern auch theologisch(-ethisch) einflussreich, wenn auch keineswegs singulär. Micha H. Werner spricht gar vom im deutschen Sprachraum vielleicht am meisten gelesene[n] moralphilosophische[n] Buch der Nachkriegszeit (Werner, Micha H.: Hans Jonas' Prinzip Verantwortung. In: Düwell, Markus / Steigleder, Klaus (Hg.), Bioethik. Eine Einführung. Frankfurt a. M., Suhrkamp, 2003, 41–56, hier: 41.

[59] Vgl. Jonas, Hans: Das Prinzip Verantwortung. Versuch einer Ethik für die technologische Zivilisation. Frankfurt / Main, Suhrkamp, 2003, 54. Die Wirkungen technischen Handelns betreffen lt. Jonas „den Gesamtzustand der Natur auf unserem Planeten".

[60] Vgl. a. a. O., 391 [Hervorhebung im Original].

zielt vor allem auf die Vermeidung unerwünschter Handlungsfolgen und fragt, inwiefern nicht die Wiederherstellung einer Kategorie des Heiligen allein in der Lage ist, die Auswüchse technischen Handelns zu zügeln.[61] Indem Kaufman und McFague einen reformulierten Gottesbegriff zur Grundlage ihrer Überlegungen machen, gelingt es ihnen jedoch, den Verantwortungsbereich des Menschen so zu erweitern, dass er auch angesichts technischer Möglichkeiten handlungsfähig bleibt. Dies führt weder zur „Entheiligung" der Welt noch zu Aktionismus. Wird die Welt als erfüllt von „serendipitous creativity" oder als Körper Gottes gedacht, so sind alle Lebenszusammenhänge letztlich auch theologisch relevant. Gleichzeitig kann Unterlassung eine Handlungsimplikation sein, grundsätzlich jedoch leistet die Neukonzeption des Gottesbegriffes gerade die Abkehr eines möglicherweise ethisch lähmenden Vertrauens in einen souveränen Weltenherrscher, der dem Menschen am Ende alles zum Guten gedeihen lässt.[62] Damit ist der Mensch nicht nur gegenüber Gott, sondern gewissermaßen auch für Gott verantwortlich.

In Bezug auf die Erweiterung des Verantwortungsbegriffes ließe sich dabei auch an Sölles „Stellvertretung. Ein Kapitel Theologie nach dem Tode Gottes" (1965) denken. Unter etwas anderen Vorzeichen fordert auch Sölle anhand der Figur des Stellvertreters eine veränderte Sicht der Stellung des Menschen. So wie Christus den Menschen vor Gott vertritt, sollen wir Gott vor den Menschen, füreinander vertreten.[63] Gott ist also in der Welt, indem der Mensch ihn vor den Menschen vertritt – strukturell erreicht Sölle damit ebenfalls eine Ausweitung

---

61 Vgl. a. a. O., 57.

62 An dieser Stelle müssen zwei Gedanken ergänzt werden. Mir ist bewusst, dass Hans Jonas sein Prinzip Verantwortung nicht als Ersatz, sondern als Ergänzung zu traditionellen Ethiken gesehen hat. Insofern ist auch bei ihm die Vermeidung nicht die einzige Handlungsoption. Gerade in der Rezeption jedoch, v.a. auch theologisch, mündet ein solches Prinzip schnell in die Warnung vor dem „Eingriff in die Schöpfung". Dass diese Form der Argumentation auch theologisch fragwürdig ist, hat Friedrich Wilhelm Graf überzeugend herausgearbeitet (vgl.: GRAF, FRIEDRICH WILHELM: Von der creatio ex nihilo zur „Bewahrung der Schöpfung". Dogmatische Erwägungen zur Frage nach einer möglichen ethischen Relevanz der Schöpfungslehre. In: ZThK 87 (1990), 206–223). Zudem ist die Betonung der Souveränität Gottes, die Kaufman kritisiert, und die damit verbundene Behauptung, der Mensch könne letztlich nichts tun, weil Gott dies nicht zulassen würde, sicher ein amerikanisches Spezifikum und nicht in dieser Form auf den deutschsprachigen, bzw. europäischen Raum zu übertragen. Ähnliches gilt für die Befürwortung destruktiven Handelns im Sinne der Herbeiführung des göttlichen Weltendes (dazu siehe meine Ausführungen im ersten Abschnitt „Anlass").

63 Vgl. SÖLLE, DOROTHEE: Stellvertretung. Ein Kapitel Theologie nach dem Tode Gottes. Stuttgart / Berlin: Kreuz-Verlag, 1967.

der menschlichen Verantwortung, ein Gedanke, der sich konsequent auch in ihrem Interesse für politische und ökologische Fragestellungen zeigt.[64]

Eine Betrachtung wert ist darüber hinaus die Überlegung, warum ein solcher Entwurf, der bei der Christologie ansetzt, bei Kaufman und McFague nicht in Frage kommt. Kaufman fordert einen offenen Denkrahmen für die Theologie, der nicht mehr an spezifische Traditionen gebunden ist. Daher entwickelt er seine Theologie streng theozentrisch, der Weg über die Christologie verbietet sich damit von selbst.[65] Auch McFague beklagt den ihrer Meinung nach zu engen Fokus eines christologischen Ansatzes. In „The Body of God" grenzt sie ihren Entwurf der Welt als Leib Gottes vom christlichen Modell der Kirche als Leib Christi ab. Aufgrund von dessen Fokussierung auf einen männlichen Körper sowie auf die Gemeinschaft der Christen sei dieses nicht nur anthropo-, sondern auch androzentrisch und auf zu eng auf Christen bezogen: „What it neglects is the rich, diverse, physical plentitude of creation – in other words, it neglects just about everything."[66]

Kaufman und McFague geht es nicht um Antworten auf spezifische ethische Probleme. Theologie muss Verständnis und Entsprechung finden in der Wirklichkeit, der sie begegnen bzw. den Spiegel vorhalten möchte. (Militärisch genutzte) Kerntechnik wird für beide Theologen zur Herausforderung, zum Fanal für eine Entwicklung, der die Theologie nicht durch Rückgriff auf traditionelle Bilder und Lehrinhalte gerecht werden kann. Fungiert der Verweis auf (Kern-) Technik damit ‚nur' als Anstoß, als Symbol?

Technik ist für beide Theologen ein gewichtiger Teil und Ursache für die Veränderung der Welt. Dabei geht es jedoch niemals um Aufforderungen zur Rückgewinnung einer verloren geglaubten Unschuld, sondern darum, der Macht und den Möglichkeiten der Menschen, die Welt (technisch) zu verändern, ins Auge zu sehen. Diese Veränderungen sind möglich und wirklich und daher nicht grundlegend abzulehnen. Ein Umdenken erfordern sie jedoch dort, wo (technisches) Eingreifen unter Missachtung des komplexen Netzes des Lebens geschieht, an dem auch der Mensch teilhat. Hier kann es aber eben nur darum gehen, dass sich der Mensch seiner Verantwortung bewusst wird und entsprechend handelt, wie immer dies spezifisch aussehen mag.

Kaufman und McFague sind keine Technik-Theologen oder Technik-Philosophen sui generis. Ebenso wenig ist der Einfluss technisch induzierter Verände-

---

64 Dazu u.a: DIES.: Politische Theologie. Stuttgart, Kreuz-Verlag, 1971; Aufrüstung tötet auch ohne Krieg. Stuttgart, Kreuz-Verlag, 1982; Lieben und arbeiten. Eine Theologie der Schöpfung. Stuttgart, Kreuz-Verlag, 1985 u.a.

65 Vgl. KAUFMAN, In Face of Mystery, 25–30. Inwiefern der Ansatz bei der Gotteslehre diesem Anspruch gerecht wird, ist allerdings eine andere Frage.

66 Vgl. MCFAGUE, Body of God, 36.

rung der Wirklichkeit auf ihr Denken auf (zum Teil zeitbedingte) Verweise auf atomare Bedrohung zu reduzieren. Worum es ihnen geht, ist eine Theologie, die eine Welt deuten kann, die durch (technisches) Handeln des Menschen grundlegend verändert wird. Kerntechnik ist damit in jedem Fall Fanal für lebensweltliche Veränderungen, denen theologisch begegnet werden muss. Dies jedoch ohne Einschränkung: Kerntechnik ist wichtig, weil sich im Umgang mit ihr für Kaufman und McFague wesentliche theologische Fragen der Zeit entwickeln lassen. Im Umgang mit der Kerntechnik treffen Probleme der Gotteslehre, der Schöpfungslehre, der Anthropologie sowie den konstruktiven Charakter der Theologie betreffend aufeinander. (Kern-)Technik wird damit zu einem Ort theologischer Erkenntnis.

Hermann Diebel

Wohltaten und Dämonien.
Eine Deutung des Technikbegriffs bei Dietrich Bonhoeffer

„Die Wohltaten der Technik verblassen hinter ihren Dämonien." (DBW 6, 107) Dies ist vermutlich die bekannteste Äußerung Dietrich Bonhoeffers zum Thema Technik, die jedoch einer Deutung bedarf, will man nicht von der Vorstellung ausgehen, dass ‚die Technik' mit so großen Schäden in Verbindung gebracht wird, dass der Nutzen kaum mehr sichtbar ist. Auch die Rede von „der Technik" als Urheberin der Wohltaten und Dämonien bedarf einer Deutung. Hauptanliegen meines Textes ist eine Relektüre des Bonhoefferschen Werks im Bezug auf seine Äußerungen zu Technik sowie die Erkundung einer Möglichkeit einer breiteren Lesart von Technik bei Bonhoeffer. Ausgeklammert wird an dieser Stelle bewusst eine Verbindung zwischen den Äußerungen und der Biographie Bonhoeffers. Nicht, weil es keine Möglichkeit gibt, eine Lektüre seiner Schriften im Hinblick auf seine jeweilige Situation zu vollziehen (die gibt es sicher![1]), sondern weil allein aus seinen Schriften heraus seine (theologische) Sicht der Technik dargelegt und gedeutet werden soll. In meinem Aufsatz werde ich begrifflich so verfahren, dass ich dann ‚Technik' schreibe, wenn Technik im allgemeinen, d.h. im nicht näher spezifizierten Sinne gemeint ist; der Ausdruck ‚die Technik' bezieht sich dagegen immer auf eine bestimmte Technik.[2]

Mein Beitrag ist zwischen Einleitung und Fazit dreigeteilt: Nach einem Überblick über den Forschungsstand werde ich den Technikbegriff bei Bonhoeffer in einer möglichst breiten Fassung erschließen und dabei versuchen, die Frage zu beantworten, welche Techniken Bonhoeffer konkret im Blick hat und welche Techniken er wie bewertet, um dann im zweiten Schritt Konsequenzen aus seinem Technikbegriff aufzuzeigen. Anschließend soll dann im Hinblick auf Bonhoeffers eingangs zitierte Aussage eine Relektüre des Technikbegriffs im Bonhoefferschen Werk stattfinden, wobei gezeigt werden soll, dass Technikbewertung bei Bonhoeffer (a) nicht zwangsläufig eine negative sein und (b) sich nicht allein auf ein technisches Artefakt beschränken muss. Schließlich sollen mögliche ableitbare Konsequenzen aus Bonhoeffers Technikbegriff aufgezeigt werden.

---

1 Dass Bonhoeffer die sogenannte Alltagstechnik (Radio, Transportmittel, Telefon, etc.) benutzte, ist durch Äußerungen in seinen Briefen belegt.

2 Dies gilt jedoch nicht für die Zitate!

1. Forschungsüberblick

Der Begriff Technik taucht bei Bonhoeffer nicht in einer Häufigkeit auf, die es zuließe, Technik als ein Hauptanliegen seines theologischen Schaffens zu verstehen – gleichwohl finden sich explizite Auseinandersetzungen mit Technik und dem Technikbegriff an prominenten Stellen in seinem Werk.[3]

Mit dem Begriff Technik bei Bonhoeffer wurde sich bisher im Vergleich zum Volumen der Sekundärliteratur zu seinem Werk in verhältnismäßig wenigen Arbeiten befasst, die meisten davon mit dem Abschnitt zur Technik in seiner Ethik (DBW 6)[4]. So sind in J. H. J. van den Pots „Die Bewertung des technischen Fortschritts" (1985) zwei Darstellungen der Bonhoefferschen Technikbewertung zu finden. Ferner beschäftigt sich F. de Lange im Aufsatz „‚The Spiritual Force is Lacking' Bonhoeffer on Secularization, Technology and Religion" (2000) mit der Technikkritik Bonhoeffers.

Ein Sammelband mit dem Titel „Bonhoeffer and the Biosciences. An Initial Exploration" (2010) unternimmt den Versuch, das Bonhoeffersche Werk mit den Lebenswissenschaften in Verbindung zu bringen und als „Initial Exploration" ein neues Feld für die Bonhoefferforschung zu erschließen. Eine weitere Abhandlung stammt aus dem Sammelband „Bonhoeffer, Christ and Culture" und ist von D. J. Treier verfasst worden, der unter dem Titel „Modernity's Machine. Technology Coming of Age in Bonhoeffer's Apocalyptic Proverbs" u. a. auf Bonhoeffers Verhältnis zu Technik einzugehen gedenkt. „[A]pocalyptic proverbs" ist Treiers Bezeichnung des Bonhoefferschen Werks, ausgenommen die Texte der frühen Schaffensphase, was aber nicht bedeuten soll, dass Bonhoeffers Werk nicht als wissenschaftlich gesehen werden soll.[5] Treier kommt zum Schluss: „Of course it is unclear how Bonhoeffer might have

---

3 DBW 3 (hg. von Rüter, Martin / Tödt, Ilse, München, 1989), DBW 6 (hg. von Tödt, Ilse et al., München, 1992), DBW 10 (hg. von Staats, Reinhart et al., München, 1991), DBW 12 (hg. von Nicolaisen, Carsten / Scharffenorth, Ernst-Albert, Gütersloh, 1997). Nicht jede Fundstelle für die Wörter Technik, Maschine etc. im Registerband DBW 17 wurde in den Corpus der meiner Arbeit zugrundeliegenden Stellen aufgenommen. Entscheidend war zum einen der Kontext der Äußerung sowie die Stellung dieser Äußerung im jeweiligen Gesamttext. Den Anspruch, eine vollständige Abdeckung des Technikbegriffs bei Bonhoeffer zu erbringen, erhebe ich im Rahmen dieser Arbeit nicht.

4 Zur Zitierweise: Die Werke Bonhoeffers werden mit der Angabe (DBW Bandnummer, Seitenzahlen) innerhalb des Textes zitiert, alle anderen Werke in den Fußnoten.

5 Treier, Daniel J., Modernity's Machine, in: Johnson, Keith L. und Larsen, Timothy (Hg.): Bonhoeffer, Christ and Culture. Downers Grove, IL, 2013, 91-111, hier: 102. – Treier sieht die Moderne als Bezugspunkt.

theorized fully about technology. But he is clearer than Ellul and other critics about the good involved in the human spirit using created objects and ‚creating' some of its own means."[6] Treier fährt fort:

> „The challenge of technology is much broader than what our churches and ministries use: the larger question concerns what true human life means in the era of the machine and its mechanistic underlying spirit. [...] Ultimately therefore, the question posed by Bonhoeffer's work concerns which of our machines, and the aspects of technological rationality they manifest and foster, promote the bodily and social delights blessed in the Old Testament and redeemed at the cross of Christ."[7]

Treier schlussfolgert, dass eine Interpretation der Bonhoefferschen Beschäftigung mit der Moderne mit einer Beachtung von „phenomena of technology" hilft, zu ermitteln, was Freiheit im wahrhaft christlichen Sinne sei.[8] Dieser Lesart von Bonhoeffer kann man eine andere Lesart entgegensetzen: Der Verweis auf Technik bei Bonhoeffer erfüllt keinen systematisch festgelegten Zweck, denn dazu erfolgt er zu unregelmäßig und zu unkonkret. Gleichwohl kommt Technik bei Bonhoeffer eine Indikatorfunktion zu: Sie dient der Beschreibung des Zustands der Welt. Das mag trivial klingen, ist es aber nicht. Vielmehr ist es ein vielschichtiger Begriff von Technik, der weder eine konkrete Technologie noch ein konkretes Verfahren vor Augen hat. Eine Bewertung von Technik findet nicht explizit statt, vielmehr liegt eine Beschreibung von Zuständen vor, die sich in einer (industriell) technikgeprägten Welt befinden. Dies greift das auf, was F. de Lange in seinem Aufsatz „‚The Spiritual Force is Lacking' Bonhoeffer on Secularization, Technology and Religion" beschreibt.[9] De Lange sieht eine „ontologische Signifikanz" im Bonhoefferschen Technikbegriff, der ihn zur Einsicht führt: „Technology organizes our experience of being." Doch dazu später mehr. Zunächst will ich erschließen, an welchen Stellen Bonhoeffer wie von Technik spricht.

---

6 DERS., 108f.

7 DERS., 109f.

8 Vgl. DERS., 111.

9 DE LANGE, FRITS: ‚The Spiritual Force is Lacking' Bonhoeffer on Secularization, Technology and Religion, in: GREMMELS, CHRISTIAN / HUBER, WOLFGANG (Hg.): Religion im Erbe. Dietrich Bonhoeffer und die Zukunftsfähigkeit des Christentums. Gütersloh: 2002, 112–124. Er will zu einer Lesart, die „less prescriptively and more descriptively" ist.

2. Die inhaltliche Ausgestaltung des Begriffs Technik bei Bonhoeffer

Der Umstand, dass Bonhoeffers Schriften sehr gut erschlossen sind, erleichtert die Suche nach dem, was nötig ist, um seinen Technikbegriff inhaltlich darlegen zu können. Wenngleich Bonhoeffer an keiner Stelle einen ausformulierten Begriff von Technik vorlegt, ist es dennoch möglich, begründet zu vermuten, was er meint, wenn er von Technik spricht. Der Begriff Technik begegnet bei Bonhoeffer in zwei Kontexten, die auf den ersten Blick verschiedene semantische Ausgestaltungen aufweisen. Gleichwohl ist es möglich, beide zusammenzufassen und damit einen komplexeren Technikbegriff festzuhalten, an dem die nachfolgenden Untersuchungen ausgeführt werden sollen.

Primäre Anlaufstelle ist das Kapitel ‚Erbe und Verfall' (DBW 6, 93–124), wo Technik eng mit diesen Begriffen verbunden ist (vgl. DBW 6, 105ff.). Der Begriff Technik wird im Zusammenhang mit der „ratio" eingeführt, die „zur Arbeitshypothese, zum heuristischen Prinzip [wird]" und „damit zu dem unvergleichlichen Aufstieg der Technik [führt]." (DBW 6, 106). Hier sieht Bonhoeffer einen Wendepunkt in der Geschichte, der erst durch „die befreite ratio" „in der Entdeckung jener geheimnisvollen Korrespondenz zwischen den Gesetzen des Denkens und denen der Natur" sich auftat. (ebd.)

Das Handwerk auf der anderen Seite, dessen Sache Technik nach Bonhoeffers Ansicht bis zum 18. Jahrhundert war, hat diese abgegeben. Stand die Technik einstmals im Dienst „der Religion, [der] Könige, der Kunst und de[r] täglichen Bedürfnisse[] der Menschen" (ebd.), so ist sie heute keine Dienerin mehr, sondern Herrscherin „über die Natur", die in der Maschine symbolisiert sei.[10] (ebd.) Anders als Technik im Bereich des Handwerks erfährt die Technik der „befreiten ratio" einen Widerspruch, da die „naive Gläubigkeit" „in der zeit- und raumüberwindenden Technik ein widergöttliches Unterfangen [sieht]." (DBW 6, 107) An dieser Stelle konstatiert Bonhoeffer: „Die Wohltaten der Technik verblassen hinter ihren Dämonien." (DBW 6, 107) Für Bonhoeffer hat Technik – die sich seiner Ansicht nach allein im Abendland entwickelt hat – einen Selbstzweck, der jedoch nicht zwangsläufig der Technik immanent ist, was er am Beispiel des Imports westlicher Technik in die islamische Welt (vgl. DBW 6, 107) illustriert.

> „Es ist die Befreiung der ratio zur Herrschaft über die Schöpfung, die zum Triumphe der Technik geführt hat. Das technische Zeitalter ist ein echtes Erbe unserer abendländischen Geschichte, mit dem wir uns auseinanderzusetzen haben und hinter das wir nicht zurückkönnen." (DBW 6, 107f.)

---

10 So auch: TREIER, Modernity's Machine, 105.

Festzuhalten bleibt für Bonhoeffer an dieser Stelle, dass das „technische Zeitalter" gegenwärtig ist und „in der durch das Christentum und insbesondere durch die Reformation bestimmten Welt erwachsen ist." (ebd.)

Bonhoeffer präzisiert den Begriff Technik in diesem Abschnitt an keiner Stelle,[11] gibt aber Hinweise darauf, welche Technik er vor Augen hatte, wenn er von der Technik nach der Aufklärung im Hinblick auf die „Ausbeutung der Natur" (DBW 6, 107) und dem Elend der Masse schreibt. Dies sind die von der industriellen Revolution hervorgebrachten, neuen und großen technischen Artefakte, wie z.B. die Stahlindustrie und Fabriken, aber – im Hinblick auf die Zeit- und Raumüberwindung auch Telefone, die Eisenbahn usw., kurz: Gegenstände, die der Beschleunigung des Lebens und dessen ‚Vereinfachung' dienen. Ferner werden im Kapitel ‚Fortpflanzung und werdendes Leben' Technik und Fortschritt aufgegriffen. Bonhoeffer äußert auf die Frage nach der Zulässigkeit der Geburtenkontrolle den Gedankengang, dass durch den technischen Fortschritt sowohl eine Reduktion der Kindersterblichkeit als auch eine Erhöhung des Lebensalters eingetreten seien, was eine erhöhte Bevölkerungszahl trotz weniger Geburten pro Frau zur Folge habe. Hier zieht er den Schluss:

> „Wenn man dafür der Technik den Vorwurf macht, sie habe den Menschen derartig verwöhnt, daß er das Opfer einer großen Familie nicht mehr zu tragen gewillt sei, so darf man dabei nicht übersehen, daß gerade der technische Fortschritt das so überwältigend rasche Anwachsen der europäischen Menschheit überhaupt erst ermöglicht hat." (DBW 6, 205)

Bonhoeffer spricht sich an dieser Stelle für einen weitsichtigen Blick aus und zeigt, dass Technikfolgen mehrdimensional betrachtet werden müssen, will man ein etwaiges Problem erfassen.

In der Ethik wird Technik an weiteren Stellen erwähnt: Im Kapitel ‚Die Geschichte und das Gute [Zweite Fassung]'[12] und dort im Unterabschnitt ‚Die Struktur der verantwortlichen Lebens', wird der Begriff der Technik ein weiteres Mal aufgegriffen. Hier jedoch nicht etwa im Hinblick auf Industrie- oder Handwerkstechnik, sondern auf Technik im Sinne von Handhabung oder Regulierung von Angelegenheiten. Sachgemäßheit bedeutet für Bonhoeffer „ein Verhalten zu den Dingen, das ihre ursprüngliche, wesenhafte und zielhafte Beziehung auf Gott und den Menschen im Auge behält", wobei jeder Sache „ein Wesensgesetz" innewohne, ganz gleich ob es sich um etwas Natürliches oder vom Menschen erschaffenes, etwas Materielles oder Ideelles handele (DBW 6, 269f.). Bonhoeffer geht davon aus, dass es keine ungestörten sachgemäßen Bezieh-

---

11 Vgl. a. a. O., 91.

12 In der Ausgabe von 1963 heißt das Unterkapitel ‚Welt der Dinge – Sachgemäßheit – Staatskunst'.

ungen gibt: „Entweder verselbständigt sich die Sache gegen die Person oder die Person gegen die Sache oder es stehen beide beziehungslos nebeneinander.“ (DBW 6, 270) Hier kommt nun ein komplexer Technikbegriff ins Spiel: Das Wesensgesetz wird als „formale Technik“ begriffen, „die beherrscht sein will“, wobei aber eine enge Verbindung von Sache und Existenz des Menschen „jede technische Handhabung in Frage stellt.“ (DBW 6, 271) Hier geht es scheinbar um etwas ganz anderes als um Technik im Sinne der technischen Artefakte, nämlich um den Umgang mit den ‚Sachen‘. Dieser wichtige Punkt, der auf das Handeln bezogen ist, soll an späterer Stelle noch einmal aufgegriffen werden.

In Bonhoeffers Werk findet sich der Begriff Technik an weiteren Stellen: In ‚Schöpfung und Fall‘ (DBW 3), seiner Exegese von Gen 1–3, finden sich folgende Äußerungen:

> „Uns ist der Tag in seiner Geschöpflichkeit und Wunderbarkeit ganz versunken. Wir haben uns seiner Macht entzogen. Wir lassen uns durch ihn nicht mehr bestimmen. Wir berechnen und verrechnen ihn, wir lassen uns ihn nicht schenken, wir leben ihn nicht. Heute weniger denn je, die Technik ist der Kriegszug gegen den Tag.“ (DBW 3, 45)

Sowie ferner:

> „[...] Wir herrschen nicht, sondern wir werden beherrscht, das Ding, die Welt beherrscht den Menschen, der Mensch ist Gefangener, Sklave der Welt, seine Herrschaft ist Illusion; die Technik ist die Macht, mit der die Erde nach dem Menschen greift und ihn bezwingt.“ (a. a. O., 62)

Obgleich es möglich wäre, an dieser Stelle zu überprüfen, inwiefern Bonhoeffer hier richtig liegt, soll darauf verzichtet werden.[13] Festzuhalten ist, dass ein vormals vorhandener Zustand jetzt aufgehoben ist. Der Mensch verfügt über den ihm gegebenen Tag in der Art, als dass sein Lebensrhythmus nicht mehr einem Tag-Nacht-Schema folgt (wie in Gen 1), sondern dass dieser Rhythmus vom Menschen selbst gestaltet werden kann und auch wird.

Wesentlich früher (1928) ist in einer Predigt zu Lk 17,33 ein Bezug zur Technik zu finden:

> „Hier liegt der unerschöpfliche Segen unserer Berufsarbeit und hier liegt zugleich der Fluch begründet, der auf der *Maschine* lastet, die den Menschen, der tagaus tagein an ihr arbeitet, selbst zu einem Teil des Mechanismus macht, zu dem er nie in persönlich leidenschaftliche Beziehung treten kann.“ (DBW 10, 519f., herv. im Orig.)

---

13 Ziel der Bestandsaufnahme ist nicht eine kritische Evaluation seiner Aussagen, sondern die Erstellung einer Grundlage auf der die nachfolgenden Teile aufgebaut werden können.

An dieser Stelle ist es die Maschine, die den Menschen ergreift, so wie schon R. Song in Bezug auf Technik als Macht der Welt über den Menschen in ‚Schöpfung und Fall' (DBW 3, 62) hingewiesen hat.[14] Der Mensch wird hier als einer dargestellt, der quasi natürlich einer Beschäftigung nachgeht, die in diesen Zeiten aber dergestalt ist, dass er durch diese vereinnahmt wird. In der eher romantisierenden Darstellung der Handwerksarbeit in der Ethik (DBW 6, 106f.) wird ähnliches deutlich: War es früher so, dass nach Bonhoeffer der Produzierende wohl eine persönliche Beziehung zu seiner Tätigkeit hatte (wir können uns hier bspw. einen Schmied vorstellen, der mit der Kraft, die sein Körper in der Lage ist aufzubringen, schmiedet), so ist das in einer Fabrik, die nach dem Taylorismus organisiert ist, vermutlich weniger der Fall. Hinzu kommt der oben erwähnte Dienst für „die Religion [...] und [die] alltäglichen Bedürfnisse[] des Menschen." (ebd.) Gleichwohl ist es fraglich, warum der Fluch auf der Maschine lastet – diese als den verfluchten Teil in der technisierten Welt zu betrachten, sagt doch nichts anderes, als dass der Mensch der leidende und die Maschine, die bei Bonhoeffer stark personifiziert ist (mit Eigenschaften wie der Möglichkeit des Ergreifens und Vereinnahmens), nicht an sich schlecht ist – doch der Fluch führt sie in diese Position. Wie sähe jedoch eine Alternative aus? Kann eine Maschine, die bedient werden muss und die in einem taylorisierten Betrieb steht, je ohne diesen Fluch sein? Unter den von Bonhoeffer dargebrachten Umständen scheint dies kaum denkbar.

Das führt zu der Frage, wie es um das Verhältnis des Menschen zur Maschine bestellt ist. An keiner Stelle in den untersuchten Werken spricht sich Bonhoeffer gegen eine bestimmte Technik oder Technologie aus. Seine Aussagen wirken wie Feststellungen (vgl. de Lange), wie eine Diagnose der Umstände seiner Zeit.

Eine weitere Fundstelle findet sich im Vortrag ‚Der Führer und der Einzelne in der jungen Generation' (DBW 12, 242–260, hier: 246f.): Bonhoeffer schreibt hier über die Generation des Jahrgangs um 1910, die im Krieg aufgewachsen ist und ihre Jugendzeit in den 1920er Jahren hatte. Diese Jugend sei auf der Suche nach einem Halt:

> „Unter einem dreifachen Eindruck vollzog sich der Griff nach diesem Halt: erstens erkannte man in dem erlebten Zusammenbruch den Triumph der Dinge über den Menschen, der Maschine über ihren Erzeuger. Die zur Beherrschung der Natur dienende Technik wurde nun gegen den ihr gegenüber wehrlosen Menschen gewandt und damit um ihren wesentlichen Sinn gebracht!" (ebd.)

---

[14] SONG, ROBERT: Bonhoeffer and the Biotechnical Imagination, in: WÜSTENBERG, RALF K., HEUSER, STEFAN, HORNUNG, ESTHER (Hg.): Bonhoeffer and the Biosciences. An Initial Exploration. Frankfurt, 2010, 83. Song zitiert die englischsprachige Ausgabe DBWE 3, Minneapolis, 1997, 67.

Bonhoeffer schließt diesen Abschnitt mit: „Die Masse und die toten Dinge schienen als Sieger aus diesem Zusammenbruch hervorgehen zu sollen." Hier findet sich eine dediziert negative Techniksicht, in der die Maschine aber dennoch wieder (bildhaft) mit einem Eigenleben ausgestattet ist. Die Mittel, die zur Herrschaft über die Natur (und damit biblisch angebunden an das *dominium terrae* erinnernd) gedacht waren, waren es jedoch nicht, welche töteten. Dazu gebrauchte man Kriegswerkzeug, das als Rüstungsgut einzig, oder zumindest hauptsächlich, dem Zwecke einer wie auch immer gearteten Kriegsführung dient. Gleichwohl findet eine solche Differenzierung bei Bonhoeffer nicht explizit statt. Aber diese Nichtdifferenzierung öffnet Türen zu einer Interpretation des Bonhoefferschen Technikverständnisses: Technik als Ganzes, d. h. jedwede Form der Technik und ihrer Anwendung wird Bonhoeffer nicht ablehnen wollen.[15] Bonhoeffer hat hier vermutlich eine sehr konkrete Form der Technik vor Augen (nämlich: Rüstungstechnik) – Technik und Maschine könnten hier als totum pro parte verstanden werden. Doch greift diese Einschränkung eventuell zu kurz. Wie weit die Technikkritik Bonhoeffers geht, wird im übernächsten Abschnitt behandelt.

Fassen wir zusammen, welche Arten der Technikbetrachtung und -bewertung bei Bonhoeffer zu finden sind. Zunächst gibt es (1.) die Nutzung der Rede von Technik als Zeitdiagnose, als Feststellung der Umstände. An keiner Stelle findet sich bei Bonhoeffer die Forderung nach einer Rückkehr zu einer Welt vor der Industrialisierung. Er schreibt zwar in seiner Ethik, dass wir nicht zurück können, aber nicht einmal der Wunsch wird irgendwo laut. Bonhoeffer sieht sehr wohl die Früchte des technischen Fortschritts und weiß um ihren Nutzen für das alltägliche Leben.[16] Dann folgt (2.a) die Sichtweise von Technik als strategisches Handeln von Menschen und (2.b) Technik als menschengeschaffenes, menschendienendes Instrument. Zuletzt gibt es (3.) die Darstellung der Technik als Herrscherin über den Menschen, in der Technik bald unter Menschenhand, bald mit einer Art Eigenleben sich den Menschen untertan macht.[17] Dies verdeutlicht einen komplexen Technikbegriff, der kaum eine Abgrenzung im Sinne von ‚das ist Technik' / ‚das ist keine Technik' zulässt. Menschliches Handeln ist – wenn man seine Ethik und dort den Unterpunkt der Sachgemäßheit im Hinterkopf hat – durchaus immer als Technik zu verstehen. An die Punkte 2.a und b sowie an Punkt 3 kann man weitere Lesarten des Technikbegriffs

---

15 Hier wird einmal mehr deutlich, was F. de Lange betont: „Theologians that radically criticize technology are like passengers in an airplane that instruct air control to shoot down their plane." (vgl. ders., The Spiritual Force is lacking, 120)

16 Seine Techniknutzung im Alltag ist durch seine Briefe gut dokumentiert.

17 Inwieweit der letzte Punkt verstanden werden kann, will ich im nächsten Abschnitt ergründen. Das vermeintliche Eigenleben lässt sich durchaus auflösen.

anknüpfen. Dies soll im folgenden Abschnitt als experimentelle Lesart von Bonhoeffer versucht werden.

3. Konsequenzen aus Bonhoeffers Technikbegriff

Wie wir oben gesehen haben, lässt sich der Technikbegriff Bonhoeffers verschiedenen Funktionen zuordnen. Die wohl meist zitierte Verwendung, die in der Ethik zu finden ist (vgl. DBW 6, 106ff.), scheint sich auf das, was alltagssprachlich unter Technik gefasst wird, zu beschränken. Im Kapitel über die Sachgemäßheit taucht der Begriff jedoch ein weiteres Mal auf, wenn auch auf den ersten Blick mit einer anderen semantischen Füllung. Gleichwohl deutet die Verwendung des Begriffs ‚Technik' an dieser Stelle auf einen Zusammenhang mit der Verwendung desselben Begriffs in dem eher alltagssprachlichen Kontext hin, der sich dergestalt deuten lässt, dass es sich auch hier bei der „formalen Technik", die „beherrscht sein will" (DBW 6, 271), um etwas von Menschen Geschaffenes handelt – Technik wohl im Sinne von Art und Weise des Umgangs.[18] Das Beherrschen dieser „formalen Technik", sprich: das Sich-sachgemäß-Verhalten, ist ein Umgang, der analog zur Technik im Sinne von technischen Einrichtungen oder technischen Artefakten verstanden werden kann. Das von Bonhoeffer beschriebene Sich-nicht-Erschöpfen des „Wesensgesetzes" in formaler Technik, wenn es um eine Sache wie den Staat geht, (vgl. DBW 6, 270ff.), steht zu der breiten Auffassung von Technik auch nicht im Widerspruch. Wenn Technik Handeln und Verhalten zu etwas ist, und ein Konzept wie Staat nicht nur ein Verhalten des Menschen zu sich selbst, sondern darüber hinaus auch eine geistige Einstellung erfordert, dann ist diese engste Verknüpfung des Konzepts mit dem Menschen (denn der Staat wird aus Menschen geformt – es gibt zwar staatenlose Menschen, aber keine menschenlosen Staaten) etwas, das mit Handeln allein nicht mehr vollständig zu erfassen ist.

Wie ist diese Sichtweise auf Technik möglich? Zugegeben, diese Möglichkeit erwächst aus einem Wagnis, nämlich der Dehnung des Bonhoefferschen Technikbegriffs – über den von Bonhoeffer vermutlich intendierten Sinn hinaus – aber am Ende doch im Rückbezug auf Bonhoeffers Ausführungen. Aus dem Text heraus wird nicht deutlich, dass Technik auch im weitesten Sinne ver-

[18] Die Fragilität der sich anschließenden Lesart zeigt sich u. a. darin, dass in der englischen Ausgabe von DBW 6 diese Lesart nicht mehr ohne weiteres möglich ist: Technik geht im Englischen auf in *technology* und *technique*. Gleichwohl könnte man diese Behauptung dennoch aufrecht erhalten, in dem man auf die Schnittmenge der Bedeutungen von *technique* und *technology* verwiese.

standen wird (DBW 6, 106ff.) – legt man jedoch das Verständnis von menschlicher Handlung in diesen Begriff, dann werden Bonhoeffers Aussagen nicht maßgeblich verändert. Begreift man Technik in einem weiten Sinn, so wie wir ihn bei Ernst Kapp finden,[19] der sagt, dass der Mensch „unbewusst Form, Functionsbeziehung und Normverhältniss seiner leiblichen Gliederung auf die Hand" übertrage und „ihrer analogen Beziehungen zu ihm selbst erst hinterher sich bewusst" werde, dann ergeben sich daraus weitere Deutungsmöglichkeiten für die Bonhoefferschen Ausführungen.[20] Einigermaßen pathetisch schließt Kapp mit den Worten „Hervor aus Werkzeugen und Maschinen, die er geschaffen, aus den Lettern, die er erdacht hat, tritt der Mensch, der *Deus ex Machina*, Sich selbst gegenüber."[21] Die Idee, dass Technik eine Organprojektion des Menschen sei, mit der er sich selbst verstehen kann, beinhaltet, dass alle Technik im Menschen angelegt ist. Dieselbe Idee findet sich auch bei Marcel Mauss, der sagt, dass es die Körpertechnik gab, bevor der Mensch Technik mit Instrumenten oder Gerätschaften hatte.[22] Technik und Mensch stehen in so enger Verbindung, dass die menschliche Handlung und das menschliche Verhalten als Technik begriffen werden können.

Und nun zum Rückbezug: „Die Wohltaten der Technik verblassen hinter ihren Dämonien." (DBW 6, 107) Diesen Satz kann man in diesem Licht jetzt erweitert verstehen. Es geht nicht mehr nur um technische Gebilde, sondern um den Menschen. Der Mensch – als Sünder und als Gerechtfertigter – und sein Handeln ist in der Lage Wohltaten zu vollbringen, aber auch Dämonien. Dabei ist die Betrachtung eines zeitlichen Horizonts der Handlungskonsequenzen für diese Aussage irrelevant. Die Konsequenzen wirken fortdauernd. Im Augenblick positiv wahrgenommene Veränderungen in der Welt, die durch den Menschen herbeigeführt worden sind, können langfristig negative Wendungen nehmen und auch der umgekehrte Fall ist möglich. Zudem bedeutet verblassen nicht, dass sie notwendig von geringerer Bedeutung sind. Verblassen bedeutet u. a., dass sie nicht mehr so stark zum Vorschein kommen, also schlechter zu sehen sind oder jetzt anders wahrgenommen werden. Dass Menschen zu größten Dämonien fähig sind, die jedwede gute Handlung anderer Menschen durch das Ausmaß des verbreiteten Schreckens in den Schatten zu stellen fähig sind, hat sich in der Geschichte der Menschheit in der Zeit der Entstehung dieser Zeile Bonhoeffers auf brutale Weise gezeigt.

---

19 Vgl. Kapp, Ernst: Grundlinien einer Philosophie der Technik. Braunschweig, 1877.

20 A. a. O., S. Vf.

21 A. a. O., S. 351, herv. im Orig.

22 Mauss, Marcel: Journal de Psychologie Normale et Pathologique, XXXII (1935), Nr. 3–4, 371ff.; dt. Ders.: Soziologie und Anthropologie Bd. 2. Wiesbaden, 2010, 199–220. – Für diesen Hinweis danke ich Bernhard Stricker.

Es bleibt die Frage nach der Begründung für diese – zugegeben nicht intuitive – Interpretation des Technikbegriffs bei Bonhoeffer. Diese Lesart von Bonhoeffer ermöglicht es, seine zeitgebundene Technikdeutung dieser Zeitbindung zu entheben. Menschen handelten immer und insofern ist Technik (im oben verstandenen Sinn) mit dem Menschen aufs Engste verbunden. Der „Aufstieg der Technik" durch die „befreite ratio" wird durch diese Konstruktion nicht in seiner Aussage geschmälert. Es spricht vieles dafür, dass Bonhoeffer mit seiner Diagnose, dass eine Umwälzung besonderen Ausmaßes als direkte und indirekte Folge der Aufklärung stattgefunden habe, recht hat.

Fraglich ist allerdings, ob Bonhoeffer mit seiner Auffassung von der Zeit vor der Aufklärung richtig liegt, oder ob er nicht einer romantisierenden Vorstellung von unwiederbringlich vergangenen Zeiten anheimfällt. Den Menschen ging es vor der Aufklärung nicht in dem Maße besser, dass eine Absicht, die Weiterentwicklung von technischen Artefakten oder des Fortschritts allgemein, um des Erhalts oder der Wiederherstellung alter Zustände willen, zu verhindern oder gar umzukehren, zu erkennen ist. Wäre dem so gewesen, dann hätte die Geschichte vermutlich einen anderen Lauf genommen.

Dass Technik, verstanden als menschliches Handeln, immer schon gut oder schlecht sein konnte, bedarf keiner Erläuterung. Das „widergöttliche Unterfangen", das Bonhoeffer die „naive[] Gläubigkeit" in der Technik sehen lässt, ist besser zu verstehen, wenn Technik nicht personifiziert als eigenständiger Akteur verstanden wird, sondern wenn es die menschliche Handlung ist, die die Überwindung scheinbar natürlicher Grenzen, nämlich Zeit und Raum, unter Zuhilfenahme von technischen Artefakten vollbringt. Die Taten des Menschen wirken in der Welt, nicht die Produkte, die er erschafft.[23]

4. Das Machtverhältnis zwischen Mensch und Technik – Fazit

Als Fazit bleibt, dass Technik bei Bonhoeffer ein Begriff ist, der mehr bietet als die Funktion eines Indikators. Bonhoeffers persönliches Verhältnis zur Nutzung von Technik scheint für seine theologischen Schriften nicht maßgeblich zu sein, wohl aber seine Erfahrungen mit menschlichem Handeln und dem menschlichen Umgang mit technischen Artefakten.

Die erweiterte Lesart von Technik bei Bonhoeffer kann uns einmal mehr ins Gedächtnis rufen, dass jede Technik (derzeit noch) menschengemacht ist und

---

23 Diese Aussage ist für die Zeit Bonhoeffers zutreffender als heute, wenn man an die Möglichkeit vollkommen autonom agierender Roboter denkt. Gleichwohl stecken autonome Gebilde derzeit noch in der Entwicklungsphase und sind noch nicht im Alltag der Menschen angekommen.

dass die Feststellung einer Herrschaft der Technik über die Menschen und die Natur, mit „Technik“ als Subjekt (also selbständig Handelnde!) schlicht eine Verkürzung oder eine bewusste, von der Verantwortung des Menschen ablenkende Vertauschung von Subjekt und Objekt ist, die m. E. vollständig lauten müsste: Technik beherrscht den Menschen, weil der Mensch sich von Technik beherrschen lässt.

II
Zugangsmethoden und Kategorien der Technikdeutung

Anne-Maren Richter

„Unverfügbarkeit". Die (technik-)ethische Anwendung des Begriffs und der Inhalt der Begriffsprägung bei Rudolf Bultmann

1. Zur Verortung des Begriffs in ethischen Debatten

Zusammenhänge zwischen „Technik und Theologie" sind das Themenfeld eines theologisch-technikethischen, kulturhermeneutisch verfahrenden Forschungsschwerpunktes in Dresden[1]. Dieses Forschungsprojekt der Technischen Universität hat sich für die Begriffe „Unverfügbarkeit" und „Verfügbarkeit" als zentrale Interpretationsbegriffe entschieden. Es widmet sich der Analyse von Technikdiskursen in Schlüsselphasen moderner Technikentwicklung, beginnt mit der Industrietechnik der 20er und 30er Jahre des zwanzigsten Jahrhunderts, und untersucht eine Fülle empirischen, vor allem Bildmaterials. Die Leitidee dabei lautet,

> „dass Technik und Theologie im Medium von Transzendenzbehauptungen um die Deutungshoheit über Weltbilder und ihre handlungsleitenden Potenzen, also um Gemeinsinn, konkurrieren. Gerade darin zeigt sich jedoch [so die Leitthese, A.R.] zugleich der gemeinsame Horizont abendländischer Technik und Theologie als Arbeit am Unverfügbaren. Besonders sichtbar werden Transzendenzkonstruktionen genau dann, wenn durch die Technik die Grenze zwischen dem Verfügbaren und dem Unverfügbaren verschoben wird."[2]

Technikwahrnehmung und theologische Reflexion auf Religiosität haben nach diesem Forschungsansatz eine gemeinsame Ebene, indem sie sich auf symbolisiertes „Un-Verfügbares" und seine „Verfügbarmachung" oder das „Verfügen" über „Un-Verfügbarkeitssetzungen" beziehen. Seine Fragen stellt dieser deskrip-

---

[1] Der ausführliche Titel des Dresdner systematisch-theologischen Forschungsschwerpunktes im Kontext des Sonderforschungsbereichs 804 „Transzendenz und Gemeinsinn" (2009–2013) lautet: „Konstruktionen von Transzendenz und Gemeinsinn in Technik und Theologie". Für eine Übersicht vgl. SCHWARKE, CHRISTIAN, Konstruktionen von Transzendenz und Gemeinsinn in Technik und Theologie, in: VORLÄNDER, HANS (Hg.), Transzendenz und Gemeinsinn. Themen und Perspektiven des Dresdner Sonderforschungsbereichs 804, Dresden 2010, 100–105. Vgl. außerdem zum Thema: NEUMEISTER, KATHARINA / RENGER-BERKA, PEGGY / SCHWARKE, CHRISTIAN (Hg.), Technik und Transzendenz. Zum Verhältnis von Technik, Religion und Gesellschaft, Stuttgart 2012.

[2] SCHWARKE, CHRISTIAN, Konstruktionen, a. a. O. (s. Anm. 1), 100.

tiv technikethische Ansatz mittels Methoden einer theologischen Kulturanalyse und theologischen Kritik gegenüber symbolischen Konstruktionen: Religiös inspirierte symbolische Deutungen werden kritisch durchleuchtet oder es werden religiös anmutende öffentliche Bewertungen moderner Technik kulturtheoretischen Analysen unterzogen[3]. Der Fokus liegt dabei darauf, dass auf erfahrungsimmanent „unverfügbar“ Scheinendes reflektiert wird, das dennoch im Erfahrungszusammenhang mit verfügbaren Mitteln dargestellt und bewertet wird. „Unverfügbares“ wird in Religionen, auf die Theologie reflektiert, in praktisches Handeln hinein verwoben und prägt dadurch viele Zusammenhänge des „verfügbar“ Scheinenden. Und Unverfügbarkeits-Deutungen finden sich nun auch in Erwartungen und Reaktionen gegenüber moderner Technikentwicklung dargestellt.

Die Wahl der Interpretationsbegriffe Verfügbarkeit und Unverfügbarkeit wird in der Dresdner theologischen Analyse von Technikdeutungen pragmatisch begründet: Wenn symbolische Konstruktionen in öffentlichen Technikdiskursen untersucht werden, kann „Unverfügbarkeit“ Ebenen in Selbstumgang und Selbstdeutung inmitten technischer Artefakte oder technischer Verfahren beschreiben, die von alternativ möglichen und gängigen Begriffen wie „Transzendenz“ oder „Transzendierung“ nicht gleichermaßen mit erreicht werden. Die Kategorien des Transzendenten und des Unverfügbaren können nun also einander ergänzend Verwendung finden.[4]

Dem Gehalt von „Unverfügbarkeit“ als theologisch-ethischer Begriff, soll im Folgenden – auch mit Blick auf seine Leistungskraft für die Analyse von Technikdeutungen – nachgegangen werden[5]. Es sei daher zunächst einmal der Blick daraufhin erweitert, in welchen Wissenschaftsfeldern der Begriff „Unverfügbarkeit“ gegenwärtig überhaupt Anwendung findet: Ungleiche Disziplinen wie Architektur, Politikwissenschaft, Technikgeschichte und Kunstgeschichte greifen im Grundlagentext des über das Technikprojekt hinausgehenden, auch in Dresden angesiedelten geistes- und sozialwissenschaftlichen Sonderforschungsbereiches unter dem Titel „Transzendenz und Gemeinsinn“ zentral auf die

---

3 Vgl. zum Methodenansatz v.a. auch SCHWARKE, CHRISTIAN, Die Kultur der Gene. Eine theologische Hermeneutik der Gentechnik, Stuttgart 2000.

4 Vgl. z. B. SCHWARKE, CHRISTIAN, Konstruktionen (siehe Anm. 1).

5 Der Aufsatz geht zurück auf einen Vortrag, der zusammen mit der Konzeption der Tagung „Unverfügbarkeit und Handlungsfreiraum. Gestalten anthropologischer und theologischer Technikdeutung“, vom 24.-27.04.2012 für das Teilprojekt N „Konstruktionen von Transzendenz und Gemeinsinn in Technik und Theologie“ des SFB 804 „Transzendenz und Gemeinsinn“ in Dresden (DFG) entstanden ist und am 27.04.2012 an der TU Dresden gehalten wurde.

Kategorie der „Unverfügbarkeit" zurück.[6] In dieser Zusammenarbeit zwischen gegensätzlichen Fachinteressen wird „Unverfügbarkeit" zur wechselseitigen Verständigung über Reflexionen auf „Tranzendenz" genutzt. Indem der Begriff gerade den Transzendenzbegriff teils ergänzt, teils ersetzt, werden inhaltliche Frageakzente in Richtung der Alltagswelt und Geschichtlichkeit des Menschen verschoben: Die dort angesprochenen

> „‚Unverfügbarkeiten' […] sind keine überhistorischen oder metasozialen Phänomene. Sie werden, auch wenn sie hinter dem Rücken der Akteure wirken, konstruiert, sie beruhen auf Prozessen der Unverfügbarstellung, die historischer, diskursiver, wie praktischer Veränderung unterliegen."[7]

Es geht diesem programmatischen Text zufolge

> „nicht allein um die Analyse der Felder des Unverfügbaren und der Grenzziehungen zwischen Verfügbarem und Unverfügbarem, sondern auch um die Untersuchung jener Prozesse und Strategien der ‚Immanentisierung', der Verfügbarmachung des Unverfügbaren, wie auch der ‚Transzendierung', der Unverfügbarstellung des Verfügbaren."[8]

Der Begriff der Unverfügbarkeit lässt sich diesem Leittext des Dresdner Forschungszusammenschlusses zufolge sehr viel leichter in eine Beschreibung lebensweltlich-immanenter Prozesse einflechten als der – vielleicht theologisch zu aufgeladen wirkende – Begriff der Transzendenz.

Aber weit mehr gegenwärtige Positionen, unter ihnen Jürgen Habermas, nutzen eine Kategorie des „Unverfügbaren" in ethischen Diskussionszusammenhängen. Der Begriff steht in Habermas' Texten beispielsweise als Ausdruck für die Tabuisierung menschlicher Lebenswürde in Stellungnahmen zur Gentechnik, und insofern gerade als Gegenüber zu technisch geleiteten Eingriffen. „Unverfügbarkeit" findet sich in Nachbarschaft zu „Unangreifbarkeit" oder zu „Unantastbarkeit"[9]. Habermas blickt auf das „unscheinbare normative Zusammenspiel zwischen der moralisch gebotenen und rechtlich garantierten Unan-

---

6 Im Blick ist der Sonderforschungsbereich 804 „Transzendenz und Gemeinsinn" (2009–2013) an der Technischen Universität Dresden, gefördert durch die DFG, dem auch das Projekt „Technik und Theologie" angehört. Vgl. VORLÄNDER, HANS: Einleitung. Wie sich soziale und politische Ordnungen begründen und stabilisieren: Das Forschungsprogramm, in: DERS., Transzendenz und Gemeinsinn, 6-15 (s. Anm. 1).

7 A. a. O., 11 (s. Anm.1).

8 Ebd.

9 HABERMAS, JÜRGEN, Die Zukunft der menschlichen Natur. Auf dem Weg zu einer liberalen Eugenik? (2001),Frankfurt a. M. 2005, 130f.

tastbarkeit der Person und der Unverfügbarkeit des naturwüchsigen Modus ihrer leiblichen Verkörperung“[10]. Oder an anderer Stelle:

> „Die Frage nach der Unverfügbarkeit der genetischen Grundlagen unserer leiblichen Existenz für die eigene Lebensführung und unser Selbstverständnis als moralische Wesen bildet die Perspektive, aus der ich die gegenwärtige Diskussion über den Regelungsbedarf der Gentechnik betrachte“[11].

Hier bei Habermas finden wir den Unverfügbarkeitsbegriff in maßgebender begrifflicher Gesellschaft – zum Beispiel neben der „Unantastbarkeit“ des Grundgesetzes: „Ich habe vorgeschlagen, die in Art. 1, Abs. 1 GG festgestellte Unantastbarkeit der Menschenwürde von der Unverfügbarkeit des vorpersonalen menschlichen Lebens zu unterscheiden.“[12] Unverfügbarkeit benennt bei Habermas, „dass der endliche Geist von Ermöglichungsbedingungen abhängt, die sich seiner Kontrolle entziehen“[13]. Unverfügbarkeit wird als Begriff da eingesetzt, wo diese Ermöglichungsbedingungen endlichen Geistes „unter Prämissen eines nachmetaphysischen Denkens“[14] zur Sprache gebracht werden wollen.

Unser Begriff kann weiterhin auch in geschichtstheoretischen und juristischen Debatten begegnen, mit Themen wie: „Historisierte Subjekte – subjektivierte Historie. Zur Verfügbarkeit und Unverfügbarkeit von Geschichte“[15], oder in einem weiteren Titel: „Out of control. Über die Unverfügbarkeit des historischen Prozesses“[16]. Juristisch begegnet der Begriffsausdruck anders, im Kontext von „Eigentum an Naturgütern“, und zwar dort als Frage nach „Zuordnung und Unverfügbarkeit“[17]. Daneben finden sich literaturwissenschaftliche Reflexionen auf eine „Unverfügbarkeit der Poesie“[18]. In der gegenwärtigen theologischen Ethik greift beispielsweise Ulrich Körtner auf die Kategorie zurück, und befasst sich

10 A. a. O., 25.

11 A. a. O., 44f.

12 A. a. O., 130f.

13 A. a. O., 25.

14 Ebd.

15 Deines, Stefan, Historisierte Subjekte – subjektivierte Historie. Zur Verfügbarkeit und Unverfügbarkeit von Geschichte, Berlin 2003.

16 Kittsteiner, Heinz, Out of control. Über die Unverfügbarkeit des historischen Prozesses, Berlin 2004.

17 Kube, Hanno E., Eigentum an Naturgütern. Zuordnung und Unverfügbarkeit, Berlin 1999.

18 Schröder, Wolfgang, Die Unverfügbarkeit der Poesie. Poetologische Betrachtungen, Hamburg 2011.

unter dem Titel „Unverfügbarkeit des Lebens?“ mit „Grundfragen der Bioethik und der medizinischen Ethik“[19].

Wirft man also einen Blick auf verschiedene neuere Monographien oder Forschungsansätze, findet „Unverfügbarkeit“, zunächst einmal äußerlich gesehen, eine inhaltlich breite Verwendung im ethischen und rechtlichen Bereich, begegnet weiterhin geschichtstheoretisch geprägt, bei kunsttheoretischen Problemen, und in medizinisch-technischen Konfliktpunkten.

Fragt man nun nach der Geschichte dieses Begriffs, kann es überraschen, dass „Unverfügbarkeit“ eine relativ junge Begriffsprägung der 1920er bzw. 1930er Jahre ist. Die Geschichte der Kategorie „Unverfügbarkeit“ weist auf die Theologie Rudolf Bultmanns zurück. Bultmann, der Theologe am Anfang des 20. Jahrhunderts, der vor allem durch das Stichwort „Entmythologisierung“ bekannt ist, verwendet „Unverfügbarkeit“ erstmals.

1.2 Die kurze Geschichte des Begriffs „Unverfügbarkeit“

In einem knappen Artikel von Hans Vorster im „Historischen Wörterbuch der Philosophie“[20] wird auf Rudolf Bultmann als den Autor hingewiesen, der den Begriff der Unverfügbarkeit geprägt hat. Vorster schreibt:

> „Der Begriff ‚Unverfügbarkeit‘ ist in den dreißiger Jahren des 20.Jh. beim Theologen Rudolf Bultmann nachweisbar. [...] Weder ‚Unverfügbarkeit‘ noch das Adjektiv ‚unverfügbar‘ waren im Deutschen vorher geläufig. Und auch nur im Deutschen scheint sich der Gebrauch quasi-terminologisch eingebürgert zu haben.“[21]

Der Begriff Unverfügbarkeit entstammt demzufolge einem theologischen Denkentwurf. Insofern legt es sich von Seiten *theologischer* Technikreflexion nahe, gerade diese Begriffsprägung bei Bultmann einmal näher zu untersuchen. Hinzu kommt, dass Bultmanns Prägung des Begriffs einer „Unverfügbarkeit“ zu Beginn des 20. Jahrhunderts in die erste Hochphase moderner Technikreflexion fällt. Möglicherweise macht auch diese Prägungszeit den Begriff Bultmanns interessant für die Deutung von Technikwahrnehmungen in der frühen Moderne?

---

19 KÖRTNER, ULRICH, Unverfügbarkeit des Lebens? Grundfragen der Bioethik und der medizinischen Ethik, Neukirchen-Vluyn 2001. Zum Begriff im medizinethischen Kontext vgl. z.B. auch HERRMANN, BEATE, Der menschliche Körper zwischen Vermarktung und Unverfügbarkeit. Grundlinien einer Ethik der Selbstverfügung, Freiburg im Breisgau 2011.

20 VORSTER, HANS / RED., Art. Unverfügbarkeit, in: RITTER, JOACHIM / GRÜNDER, KARLFRIED / GABRIEL, GOTTFRIED, Historisches Wörterbuch der Philosophie, Bd. 11, Darmstadt 2001, 334-336.

21 A. a. O., 334.

Im Folgenden wird insofern der Begriffseinführung bei Rudolf Bultmann anhand ausgesuchter Textpassagen und Aufsätze nachgegangen.

1.3 Wilfried Härle über „Unverfügbarkeit" als theologische Zentralkategorie Bultmanns

Auf den genannten Lexikonartikel von Hans Vorster im HWP bezieht sich im Kontext einer Aktualisierung des Interesses an Bultmann im Jahr 2010 ein Aufsatz des Theologen Wilfried Härle: „Rudolf Bultmanns Theologie der Unverfügbarkeit".[22] Schon der Titel sieht in „Unverfügbarkeit" den Zentralbegriff Bultmanns. Härle bezieht sich in seiner Abhandlung u.a. auf Alltagssprachbedeutung und Nutzen von „Unverfügbarkeit" als theologischer Kategorie. Dabei werden Textvorkommnisse und Häufigkeiten des Begriffsfeldes „verfügbar" und „unverfügbar" bei Bultmann zwischen 1924 und 1930 verzeichnet.[23] Auch Härle zufolge gibt es keine begriffsgeschichtlich früheren Belege für „Unverfügbarkeit" als bei Bultmann. Dennoch äußert sich die Bultmann-Literatur, so Härle, kaum zur Begriffsbedeutung[24]. In seinen Ausführungen zum Begriffsgehalt der „Unverfügbarkeit" bleibt Härles Text überwiegend bei theologieintern relevanten Begriffsaspekten. Er bezieht sich inhaltlich überwiegend auf spätere Texte als diejenigen, die im Folgenden in den Blick genommen werden.

Ergänzend wird hier dem Begriffsgehalt anhand desjenigen Textes nachgegangen, in dem „Unverfügbarkeit" als Terminus zum ersten Mal, und dort systematisch zentral verwendet wird: Das erste systematische Vorkommen bietet laut Härle Bultmanns „Theologische Enzyklopädie"[25]. Sie geht auf eine 1926 begin-

---

[22] Härle, Wilfried, Rudolf Bultmanns Theologie der Unverfügbarkeit, in: Landmesser, Christof / Klein, Andreas (Hg.), Rudolf Bultmann (1884–1976) – Theologe der Gegenwart. Hermeneutik – Exegese – Theologie – Philosophie, Göttingen 2010, 69–86.

[23] Vgl. a. a. O., 71. 75–80.

[24] Vgl. a. a. O., 70.

[25] Bultmann, Rudolf, Theologische Enzyklopädie. Hg. von Jüngel, Eberhard / Müller, Klaus W. Tübingen 1984. Härle gibt als die tatsächlich erste ihm bekannte Nennung Bultmanns Aufsatz „Untersuchungen zum Johannesevangelium" von 1930 an; vgl. Bultmann, Untersuchungen zum Johannesevangelium, ZNW 29 (1930), 178f. Systematisch lässt sich aus dem Text wenig entnehmen. Auch Härle bezieht sich auf den Enzyklopädietext, in welchen „Unverfügbarkeit" erst 1936 als terminologisch ausschlaggebende Erstnennung eingetragen wurde. Dafür spricht u.a., dass der argumentative Kontext des Begriffs in der Enzyklopädie älter ist als die Begriffseinfügung selbst. Die „Urfassung" der Enzyklopädie auf 165 Blättern eines Kassenbuchs stammt von 1926, während der Textabsatz mit dem Begriff der Unverfügbarkeit 1936 eingefügt wurde; vgl. dazu im Vorwort der Herausgeber, Jüngel, Eberhard / Müller, Klaus W., in: Bultmann, Enzyklopädie, a. a. O., V–VI.

nende Folge von Einführungsvorlesungen in Marburg zurück. § 8 der Enzyklopädie, den wir uns anschauen, ist aus Textabschnitten bzw. späteren Anmerkungen Bultmanns zusammengesetzt, die insgesamt zwischen 1926 - 1936 entstanden sind.[26] Den uns interessierenden Begriff bringt Bultmann mit der Wendung „Unverfügbarkeit Gottes" durch einen Textzusatz 1936 hinzu.
Da variierende Begriffe des Wortstamms „verfügen" in Bultmanns Texten früher auftreten als die Negativform „unverfügbar", schauen wir im Anschluss hinter die Erstverwendung in der Enzyklopädie zurück in drei frühe Aufsätze Bultmanns. In Aufsätzen der Jahre 1925 - 1927 stoßen wir auf etliche Begriffsvarianten des „Verfügens". Von Härle übernehmen wir die Nennung dieser frühesten Belegstellen.

Zwischen den Textanalysen zu Bultmann wird ein Seitenblick die Frühphilosophie Martin Heideggers als Horizont von Bultmanns „Unverfügbarkeit" benennen. Dabei wird nur die Relevanz Heideggers für Bultmanns Begriffsprägung angedeutet.

2. „Unverfügbarkeit": Die Prägung bei Bultmann bis 1936

2.1 Charakteristik der Existenz und Moment am Gottesverhältnis: „Unverfügbarkeit" in den Theologischen Enzyklopädie-Vorlesungen der 1920er und 30er Jahre

Bultmanns „Theologische Enzyklopädie" ist, wie sie uns jetzt vorliegt[27], ein knapp gehaltener und dichter Text, der parallel zu systematisch-theologischen Einführungsvorlesungen über mehrere Jahre von Bultmann notiert und weiter angereichert wurde. Diese Einführung in das Theologiestudium bringt „Unverfügbarkeit"[28] im Rahmen der Darstellungsfrage des Gottesgedankens ein. Bultmann sucht nach einer Umformulierung für „Unerkennbarkeit"[29] bzw. nach einer besser angemessenen Charakterisierung „Gottes", als er sie darin vorfindet. Die Ausführung grenzt sich *zuerst* in verschiedenen Hinsichten vom Motiv der „Unerkennbarkeit Gottes" ab[30]. Weiter grenzt Bultmann sich, *zweitens*, von Ideen des Unbedingten[31] ab. Dann werden Unterdefinitionen von, *drittens*, Un-

---

26 Vgl. dazu das Vorwort der Herausgeber, JÜNGEL, EBERHARDT / MÜLLER, KLAUS W., in: BULTMANN, Enzyklopädie (s. Anm. 25), V–X.
27 Vgl. a. a. O., V–VI. Zum Charakter des Textes s. auch Anm. 25.
28 BULTMANN, Enzyklopädie, a. a. O., 55 (s. Anm. 25).
29 A. a. O., 51–59.
30 Vgl. a. a. O., 51–54.
31 Vgl. a. a. O., 51–53.

begreifbarkeit[32] formuliert – ein Begriff, den Bultmann einer eigenen Angabe zufolge Martin Heidegger entlehnt – und ebenfalls im Einzelnen abgelehnt.

Scheinbar fehlt zunächst ein Ersatzbegriff für alle drei Kategorien einer Darstellung des Gottesbegriffs: Für „Unerkennbarkeit" wie auch das „Unbedingte" und die „Unbegreifbarkeit". Diesen leeren Platz wird dann der Begriff der „Unverfügbarkeit"[33] Gottes einnehmen. „Unverfügbarkeit" fällt insofern zum ersten Mal während einer Näherbestimmung des religiösen Gehaltes, der dort im Kern angesprochen werden soll, wo gewöhnlich von „Unerkennbarkeit", „Unbedingtheit" oder „Unbegreifbarkeit" die Rede ist.

Der weitere *Textrahmen* dieser systematisch-theologischen Erstnennung des Ausdrucks Unverfügbarkeit ist Bultmanns Enzyklopädiekapitel III[34] mit der Gesamtüberschrift „Theologie als Wissenschaft von Gott". Auf § 7 „Wissenschaft und Wahrheit"[35], den ersten Unterabschnitt des Kapitels, folgt der zitierte § 8 mit der Überschrift „Die Unerkennbarkeit Gottes"[36], der auch die Ideen des Unbedingten und der Unbegreiflichkeit bespricht. Schaut man den *Textstil* an, sind Bultmanns Ausführungen, sofern es sich um Vorlesungsmanuskripte handelt, sehr stark verkürzt. Sie changieren ihrem *inhaltlichen Interesse* nach zwischen erkenntnistheoretischen und religiös-existenziellen Frageinteressen.

Sehen wir uns die begriffliche Leerstelle genauer an, in welche der Begriff der Unverfügbarkeit hineinkommt: Der Text steigert sich in einer gestuft abgrenzenden Argumentation gegen 1. „Unerkennbarkeit"[37], 2. „Unbegreiflichkeit"[38], 3. das „Unbedingte"[39] und landet schließlich 4. bei der „Unverfügbarkeit"[40]. Eine spezifische Unterform der dritten abgelehnten Kategorie, nämlich eine Unterform von „Unbegreiflichkeit", kommt zuletzt dem am nächsten, was „Unverfügbarkeit" inhaltlich bedeutet.

Im ersten abgrenzenden Argumentationsschritt schreibt Bultmann:

> „Gott ist also für die Wissenschaft unerkennbar. Und diese Unerkennbarkeit bedeutet nicht, dass der Gegenstand ‚Gott' für unser Wissen zu groß, zu umfangreich, unübersehbar wäre, dass unsere Erkenntnis nicht ‚adäquate' wäre."[41]

---

32 Vgl. a. a. O., 54f.
33 Vgl. a. a. O., 55.
34 Vgl. a. a. O., 35–65.
35 Vgl. a. a. O., 35–50.
36 Vgl. a. a. O., 51–59.
37 Vgl. a. a. O., 51.
38 Vgl. a. a. O., 54.
39 Vgl. a. a. O., 51.
40 Vgl. a. a. O., 55.
41 A. a. O., 51.

Das theologisch geläufige Thema der Unerkennbarkeit meint eigentlich nicht eine Nicht-Erkennbarkeit im Sinne eines gegenständlichen Objektbezuges. Zugleich meint „Unerkennbarkeit" aber auch keine Nicht-Angemessenheit auf Seiten des subjektiven Erkennens. Die erkenntnistheoretische Dimension ist nach Bultmann in religiöser Perspektive nachgängig. Zum Objekt des Denkens kann zwar etwas, was der religiös-christliche Gottesbegriff darstellt, nicht unmittelbar gemacht werden, insofern erhält der Ausdruck der Unerkennbarkeit Recht. Aber dies spielt in Bultmanns Augen nicht die primäre Rolle im Rahmen der religiösen Einstellung des Menschen.[42]

Im zweiten Schritt weist Bultmann die Idee des Unbedingten – als bloße Verneinung dessen, was der Mensch unter seinen Bedingungen erlebe – ab. Unter diesem Titel des Unbedingten werde, so die Kritik, „nicht nach einer Wirklichkeit gefragt, sondern nach einer Idee"[43]; „nicht nach einer unbedingten Wahrheit, Forderung, etc."[44]. Abgelehnt wird hier scheinbar, dass im Begriff der existenzielle Aneignungsaspekt ausgeblendet ist. Das in der Kategorie „Unbedingtheit" Gegebene entspreche entweder der „Unerkennbarkeit", also dem abgelehnten Grenzbegriff des theoretisch Erkennbaren bzw. Anschaulichen. Oder es sei Ausdruck einer „unbedingten Forderung [aber insofern, A.R.] auch nur ein formaler Gedanke"[45].

Im dritten Schritt nach diesen Abgrenzungen gegenüber „Unerkennbarkeit" und „Unbedingtheit" folgt eine wiederum in sich gestufte Abgrenzung[46] gegenüber drei verschiedenen Fassungen von Unbegreiflichkeit[47], Bultmanns drittem

---

42 Vgl. ebd.

43 Ebd.

44 Ebd.

45 A. a. O., 52.

46 Vgl. a. a. O., 54f.

47 In der argumentativen Annäherung an den Begriff des Unverfügbaren zitiert Bultmann zur „Unbegreiflichkeit" explizit Martin Heidegger, d.h. dessen 1927 und 1928 gehaltenen Vortrag „Phänomenologie und Theologie"; vgl. BULTMANN, Enzyklopädie, a. a. O. (s. Anm. 25), 45. Bultmann nennt Heideggers Namen zum Zitat, aber keine genaue Quellenangabe. Von den Herausgebern wird auf eine sehr ähnliche Textstelle in Heideggers Vortrag „Phänomenologie und Theologie" verwiesen, welcher 1927 gehalten, aber erst 1969 veröffentlichet wurde. Vgl., JÜNGEL, Vorwort, a. a. O. (s. Anm. 25), 54, dort Anm. c. Der Verweis auf Heidegger kann sicherlich als Interpretationshinweis für den Gehalt von „Unverfügbarkeit" dienen. Das Heidegger-Zitat bei Bultmann heißt: „‚Allein es kann sehr wohl etwas unbegreiflich und durch Vernunft nie primär enthüllbar sein, es braucht gleichwohl eine begriffliche Fassung von sich nicht auszuschließen. Im Gegenteil: Wenn die Unbegreiflichkeit als solche gerade in der rechten Weise enthüllt sein soll, dann geschieht das nur auf dem Wege der angemessenen und d.h. zugleich an ihre Grenze stoßenden begrifflichen Auslegung. Sonst bleibt die Unbegreiflichkeit gewissermaßen stumm.' (Heidegger)"; BULTMANN,

kritisiertem Terminus. Hier wird für die Binnenperspektive religiösen Erlebens Folgendes argumentativ aussortiert: (a) eine Art der „Unbegreiflichkeit“ Gottes „als eines vorhandenen Wesens“[48]; (b) wird die „Unbegreiflichkeit des Gottesbegriffs“[49] abgelehnt; (c) nennt schließlich Bultmann als Zielkonstruktion des Argumentationsganges die „Unbegreiflichkeit des Jetzt in seinem Woher, Warum, Wozu?“[50]. Diese etwas sperrige Konstruktion – „Als Unbegreiflichkeit des Jetzt in seinem Woher, Warum, Wozu? Dann richtig!“[51] – ist die von Bultmann bereits 1928, also auf einer frühen Textebene der Enzyklopädie erreichte inhaltliche Grundlage für die spätere Prägung des Terminus Unverfügbarkeit.

Diese dritte Form, nämlich „Unbegreiflichkeit des Jetzt in seinem Woher, Warum, Wozu?“[52] kommt dem Bultmann vor Augen stehenden christlich-religiösen Intentionsgegenstand also am nächsten. Von hier aus prägt Bultmann unseren Begriff der „Unverfügbarkeit“: Er kommt in einem späten Texteinschub hinzu, der, folgt man den Herausgebern Jüngel und Müller[53], 1936 abgefasst wurde. „Unverfügbarkeit“ wurde insofern vermutlich als Lösung der noch offenen Darstellungsfrage im § 8 zur Unerkennbarkeit Gottes eingefügt. Im Texteinschub von 1936 lautet die plötzliche Lösung des zuvor umkreisten Darstellungsproblems:

> „Daß die Wissenschaft nicht von Gott reden kann, ihn nicht zum Objekt des Forschens und Erkennens machen kann, bedeutet einfach, dass Gott nicht zum Objekt unseres Verhaltens gemacht werden kann. Sowenig wie wir direkt auf Gott handeln können, ihn zum Objekt unseres Tuns machen können, so wenig zum Objekt unseres Denkens. Er ‚hält‘ gleichsam nicht ‚still‘; er steht nicht zur Verfügung“[54];

und kurz darauf im gleichen Texteinschub von 1936: „Die Unverfügbarkeit Gottes ist also nicht eine zufällige, wie die Unverfügbarkeit eines unverfügbaren Seienden.“[55] Kurz vor dem neuen Begriff „Unverfügbarkeit“ verschiebt sich also (ebenfalls im Einschub von 1936) Bultmanns Fokus von der vergegenständ-

---

Enzyklopädie, a. a. O. (s. Anm. 25), 54. Durch den neuen Begriff des „Unverfügbaren“, so können wir vermuten, bleibt die aus Heidegger entlehnte „Unbegreiflichkeit“, welche im religiösen Erleben mitschwingt, gerade nicht „stumm“, sondern erhält eine neue Ausdrucksform.

48 A. a. O., 54.

49 A. a. O., 55.

50 Ebd.

51 Ebd.

52 Ebd.

53 Vgl. JÜNGEL / MÜLLER, a. a. O. (s. Anm. 26), V-X.

54 Vgl. BULTMANN, a. a. O. (s. Anm. 25), 55.

55 Ebd.

lichenden und begrifflich bestimmenden Erkenntnishaltung weg, ebenso von der Perspektive praktischer äußerer Handhabung weg. Der Fokus liegt nun auf der Handlung als einem inneren „Verhalten"[56] oder „Tun"[57].

Folgendes sei daraus inhaltlich festgehalten: 1. Was Bultmann an den negationslogischen Ausdrücken für den Gottesgedanken interessiert, ist weder die theoretisch-gegenstandsbezogene Erlebenshaltung, noch die Frage subjektiven Erkenntnisvermögens. Auch geht es ihm nicht um begrifflich fixierende oder gar auf Handhabbarkeit von bzw. den Umgang mit Etwas angelegte Haltung des (religiösen) Menschen. „Unverfügbarkeit" bezeichnet mehr etwas im inneren, zeitlich strukturierten Handeln des (religiösen) Erlebens. Nun sucht Bultmann nach einem passenden Ausdruck, für den er dann neu „Unverfügbarkeit" ins Spiel bringt.

2. „Unverfügbarkeit" ist eine Näherbestimmung von „Unbegreiflichkeit des Jetzt in seinem Woher, Warum, Wozu". Bultmann legt einen zeitlichen Ausdruck zugrunde, an dem drei Aspekte unterschieden werden. Er sieht den Zusammenhang von Unverfügbarkeit konzentriert auf drei Momente im Zeiterleben. Das Moment der Gegenwart – „Unbegreiflichkeit des Jetzt" – gliedert sich in drei Frageaspekte auf: Zum Einen die zeitliche Rückwärtswendung in der Frage nach dem „Woher" von Sinn; zum anderen eine zeitliche Orientierung in die Zukunft in der Frage nach dem „Wozu", und beide umspannend die im Gegenwartsmoment zusammengeballte Sinn-Frage: „Warum". Vor Augen ist Bultmann also ein Orientierungsbedarf in drei Hinsichten oder intentionalen Ausrichtungen, die sich auf drei Zeithinsichten abbilden lassen.

3. In Bultmanns Durchgang durch die negativen Bestimmungen der Gottesvorstellung, also Unerkennbarkeit, Unbedingtheit und Unbegreiflichkeit, taucht die eingangs bei der Thematisierung der Anwendungsfelder des Unverfügbarkeitsbegriffs angesprochene Frage einer Näherbestimmung bzw. Abwandlung des Transzendenzbegriffs strukturell wieder auf. In gegenwärtigen Forschungszusammenhängen zeigte sich Unverfügbarkeit als die beweglichere Variante bzw. als Ersatzbegriff für den Begriff der Transzendenz, sofern letzterer überwiegend theoretisches Erkennen und die Überschreitung von Begriffs- und Anschauungsgrenzen meint. Auch der neu eingesetzte Begriff bei Bultmann steht für eine Akzentsetzung an der Transzendenzvorstellung – bei Bultmann für eine Akzentsetzung in der Darstellung des Transzendenzaspektes an religiös-existenziellen Gottesvorstellungen.

4. Es geht bei „Unverfügbarkeit" aber nicht um ein nur theologisches Problem im engeren Sinn, sondern das Konzept meint eine „Unverfügbarkeit des Men-

---

56 Ebd.
57 Ebd.

schen“ in „sich selbst“[58] bzw. deren Ausdruck in der Gottesidee. Die beiden Größen, „Unverfügbarkeit Gottes“ und das sich-selbst-Unverfügbar-Sein des Menschen sind bei Bultmann aufs Engste verwoben: „Wir müssten also, um ihn [Gott, A.R.] denken zu können, auch über unsere Existenz verfügen, uns ihr gegenüber stellen können.“[59] Im Kern entspricht das, was wir über eine „Unverfügbarkeit Gottes“ sagen können, einer Unverfügbarkeit in unserer Existenz. Die Gottesvorstellung reagiert als Darstellungsform auf eine innere Haltung, die auf ein Nichtstillhalten von Existenz reagiert oder bezogen ist. „Er [Gott, A.R.] hält nicht still; er steht nicht zur Verfügung“.[60] Wie für Gott gilt für die Existenz: Sie ist unverfügbar – Existenz steht in ihrem „Woher, Warum, Wozu“ nicht zur Verfügung, sie steht nie still. Unverfügbarkeit in der Gottesidee und des Menschen entsprechen quasi spiegelbildlich einander: „Die Unverfügbarkeit Gottes ist also nicht eine zufällige, wie die Unverfügbarkeit eines unverfügbaren Seienden. Sondern sie ist zugleich die Unverfügbarkeit des Menschen über sich selbst.“[61] Die Unverfügbarkeit von Zeitlichkeit, die bei Bultmann unter dem Titel „Gott“ besprochen wird, und die Unverfügbarkeit, welche Phänomene zeitlichen menschlichen Daseins beschreibt, spiegeln einander wechselseitig: „Gott erkennen heißt, des Augenblicks Herr werden“[62].

Für die Beschreibung braucht der Text den zeitgenössisch vielfach aufgeladenen Begriff der „Existenz“[63]. Das Existieren in seiner Ganzheit ist für Bultmann die dem religiösen Erleben primäre Ebene. Religion mag auch Begriffe für Erkenntnis- und Handlungsgrenzen bilden, sie bezieht sich aber primär auf das im Gottesbegriff Intendierte als in der gesamten eigenen Existenzstruktur durch jene intentionale Bezugsgröße bestimmt: „Denken wir Gott im echten Sinne, so denken wir den Allmächtigen, der unsere Existenz schlechthin bestimmt, oder wir denken ihn überhaupt nicht.“[64] Der Mangel der abgelehnten Charakteristika Gottes oder der Existenz als unerkennbar, unbedingt oder unbegreiflich liegt für Bultmann dann darin, dass diese Fassungen die zutreffende Ebene religiöser Selbstdeutung überhaupt nicht treffen.

Was wir uns unter „Existenz“[65] vorzustellen haben, wird deutlicher, wenn wir uns zwei Aspekte vor Augen halten: *Zum einen* die Zeitverfasstheit im Existieren; *zum anderen* die von Bultmann herangezogenen Figuren eines in sich ge-

---

58 Ebd.
59 Ebd.
60 Ebd.
61 Ebd.
62 Ebd.
63 A. a. O., 55, 57 u.ö.
64 A. a. O., 55.
65 Vgl. a. a. O., 56 u.ö.

genläufigen Zugleichbestehens gegensätzlicher Tendenzen im menschlichen Existenzerleben. Zur Zeitverfasstheit: Unverfügbarkeit im Existieren ist an Zeitlichkeit als mental handlungstheoretischer Struktur festgemacht: Ich selbst bin mir Subjekt und Objekt in einem „Augenblick“[66], der für das Dilemma steht, mich als zeitlich geworden zu begreifen und in die Zukunft hinein zu entwickeln, wobei beides in jedem Augenblick wechselseitig ineinander verflochten und nicht im Erkennen unterscheidbar ist.

Folgende Stellen zur Zeitverfasstheit finden wir bei Bultmann im Umfeld des Unverfügbarkeitsbegriffs: Der Mensch „ist nur insofern sein Objekt, als er zugleich sein Subjekt ist; d.h. er hat seine Existenz je zu ergreifen in der Entscheidung des Augenblicks“;[67] „Die Unerkennbarkeit Gottes ist begründet nicht in mangelnden Erkenntnisorganen des Menschen, sondern in der Zeitlichkeit des Menschen“.[68] Sinn, bzw. religiöser Sinn, wird dadurch unverfügbar, dass Zukünfte von Vergangenem durchwirkt werden, und dass sich im Sinnerleben Vergangenes durch Entscheidungen der Zukunft verändern wird. „Zeitlichkeit“ meint hier nicht lediglich Endlichkeitsreflexionen innerhalb eines linear messbar aufgefassten Zeitverlaufes. „Die Zukunft bringt mich mir selbst als verloren oder gewonnen. Der Mensch ist zeitlich und lässt die Zeitlichkeit nicht an sich vorbeilaufen wie den Raum, den er durchschreitet.“[69] Zeitlichkeit betrifft insofern die erlebte Identität von Sinn.[70]

Eine grundsätzliche interne Gegenläufigkeit in der Existenzstruktur wird schon an dieser Widersprüchlichkeit im Zeiterleben sichtbar. Der Text bündelt Motive eines „Zugleich“ gegensätzlicher Erlebensmomente. Mit Blick auf die Zeitlichkeitsstruktur von Existenz bin ich zugleich mir gegeben wie auch unter der Spannung stehend, mich nach vorn hin auszulegen: Ich finde mich in diesem doppelten Licht als gegensätzlich bestimmt wieder. Existenz ist aber in noch weiteren Hinsichten durch grundsätzliche Dilemmata gekennzeichnet. In ihrer paradoxalen Verfassung erinnern diese nicht zuletzt an die lutherische Rechtfertigungsfigur. Zur Zeitlichkeit kommt als weitere in sich widersprüchlich verfasste Ebene ein Zugleich von aktivem Handelnkönnen und dem Handlungsbedingtsein, in Bultmanns Worten: „Daß der Ruf des Augenblicks nicht nur zur Tat ruft, sondern auch Schicksal gibt“[71]. Das Erleben belässt den Menschen zwar

66 A. a. O., 56.

67 Ebd.

68 Ebd.

69 Ebd.

70 Bultmanns Reflexion auf die Zeitverfasstheit des Menschen ist, so die Vermutung, zeitlichkeitsphänomenologisch vor dem Horizont der Frühphilosophie Martin Heideggers zu verstehen. Siehe dazu Anm. 85 unter Punkt 2.2. in diesem Aufsatz.

71 BULTMANN, Enzyklopädie, a. a. O. (s. Anm. 25), 58.

einerseits in hinnehmender Passivität. Seine Momente sind ihm „Schicksal". Zugleich treten sie aber in Gestalt einer Forderung in ihm auf, diese Spannung deutend und handelnd zu gestalten: Der „Ruf des Augenblicks"[72].

Unverfügbarkeit kann mit diesem Text Bultmanns als Kategorie gelten, die auf den handelnd-deutenden Selbstumgang reflektiert. Sie wäre insofern als Unzugänglichkeit des Menschen gegenüber sich selbst aufzufassen. „Unverfügbarsein" wäre, grob gefasst, ein Unzugänglichsein gegenüber sich selbst. Es würde erlebt, sofern der Mensch sich vereinseitigend quasi bloß als Subjekt – oder aber bloß als ein Gegenstand seines Lebensentwurfs begriffe. Unverfügbarkeit kann die zwiespältige Verfassung bezeichnen, in welcher sich der Mensch weder nur als handlungsfähig, noch nur als sich vorgegeben erfährt. Schließlich meint Unverfügbarkeit, dass man sich weder nur erinnernd entwirft, noch nur konstruiert, sofern man erinnert. Diese Kontraste in der Lebendigkeit des deutenden Lebensentwurfs sind Kernthemen von Religion bzw. Christentum.

Damit wäre in „Unverfügbarkeit", wie sie in Bultmanns Enzyklopädie gemeint ist, ein Grenzbegriff von Existenz gefunden, der nicht eine bloße Negation des Eigenen – z.B. des eigenen Erkenntnisvermögens, der eigenen Endlichkeit, des eigenen Wollens etc. wäre. Das „Un-" der Unverfügbarkeit ist vielmehr eines, das deutende Position wie Negation gleichermaßen enthält. Gleichzeitig werden durch den Ausdruck „Unverfügbarkeit" ebenso die Problematik einer Entzogenheit von Handlungsautonomie in Sinndeutungen eingefangen – wie auch die konstruktive Seite derselben Entzogenheit. Wenn erlebensinterne Konstellationen oder Prozesse dem direkten Verfügen entzogen sind, werden sie bedrohlich aus der Perspektive autonomer Handlungsleitung, aber sie erhalten auch das Eigenrecht einer unberechenbaren Eigendynamik, das auf die Lebendigkeit existenzieller Prozesse verweist.

Erinnern wir uns von den bislang beobachteten Aspekten der Begriffsprägung aus nun an die Leitthese des Dresdner Technikprojektes zurück, so zeigen sich jetzt erhebliche Differenzen[73]: Im Dresdner kulturhermeneutisch-technikethischen Zusammenhang hatte die Unverfügbarkeitskategorie die Funktion, einem Interesse an Grenzverschiebungen durch das Technische im Sinne objektivierter Konstruktionen nachzugehen. Es sollte Grenzverschiebungen durch Deutungen öffentlicher Technikdiskurse nachgegangen werden. Der Dresdner Technikethik ging es um kulturanalytisch herauszuarbeitende Gemeinsamkeiten zwischen „Technik und Theologie als Arbeit am Unverfügbaren", welche sich dann zei-

---

[72] Ebd.

[73] Für diese Problemanzeige danke ich Jörg Dierken. Siehe zum Thema auch DIERKEN, JÖRG, Glaube und Lehre im modernen Protestantismus. Studien zum Verhältnis von religiösem Vollzug und theologischer Bestimmtheit bei Barth und Bultmann sowie Hegel und Schleiermacher, Tübingen 1996, hier z.B. 138–141.

gen, „wenn durch die Technik die Grenze zwischen dem Verfügbaren und dem Unverfügbaren verschoben wird.“[74] Insofern schien es bei der Dresdner technikethischen Fragestellung um Grenzverschiebungen in nahezu räumlich vorgestellten Bereichen bzw. Modellen von „Verfügbarkeit“ zu gehen: Z. B. Welche Grenzen der Handlungsreichweite werden öffentlichen Technikdiskursen zufolge durch Technikentwicklungen vorgeblich verschoben?

Für Bultmanns Erstverwendung bzw. Begriffseinführung scheint sich aber ein völlig anderer Akzent herauszukristallisieren. Bultmanns Begriff zeigt sich bislang als ein für den Vollzug von religiösem Glauben oder Existenz geprägter Begriff. In ihren internen Vollzügen überschreitet menschliche Existenz im Verlauf zeitlicher Selbstdeutungen sich selbst, wobei ihr Verfügbares als unverfügbar und Unverfügbares als verfügbar begegnet.

Ein kurzer Seitenblick auf Martin Heidegger[75], der durch Bultmanns eigenen Textverweis zu Heidegger motiviert ist, mag nun Bultmanns Fokus auf solche dynamischen inneren Auslegungsvollzüge des Existierens oder des sich praktisch deutenden Erlebens noch weiter ausleuchten. Dazu seien allerdings nur knappe Hinweise benannt. Auch dieser Heideggersche Horizont Bultmanns deutet eher darauf hin, dass Bultmanns Unverfügbarkeitsbegriff jedenfalls nicht leicht auf eine Grenzverschiebung im Bereich des Gegenständlich-Technischen oder auf Konstruktionen in Technikdeutungen angewandt werden kann.

2.2 Martin Heidegger als Horizont von Rudolf Bultmanns Begriff der Unverfügbarkeit?

Der Text der Enzyklopädie verweist an verschiedenen Stellen, u.a. kurz vor der Einführung der Unverfügbarkeitskategorie, auf Martin Heidegger. Der folgende Seitenblick unterstützt die Vermutung, dass Unverfügbarkeit ein Begriff im Vollzugsgeschehen von Existenz selbst ist. Heidegger als Bultmanns Gesprächspartner zu erwähnen und als Rekonstruktionsfolie anzuwenden, kann in einer breiteren Beschäftigung mit Bultmanns Konzepten vor allem da fruchtbar werden, wo Bultmann eigene Begriffsprägungen nicht ausführt, sondern sie sogleich in theologisch-praktische Zusammenhänge einbindet. Ihre Komplexität übernimmt er teils aus den Zusammenhängen Heideggers. Zwischen Martin Heidegger und Rudolf Bultmann bestand bekanntlich zwischen 1925 und 1975 ein

---

[74] SCHWARKE, CHRISTIAN, Konstruktionen von Transzendenz und Gemeinsinn, a. a. O. (s. Anm. 1), 100.

[75] Siehe zur Bezugnahme Bultmanns auf Heidegger die Anmerkung 47 in diesem Aufsatz.

Briefwechsel[76], der den Rahmen ihres geistigen Austauschs wie Arbeitsthemen und -kontexte oder wechselseitige Buchempfehlungen dokumentiert[77]. Die Herausbildung der Kategorie der Unverfügbarkeit steht zeitlich am Beginn von Bultmanns Auseinandersetzung mit Heidegger. Direkt vor der Einführung des Unverfügbarkeitsbegriffs hatten wir die vorhin wiedergegebene Bezugsstelle mit Heideggers Namen gefunden. Bultmann bezieht sich neben diesem Vortragszitat aus „Phänomenologie und Theologie"[78] in mehreren Anmerkungen der Enzyklopädie auf „Sein und Zeit", dort unter anderem auf Textpassagen zum Gewissensbegriff[79].

Hier seien kurz sechs Beobachtungen benannt. *Erstens*: Der Begriff „Unverfügbarkeit" kommt bei Heidegger selbst scheinbar nicht vor.[80] Für Bultmanns „Unverfügbarkeit" lässt sich also keine direkte begriffliche Abhängigkeit von Heidegger heranziehen.

Zweitens ist auch „Verfügbarkeit" zwar kein Zentralbegriff Heideggers. In dem bereits zitierten Lexikonartikel verweist Hans Vorster[81] aber auf die vereinzelte Verwendung des „Verfügbaren". Vorsters Heidegger-Zitat stammt erst von 1953: „Das Seiende [..., H.V.] ist [..., H.V.] nur noch das Fertige, als solches für jedermann Verfügbare, das Vorhandene, darin keine Welt mehr weltet – viel-

---

76 Bultmann, Rudolf / Heidegger, Martin, Briefwechsel, hg. von Großmann, Andreas / Landmesser, Christof, Tübingen 2009.

77 Zum Einfluss auf die Begriffsprägung „Unverfügbarkeit" lässt sich aus dem Briefwechsel wenig ablesen. Interessant wäre weiterführend Bultmanns Aufsatz „Die Geschichtlichkeit des Daseins und der Glaube"(1930). Im Untertitel „Antwort an Gerhardt Kuhlmann" wird darauf verwiesen, dass Bultmann sich mit einer kritischen Rezension des Theologen auseinandersetzt, die seinem theologischen Ansatz „Abhängigkeit von Heideggers existenzialer Analyse des Daseins" vorgeworfen hatte; vgl. Bultmann, Rudolf, Die Geschichtlichkeit des Daseins und der Glaube. Antwort an Gerhardt Kuhlmann (1930), in: Ders., Neues Testament und christliche Exegese. Theologische Aufsätze, hg. von Lindemann, Andreas, Tübingen 2002, 59–83. Der Aufsatz bietet eine allgemeine Verhältnisbestimmung gegenüber Heidegger. Dessen Philosophie der 20er Jahre bildet in jedem Fall eine mögliche Deutungsschablone des Unverfügbarkeitsbegriffs.

78 Dieser Aufsatz Heideggers ist für unseren Zusammenhang dennoch wenig ertragreich. Gehalten wurde der bei Bultmann zitierte Vortrag Heideggers dazu am 09. 03. 1927 in Tübingen und am 14. 02. 1928 in Marburg. Vgl. dazu auch die Herausgeberanmerkung in der Enzyklopädie, Bultmann, Enzyklopädie, a. a. O. (s. Anm. 25), 54, dort Anm. c.

79 Vgl. a. a. O., 44f., 57.

80 Vgl. nochmals Vorster, Unverfügbakeit, a. a. O. (s. Anm. 20) und Härle, Bultmanns Theologie, a. a. O. (s. Anm. 22).

81 Vgl. Vorster, Unverfügbarkeit, a. a. O. (s. Anm. 20), 334.

mehr schaltet und waltet jetzt der Mensch mit dem Verfügbaren".[82] Der Begriff findet sich aber auch früher als von Vorster angeführt – so beispielsweise in „Sein und Zeit"[83] im § 69 über die „Zeitlichkeit des In-der-Welt-seins"[84]. In dieser Analyse von Zeitlichkeit und Alltäglichkeit begegnet der Begriff des Verfügbaren im Umfeld emotionspsychologischer Begriffe bzw. im Rahmen der Gewissens-Analyse. Dort wird die gleichzeitige Mehrdimensionalität von zeitlichem Erleben bzw. Existieren betont: Das „Verfügbare" ist dort das Vermisste, zugleich aber Gegenwärtig-seiend-Erwartete – und in dieser Bedeutung also das eigentlich verfügbare Nicht-Verfügbare[85].

Drittens zeigt Heidegger strukturell benachbarte Konzepte zum „Verfügen", von denen man dieses zur Konturierung jeweils abgrenzen könnte. Das ist etwa bei der Rede von der „Vorhandenheit"[86] im Rahmen seiner Ausführungen zum „In-der-Welt-sein überhaupt"[87] der Fall.

Viertens hat auch die Verneinungsform, wie wir sie in Bultmanns Terminus der Unverfügbarkeit finden, auffällige begriffliche Parallelen zu Heideggers „Unverwendbarkeit"[88], „Unzuhandenem"[89], „Unbedürftigkeit"[90], „Unheimlich-

---

82 Heidegger, Martin, Einführung in die Metaphysik (1953), in: Gesamtausgabe II/40, Frankfurt a. M. 1983, 67; hier zitiert nach Vorster, a. a. O., 334f.

83 Heidegger, Martin, Sein und Zeit (1927), Tübingen (17. Aufl.) 1993.

84 Vgl. a. a. O., 350–364; v.a. 355.

85 Der § 69 thematisiert „Zeitlichkeit" in ihren erlebten Formen; vgl. Heidegger, Martin, Sein und Zeit, a. a. O. (s. Anm. 83), 350–366. Vergangenheit, Gegenwart und Zukunft werden analysiert als „Gewesenheit", aufmerksames „Gegenwärtigen" und „Erwarten" von Kommendem (350ff). Dieses Zeiterleben steht für das Problem der „Transzendenz der Welt". Dort, in § 69 von „Sein und Zeit", begegnet nun tatsächlich auch „Verfügbares" neben „Unzuhandenem" (355). Den Begriff des Verfügbaren finden wir in der Analyse der Phänomene „Vermissen" und „Überraschtwerden" als Modi „umsichtigen Besorgens". Nur etwas eigentlich „immer schon Verfügbares" oder für die Intention Anwesendes kann als scheinbar Un-Verfügbares „vermisst" werden (vgl. ebd.). „Verfügbarkeit" begegnet in „Sein und Zeit" im Zusammenhang emotionspsychologischer Topoi. Der Begriff steht in einem Zusammenhang, bei dem wir es mit einer enormen Vielschichtigkeit des menschlichen Erlebens zu tun haben. Wir sehen Verfahrensweisen in der Aufmerksamkeits-, Erwartungs- und Erinnerungsstruktur zu. Und wir finden Phänomene beschrieben, bei denen sich Aufmerksamkeit und Abwesenheit in der Wahrnehmung überlagern, wo Deuten und Reagieren, innere Reaktionshandlungen und ihr Verständnis sich als eng verflochten ineinander zeigen. Zeitliche Orientierung und Konstruktivität von Stimmungen überschneiden sich gleich mehrfach. Diese auf der Zeitlichkeit des Erlebens beruhende Vielschichtigkeit könnte in die Stimmung von „Unverfügbarkeit" mit hinein gehören.

86 Vgl. Heidegger, Sein und Zeit, a. a. O. (s. Anm. 83), 54–56.

87 Vgl. a. a. O., 52–59.

88 A. a. O., z. B. 73.

keit“[91], „Unentschlossenheit“[92] und weiteren Begriffen. Etwas überdehnt begegnet dieses Begriffsmuster Heideggers bei Konzepten wie dem „Unzusammen“[93] oder „Unzuhause“[94].

Fünftens ist der gesamte begriffliche Kontext von Bultmanns „Verfügbarkeit“ und „Unverfügbarkeit“ von Begriffen durchzogen, die zwar insgesamt zeittypisch sind, teils von Søren Kierkegaard, der derzeitigen Kierkegaardrezeption und anderen theologischen Autoren beeinflusst sein könnten, die aber nicht zuletzt auch bei Heidegger prominent sind. Das gilt etwa für den Existenzbegriff oder Zusammenhänge wie Zeitlichkeit, Eigentlichkeit, Auslegung und sonstige Motive aus Heideggers „Sein und Zeit“.

Schließlich enthält *sechstens* Heideggers frühe Schrift „Vom Wesen des Grundes“ (1929) eine Kritik am Transzendenzbegriff.[95] Diese Kritik am Transzendenzbegriff hat strukturelle Parallelen zur Argumentation Bultmanns, wie wir sie nun aus der Enzyklopädie kennen. Sie findet sich im Unterabschnitt II mit dem Titel „Die Transzendenz als Bezirk der Frage nach dem Wesen des Grundes“[96]. Dort finden sich Korrekturen Heideggers am Transzendenzbegriff, die Parallelen zu Bultmanns kritischer Korrektur an Transzendenzvorstellungen im Gottesbegriff der Enzyklopädie-Vorlesungen aufweisen[97].

---

89 Ebd.

90 A. a. O., z. B. 92.

91 A. a. O., z. B. 277.

92 A. a. O., z. B. 299.

93 A. a. O., 242.

94 A. a. O., 276.

95 Heidegger, Martin, Vom Wesen des Grundes (1929), Frankfurt a. M. (5. Aufl.) 1965, v. a. 18–22.

96 A. a. O., 18–42.

97 Der thematische Rahmen der Abhandlung „Vom Wesen des Grundes“ von 1929 heißt in Heideggers späterem Vorwort schlicht: „Diese [d.i. die Abhandlung] bedenkt das Nichts“ (a. a. O., 5). Dort zeigen sich Näherbestimmungen am Transzendenzbegriff, die Parallelen zur Einführung des Unverfügbarkeitsbegriffs in Bultmanns Enzyklopädie haben. Heidegger bestimmt im Abschnitt II der Abhandlung den Transzendenzbegriff. „Eine terminologische Vorbemerkung soll den Gebrauch des Wortes ‚Transzendenz‘ regeln“. Er wird in seiner Vollzugslogik aufgegriffen – als Überschreiten mit den Aspekten des „woraufzu“ und „‚von‘ etwas“ herkommend (vgl. a. a. O., 18). Das von Heidegger vorgefundene und als solches kritisierte Konzept des Transzendierens sei räumlicher Vorstellung entnommen. Nun geht es Heidegger um eine Ausweitung des Begriffs der Transzendenz. Verschiedene Engführungen sollen umgangen werden. So soll Abstand von räumlicher Vorstellung und von der Subjekt-Objekt-Differenzierung gewonnen werden. „Transzendenz“ bezeichnet dann besser einen „Überstieg [...] in Ganzheit und nie nur zuweilen und zuweilen nicht, etwa gar lediglich und zuerst als theoretisches Erfassen von Objekten“ (a. a. O., 20).

Für die Interpretation Bultmanns geht es in unserem Rahmen aber nicht um die konkrete Näherbestimmung von Begriffen oder gar um begriffliche Abhängigkeiten im Einzelnen, sondern es geht mehr um den Gesamtcharakter von Heideggers frühem Ansatz: Er sei mit dem Theologen Ulrich Barth im Aufsatz „Cartesianische oder hermeneutische Subjektivität. Heideggers Beitrag zu einer Theorie der Selbstdeutung“[98] zusammengefasst. Barth begreift Heideggers Überlegungen um „Sein und Zeit“ als Konzept einer „hermeneutischen Subjektivität“[99] bzw. als „hermeneutisches Modell der Subjektivität“[100]. Heidegger müsse weniger als in der Rezeption oft betont für eine „Rehabilitierung der Ontologie oder die Grundlegung der Existenzphilosophie“[101] stehen. Vielmehr könne sein frühes Denken als ein Beitrag zu einer Theorie der Selbstdeutung aufgefasst werden[102]. Verkürzt gesagt: Mit Heidegger vollzieht sich eine Umstellung von einer

---

Von solcher Ganzheit von Daseins- bzw. Existenzvollzügen aus gedacht formuliert Heidegger: „Subjektsein heißt: in und als Transzendenz Seiendes sein“ (a. a. O., 19). Die Permanenz von Transzendierungsvollzügen im subjektiven Leben wird als Ganzheit ausgesagt. Zum anderen wird auch das Intentionskorrelat des Überschreitens von bzw. im Dasein – nämlich „Welt“ – als Totalität gedacht. Sie ist für Heidegger „alles was ist, die Allheit, als die das ‚Alles‘ über eine Zusammennehmung nicht weiter bestimmende Einheit“ (a. a. O., 20). Als Intentionskorrelat von Transzendierung soll ebenfalls nichts Vereinzeltes sowie nichts in der Form begrenzter Bezugsgegenstände im Bewusstsein vorgestellt werden. Transzendenz heißt dann, dass sich Subjektivität auf sich selbst hin überschreitet, und dies im Rahmen der Ganzheit ihrer Erlebenswelt. Mit dieser starken Erweiterung des Transzendenzbegriffs – weg von Überschreitung im Sinn einer eher räumlich gedachten Grenzverschiebung, hin zu einer erlebensimmanenten Transzendenz – wird der Begriff aufgrund seiner Weite fast unbrauchbar. Transzendenz eignet jedem Vollzug von Subjektivität in ihrer Welt, einschließlich aller Momente an diesen Totalitäten. Dann, so weiter bei Heidegger, „muß freilich die ‚Transzendenz‘ jedem Seienden als Vorhandenem zugesprochen werden. […] Besagt ‚transzendent‘ nichts weiter als ‚zum übrigen Seienden gehörig‘, dann ist es evident unmöglich, die Transzendenz als auszeichnende Wesensverfasssung dem menschlichen Dasein zuzusprechen“ (a. a. O., 21). In dieser starken inhaltlichen Ausweitung der Transzendenzvorstellung finden sich Nähen zur Einführungsargumentation des Unverfügbarkeitsbegriffs bei Bultmann. In dessen Enzyklopädietext war Unverfügbarkeit die Umprägung von „Unerkennbarkeit“, „Unbedingtheit“ und „Unbegreiflichkeit“ als Ausdrücke für religiöse bzw. Existenzvollzüge. Bultmanns Argumentation ging es ähnlich um die Konkretisierung eines spezifischen (dort theologischen) Transzendenzbegriffs.

98 Barth, Ulrich, Cartesianische oder hermeneutische Subjektivität. Heideggers Beitrag zu einer Theorie der Selbstdeutung, in: Ders., Religion in der Moderne, Berlin / New York 2000, 263–283.

99 A. a. O., 265.

100 A. a. O., 283.

101 A. a. O., 263.

102 Vgl. a. a. O., 281–283.

Beschreibung der menschlichen Haltung zur Welt als einer primär erkennenden oder theoretischen Einstellung weg, hin zu deren Beschreibung als primär handelnd-deutender Welthaltung. Intentionalität des Erlebens ist, mit Barth gesprochen, noch bei Edmund Husserl[103] ein in erster Linie theoretisches sich-Verhalten-zu. Bei Heidegger habe die menschliche intentionale Einstellung nun eine neue Pointe erhalten, nämlich „Leben auf etwas zu"[104]. Zudem soll das Erleben im Rahmen seines Weltbezuges „nicht vom psychischen Subjekt her erklärt werden, sondern ist sachlich und methodisch ursprünglicher als jenes"[105]. „Jede Situation", so wird Heidegger bei Ulrich Barth zitiert, „ist ein ‚Ereignis' und kein ‚Vorgang'. Das Geschehene hat Beziehung zu mir; es steht ins eigene Ich hinein"[106]. Der Umgang mit der Welt in der Welt ist demnach des Menschen primäre Haltung. Und Heidegger geht es darum, „den Gehalt und die Struktur jener lebensweltlichen Selbstauslegung"[107] zu erhellen. Die Intention des Erkennens einer „Welt" mit der basalen Unterscheidung in erkennendes Subjekt und intendiertes Objekt des Erkennens ist dem nachgeordnet. Nachgeordnet ist dann auch die Frage der Begrenzung oder aber einer Transzendierung bzw. Überschreitung menschlicher Erkenntnis- und Verhaltensgrenzen. Der Weltumgang des Handelns, in den Deutung immer elementar mit hineinverwoben ist, ist nun für Heidegger der primäre Ort des Erlebens. Diese Idee einer handelnd-deutenden Selbstauslegung in das eigene Leben hinein können wir als neuen Ansatz Heideggers auch in Bultmanns weniger ausgeführten Begriffskonzepten wiederfinden.

Kommen wir zu Bultmann zurück und sehen auf die Begriffe des „Verfügens", die er schon vor der Begriffsneuprägung 1936 in der Enzyklopädie verwendet.

3. Der gedankliche Weg von der „Verfügbarkeit" zur „Unverfügbarkeit" in Aufsätzen Bultmanns 1925-1927

Noch bevor in Bultmanns Enzyklopädie der Begriff „Unverfügbarkeit" terminologisch begegnet, finden sich Häufungen des „Verfügbaren", von „verfügbar machen" u.a. In der Verwendung des „Verfügbaren" wird der Begriff der Unverfügbarkeit vorbereitet[108]. Deshalb gehen wir chronologisch einige Schritte hinter die Theologische Enzyklopädie von 1926-1936 zurück. Exemplarisch werden

---

103 A. a. O., 267–269.

104 A. a. O., 269.

105 Ebd.

106 A. a. O., 270.

107 A. a. O., 282.

108 Vgl. dazu auch HÄRLE, Bultmanns Theologie, a. a. O. (s. Anm. 22), 75–77.

drei Aufsätze aus dem Zeitraum zwischen 1925 und 1927 herangezogen, in denen der Wortstamm „verfüg(en)" häufiger begegnet. In ihnen finden wir folgende Aspekte an „Verfügbarkeit": Im ersten Aufsatz[109] die Frage eines Mangels an Verfügbarkeit als Freiheit inneren Handelns, bzw. als notwendige „freie Tat"[110]. Im zweiten, einem biblisch-hermeneutischen Aufsatz aus dem gleichen Jahr[111], sehen wir die hermeneutische Struktur von Subjektivität an der Figur des Exegeten veranschaulicht. Der dritte und letzte Aufsatz[112] stammt von 1927. Er verbindet das in der Technikreflexion geläufige Motiv der „Maschine"[113] mit dem Stichwort der Verfügbarkeit und bringt uns zur Technikreflexion zurück.

3.1 Die Nicht-Verfügbarkeit als „freie Tat" in Bultmanns „Welchen Sinn hat es, von Gott zu reden?" von 1925

Auf den Aufsatz von 1925 verweist Bultmann bei seiner ersten Verwendung von „Unverfügbarkeit" in einer Anmerkung des vorhin analysierten Enzyklopädietextes[114]. Die Wortbedeutung wird im Wesentlichen im 1925er Aufsatz schon vorweggenommen, ohne dass das „Unverfügbare" direkt auftauchte. Aber der Wortstamm „verfügen" ist auch hier schon fast überall mit Verneinungsvarianten kombiniert. „Gott ist nie ein von außen zu Sehendes, ein Verfügbares, ein ‚Woraufhin'"[115], und weiter bei Bultmann: „ist der Gedanke Gottes ernst genommen, so ist Gott nichts, woraufhin irgend etwas vorgenommen werden

---

109 BULTMANN, RUDOLF, Welchen Sinn hat es, von Gott zu reden? (1925), in: LINDEMANN, ANDREAS (Hg.) Rudolf Bultmann. Neues Testament und christliche Existenz. Theologische Aufsätze, Tübingen 2002, 1–12. Aus pragmatischen Gründen wird diese Textsammlung zitiert. Von den zitierten drei Texten Bultmanns finden sich zwei in dem vergriffenen ersten Band seiner üblicher Weise zitierten Aufsatzsammlung „Glauben und Verstehen I-IV". Der zweite hier analysierte Aufsatz „Das Problem der neutestamentlichen Exegese des Neuen Testaments" von 1925 wurde mit dieser neuen Sammlung erstmals in einer Bultmann-Ausgabe veröffentlicht.

110 A. a. O., 9.

111 BULTMANN, RUDOLF, Das Problem einer theologischen Exegese des Neuen Testaments (1925), in: LINDEMANN, ANDREAS (Hg.), Rudolf Bultmann. Neues Testament, a. a. O. (s. Amn. 109), 13–38.

112 BULTMANN, RUDOLF, Die Bedeutung der „dialektischen Theologie" für die neutestamentliche Wissenschaft (1928), in: LINDEMANN, ANDREAS (Hg.), Rudolf Bultmann. Neues Testament, a. a. O. (s. Amn. 109), 39–58.

113 A. a. O., 57.

114 BULTMANN, Enzyklopädie, a. a. O. (s. Anm. 25), 55.

115 BULTMANN, Welchen Sinn, a. a. O. (s. Anm. 109), 8.

kann."[116] Gott ist nicht „ein Etwas, woraufhin uns ein Verhalten – so oder so – möglich wäre"[117].

Folgende inhaltliche Anreicherungen bietet der Aufsatz: *Erstens* werden die Negationsformen des „Verfügens" verbunden mit dem Thema nicht-„eigentlicher"[118] bzw. indirekter Rede: „Es ist uns also mit unserer Existenz eine ebenso merkwürdige Sache wie mit Gott: Über beides können wir nicht eigentlich reden, über beides verfügen wir nicht"[119]. Nicht-Verfügbarkeit bezeichnet in dieser Doppelung – Intention eines Verfügenwollens und Negation des Verfügens – zwar einen Zugriff auf etwas, aber eben höchstens einen indirekten Zugriff. Über „Gott" wie unsere darin mit thematisierte Existenzstruktur „können wir nicht eigentlich reden, über beides verfügen wir nicht"[120].

Zweitens: Nichtverfügbarkeit kann neben dem religiösen Phänomenbereich auch anhand des Phänomens „Liebe"[121] anschaulich werden: Religiöser Glaube wie der Erlebenszustand der Liebe sind Anschauungsfelder für eine Einstellung bzw. „Lebensbeziehungen"[122] oder „Bestimmtheit[en]"[123]. Sie geben eine innere Zuständlichkeit des Lebens wieder, welche das Existieren als Ganzes färben. Auch diesen Sinn hat es, von Gott zu reden – um nichtverfügbare Erlebenszustände als indirekt ansprechbare doch noch zu thematisieren. „Man kann über Gott sinnvoll so wenig reden wie man über Liebe reden kann. In der Tat, auch über Liebe kann man nicht reden, es sei denn, dass dies Reden über Liebe selber ein Akt des Liebens wäre [...] Sie besteht nur als eine Bestimmtheit des Lebens selbst; sie ist nur indem ich liebe oder geliebt werde, nicht daneben oder dahinter."[124]

Drittens: Für den Gehalt der Phänomene des Erlebens gibt es einen Verstehens- und Darstellungsunterschied, ob das verstehend-darstellende Erleben an der Weise der „Bestimmtheit"[125] des Lebens selbst beteiligt ist oder nicht. Verfügbarkeit und Nichtverfügbarkeit sind Teilmomente innerhalb eines immer beteiligten Lebenszustandes. Solch existenzielle Beteiligung des gesamten Erlebens kann nicht ohne Einbußen des Verstehensgehalts aus Phänomenkonzeptionen herausgerechnet werden. Aus solch einer Beteiligung folgt aber auch: „dass

116 Ebd.
117 Ebd.
118 A. a. O., 6.
119 Ebd.
120 Ebd.
121 A. a. O., 2; 7.
122 A. a. O., 7.
123 A. a. O., 2.
124 A. a. O., 1f.
125 A. a. O., 2.

ein Sich-orientierendes Fragen und ein auf Reflexion gegründetes Sich-entscheiden darüber, ob wir reden oder schweigen, handeln oder ruhen sollen, uns gar nicht anheimgegeben ist".[126] Als eine elementare und beteiligte Dimension unserer Existenzweise kann Nichtverfügen Orientierungslosigkeit sein.

Viertens: Dennoch, oder gerade deswegen, wird der Zusammenhang auch um den Begriff einer „freien Tat"[127] der Existenz herum aufgebaut. Auf elementarer Ebene nie über den Existenzzustand verfügen zu können, bedeutet nicht Passivität im Blick auf die subjektive Lage. Und das ist der Fall, obwohl unsere Problematik nicht einmal direkt beschrieben oder gar erkannt werden könnte. Die unverfügbare Lebensbestimmtheit verknüpft Bultmann mit der Pointe: „Unser ist allein die freie Tat."[128] Sie steht für ein Dilemma zwischen Konstruktivität und Endlichkeit im Selbstumgang: Wir haben uns „ein Müssen"[129] vorzustellen, das im gleichen Moment „freie Tat" ist. „Es kann hier aber nur ein Müssen gemeint sein, das freie Tat ist; denn solche allein geht aus unserem existenziellen Sein hervor, in solcher allein sind wir selbst und sind wir ganz."[130] Nichtverfügbarkeit der Existenz ist „völlige Abhängigkeit"[131]. Aber diese ist zugleich verfügbar als „freie Tat, denn nur in der Tat sind wir selbst"[132]. Das Motiv einer „freien Tat" ist die konstruktive Seite des Nicht-Verfügbarkeitsthemas.

Mit den Verneinungsvarianten im nicht- oder nie-Verfügen hatten wir zunächst die kritische Seite der Bedingtheit von Selbstauslegung im Blick. Nun haben wir den Handlungsimpuls vor Augen, welcher paradoxerweise aus dem Dilemma zwischen Verfügensintention und Nichtverfügen-über-Sich hervorgeht. Solch ein Handlungsimpuls ist „freie Tat, die Urtat"[133]. Denn „nur im Tun als freier Äußerung einer Person, nein, vielmehr als dem, worin eine Person überhaupt existiert, kann Person zu Person in Beziehung treten."[134] Daseins-

---

[126] A. a. O., 9.

[127] Vgl. a. a. O., 9–11.

[128] A. a. O., 10.

[129] A. a. O., 9f.

[130] A. a. O., 9.

[131] Bei Bultmann ist das auch unter dem etwas irreführenden Begriff des „Gehorsams" auf den religiösen Glauben bezogen. Anders akzentuiert schreibt Bultmann: „Solche Tat […] Sie bedeutet völlige Abhängigkeit, aber nicht als frommes Gefühl, sondern eben als freie Tat, denn nur in der Tat sind wir selbst", vgl. ebd. Zu der damit vorliegenden Anlehnung an die Religions- bzw. Frömmigkeitsdefinition in § 4 von Schleiermachers Glaubenslehre vgl. SCHLEIERMACHER, FRIEDRICH D. E., Der christliche Glaube nach den Grundsätzen der Evangelischen Kirche im Zusammenhange dargestellt (1830/31), Berlin / New York, (Nachdruck der 7. Aufl. 1960) 1999, 23–30.

[132] BULTMANN, Welchen Sinn, a. a. O. (s. Anm. 109), 9.

[133] A. a. O., 11.

[134] Ebd.

weise und Ansprechbarkeit des Menschen als „Person“[135] hängen am dauerhaft gegenwärtigen Vollzug jener „Urtat“.

3.2 Anschauung des Nichtverfügbaren – im Bild des Textexegeten. Bultmanns „Problem einer theologischen Exegese des Neuen Testaments“ von 1925

Dieser Hermeneutikaufsatz[136] ist für unseren Begriff des Nicht-Verfügbaren aufschlussreich, sofern er Aspekte an der Selbstorientierung, quasi der Selbstexegese der Existenz, anschaulich macht: Bultmann bezieht sich vorrangig auf die theologisch-existenzielle Auslegung biblischer Texte. Wir blicken darin im übertragenen Sinn auch dem Exegeten mit dessen eigenem menschlichen Daseins-„Text“[137] über die Schulter. Hier hat die „Auslegung“ doppelte Bedeutung: Im weiteren Sinn als existenzielle Selbstauslegung, im engeren Sinn als texthermeneutische Auslegung. Im Bild der Exegese wird einerseits die Frage der *Methode* als geregelter Zugriff auf Verfügbares thematisiert sowie andererseits *Methode* als Umgang mit dem gerade nicht zur Verfügung Stehenden. Bultmanns Aufsatz kreist um den Widerspruch, dass gerade die „historisch“ verfahrenden wissenschaftlichen Methoden „zeitgeschichtlicher Erklärung“[138] an der „Zeitlichkeit“[139] und insofern an der „wirklichen Geschichte“[140] des Menschen vorbeigehen. Unterschieden wird zwischen „zeitgeschichtlicher Exegese“[141] und „Sachexegese“[142], welche sich verschieden zur Nicht-Verfügbarkeit verhalten. Fragt man nach Nicht-Verfügbarkeit in Text- oder Selbstauslegungsprozessen, zeigt sich dann einerseits eine kritische wie andererseits eine konstruktive Seite daran, dass Methode nach Verfügbarkeit strebt.

a) *Zuerst* zum negativ-kritischen Aspekt. Das methodische Herangehen in historisch-kritischer Auslegung strebt es an, Verfügbares zu erheben. Es greift auf linear vorgestellte Entwicklungen und deren Zwischenzustände als auf eine Form von „Gesetzlichkeit“[143] zu. Es kann aber auf bestimmte Dimensionen, die der existenziell betreffende Text aussagt, gerade nicht als verfügbare zugreifen.

---

135 Ebd.
136 Bultmann, Das Problem, a. a. O. (s. Anm. 111).
137 A. a. O., 37 u.ö.
138 A. a. O., 13.
139 A. a. O., 29f.
140 A. a. O., 30.
141 A. a. O., 17.
142 A. a. O., 18f.
143 A. a. O., 13f.

Historische Exegese orientiert sich am „Entwicklungsgedanken“[144]. Aber dieser gibt nicht das momenthafte Erleben, „sein Hier und Jetzt als Momente“[145] von Zeit wieder, das der Mensch tatsächlich empfindet. Das momenthafte Erleben nämlich bindet das, was – im biblischen oder eigenen inneren – „Text“[146] vergangen erscheint, überwiegend in die eigene Gegenwart, d.h. in Situationen von „Entscheidung“, oder mit „Entscheidungscharakter“[147] ein. Das existenzielle Erleben *sprengt* jeden linearen Geschichtsgedanken. Es entzieht seiner eigenen Auslegung damit allerdings quasi jede Methode, jede „technische“ Verfügbarkeitsanleitung. Denn historisch-methodische Klarheit führt das Problem mit sich, dass die Methode „aus der Geschichte die Zeitlichkeit, d.h. aber die eigentlich menschliche Weise, zu existieren, eliminiert“[148]. Wenn aber eine methodische Leitung existenzieller Exegese fehlgeht, erhebt sich die Frage nach einer alternativen Methodik neben der „kausal“[149] und linear[150] denkenden Methodik historischer Sichtweise. Der Exeget des religiösen Textes steht vor dem Gegensatz, dass er entweder methodisch, im weitesten Sinn „technisch“ geleitet, nach einer Entwicklungslinie und ihren gleichsam kausalen Gesetzlichkeiten fragen kann – dann aber den wesentlichen Sinngehalt einer existenziellen Verstehensebene verfehlt. Oder er fragt nach der existenziellen Ebene, der Entscheidungsrelevanz „seines“ Textes, braucht dann aber eine ganz neue Methode. Die kritische Frage nach historischen Ermöglichungsbedingungen hat zwar die rein negative Funktion, das im Text existenziell Gemeinte methodisch verfügbar machen zu wollen und nicht als Verfügbares erfassen zu können. Aber sie scheitert, so kann man sagen, glücklich, bzw. hat darin erheblichen Nutzen, sofern sie Nicht-Verfügbarkeit erhebt. Historische Kritik gewährleistet ein Nichtaufgehen in historisch-zeitgeschichtlich eindeutigen Bezügen.

b) *Zum zweiten*, dem positiv-konstruktiven Aspekt. Die darauf aufbauende Form der Exegese skizziert Bultmann als Ideal einer „Sachexegese“[151]. Sie reagiert konstruktiv darauf, dass die Perspektive, die nach historischen Ermöglichungsbedingungen für den Sinn des Auszulegenden suchte, nur Nicht-Verfügbares finden konnte. Auf der Grundlage der Irritation durch solche historische Kritik fragt nun diese zweite Auslegungsmethode: „zu welchen Realitäten

[144] A. a. O., 29.
[145] A. a. O., 21.
[146] A. a. O., 37.
[147] A. a. O., 23.
[148] A. a. O., 29.
[149] A. a. O., 13.
[150] Vgl. a. a. O., 29.
[151] A. a. O., 19.

führt das Gesagte“[152] erst hin? Während zuvor die lineare historische Analyse ihre kritische Funktion rückblickend wahrnahm, gibt die am existenziellen Erleben orientierte Sachexegese das Nicht-Verfügbare konstruktiv anhand von Entscheidungspunkten zu sehen, welche in zukünftige Perspektiven als „Realitäten“ hineinführen. „Sachexegese“ erhebt konstruktive Verweise auf das *Nichtverfügbare* als solches. Dieses kann als das eigentlich „Gemeinte“[153] des Textes nämlich nie direkt zugänglich sein bzw. im „Text“ bereits vorliegen. Vielmehr läuft jede solche Auslegung immer nur perspektivisch auf das „Gemeinte“ des Textes hinaus. Das geschieht, solange er mit existenzieller Aneignung ausgelegt wird.

Das im Text auf Zukunft Orientierte soll als nicht Fixierbares vorgestellt werden. Es besteht viel eher in „existenzieller Lebendigkeit“[154]. Damit wird dem Existierenden „seine Existenz [...] problematisch“[155] und geöffnet. Ideen linearer „Entwicklung“[156] aber werden von Bultmann dahingehend kritisiert, dass in Bildern scheinbarer Entwicklungen

> „die Möglichkeiten für den Menschen als übersehbar, verfügbar gelten. Denn von Entwicklung können wir nur reden, wo wir über das sich entwickelnde Subjekt mit unserer Einsicht verfügen, also den Menschen und seine Möglichkeiten kennen [...] so, wie wir eine Linie kennen, wenn wir zwei ihrer Punkte kennen.“[157]

Der Exeget verfügt nicht über die Entwicklungslinie oder -tendenz von Selbstauslegung. Das Erlebte wird nicht in Abfolgen erlebt, sondern als etwas, was „sich in der Zeitlichkeit bewegt, mit ihren Momenten des Einmaligen und Unwiederholbaren, mit ihren Ereignissen und Entscheidungen. (Selbst-)Exegese ist deshalb ein Verfahren, mit dem etwas in den Blick genommen wird, das sich – so das Dilemma des Deutungsprozesses – erst in diesen Verfahren selbst konstituiert: „Die Sachexegese steht daher in einer eigentümlich zweideutigen oder widerspruchsvollen Situation, da sie zum Gemeinten nur durch das [im Text, A.R.] Gesagte kommt und doch das Gesagte am Gemeinten misst“[158]. In solch einer Dilemmasituation sieht Bultmann eine Stärke der Auslegung: Dass „sie nie zu allgemeingültigen Sätzen als ‚Ergebnissen‘ kommt, sondern stets in lebendiger Bewegung ist“[159]. Gerade der Umstand, dass „unsere Existenz für uns nicht verfügbar, gesichert ist, sondern ungesichert, problematisch“[160], öffnet einen Mög-

[152] A. a. O., 17.
[153] Vgl. a. a. O., 19–21.
[154] A. a. O., 24.
[155] Ebd.
[156] A. a. O., 29.
[157] Ebd.
[158] Ebd.
[159] Ebd.
[160] Ebd.

lichkeitsspielraum praktischen Selbstentwurfs, so dass „man sein Hier und Jetzt als Momente [...] kennt, die in eine Zukunft führen als in ein ganz anderes“[161]. Solche Möglichkeit von basal Unvorhersehbarem, welches sogar die mir selbst möglichen Möglichkeitserwartungen übersteigt, steht bei Bultmann für die Individualität von Lebensvollzügen.

Sofern sich am Bild biblischer Exegese insgesamt - rechnet man die Dimension ihrer Aneignung in den Aufbau des eigenen Erlebens und Deutens mit ein – das Deutungsdilemma im Erleben selbst abbildet, kann man diese beiden Methodenschritte der *historischen* und der *Sachkritik* als grobe Typologie für die Gemütslage auffassen, in welcher das sich nie ganz verfügbare Existieren sich selbst handelnd auslegt. *Methodisch geleitet* kann es immer nur *versuchen* sich historisch zu begreifen, während die sachhaltige Auslegung das eigene Selbst *praktisch* in Entscheidungen als ein ganz anderes, fremdes entwirft.

3.3 „Das Sein ist nicht [...] wie der Gang einer Maschine“. Bultmanns Aufsatz zur „Bedeutung der ‚dialektischen Theologie‘ für die Neutestamentliche Wissenschaft“ von 1927

Die Akthaftigkeit des Zeiterlebens wird in diesem dritten Aufsatz[162] mit dem – auch bei Heidegger begegnenden – Begriff „Erschlossenheit“[163] belegt. Daneben fällt (wie auch im vorigen Aufsatz) der Begriff der „Aufgeschlossenheit“[164] „für seine [d.i. des Exegeten von Text bzw. Leben, A.R.] Existenzmöglichkeit als menschlicher Möglichkeit“[165]. Erschlossenheit bzw. Aufgeschlossenheit stehen als Strukturbegriffe für die Nicht-Verfügbarkeit der Selbstinterpretation von Subjektivität. Die erschlossene Einstellung wird durch drei Momente gekennzeichnet:

„Man ‚besitzt‘ nie die Erschlossenheit“[166]. Erschlossenheit hat „nie den Charakter eines Ergebnisses der Forschung, einer Wahrheit des Wissens, die eingesehen, besessen und weitergegeben werden kann, auf der man weiterbauen kann [...] Sie hat immer ‚dialektischen‘ Charakter“[167]. Erschlossenheit besteht demnach, *erstens*, in momenthaften, stets neuen Akten von Selbstdeutung, die eine

161 A. a. O., 23.
162 BULTMANN, Die Bedeutung, a. a. O., (s. Anm. 112).
163 Vgl. a. a. O., 46.
164 A. a. O., 48; vgl. außerdem BULTMANN, Das Problem, a. a. O. (s. Anm. 111), 21.
165 BULTMANN, Das Problem, a. a. O. (s. Anm. 111), 21.
166 BULTMANN, Die Bedeutung, a. a. O., (s. Anm. 112), 46.
167 A. a. O., 45.

interne Dialektik aufweisen. Jedes existenzielle Erleben ist neu – „wie jeder Akt des gegenseitigen Verstehens von Mensch zu Mensch wesenhaft neu ist."[168]

Zweitens betont dieser Aufsatz noch stärker als die vorigen die Beteiligungs- und Aneignungsdimension innerhalb des Selbsterlebens. Bultmann formuliert für die Erschlossenheit, dass Erlebnisse „zu ihm [dem Existierenden, A.R.] gehören"[169]. Sichtbar wird das für ihn an Grenzbegriffen menschlichen Daseins. „Tod"[170], „Liebe"[171] und „Freundschaft"[172] oder „Glück"[173] sind ihm exemplarische Knotenpunkte des Selbstumgangs.

Drittens: Sie sind „Proben"[174] von Leben, sofern es lebendig ist. Sie sind Entwürfe, die Versuchscharakter haben, aber dennoch mit grundlegender Bedeutung aufgeladen sind. Solche Knotenpunkte und Lebensgrenzen sind nämlich auch „Probe des Verlorengehens"[175] von Verständnis gegenüber sich selbst. Die schwierige Seite existenzieller Beteiligung ist, dass das „Sein des Menschen seiner Verfügung entnommen ist [und] jeweils in den konkreten Situationen des Lebens auf dem Spiele steht"[176]. Die konstruktive Seite davon stellt sich in „Entscheidungen [...], in denen der Mensch nicht je etwas für sich wählt, sondern sich selbst als seine Möglichkeit wählt"[177] dar. Aufgeschlossenheit oder Erschlossenheit des eigenen Daseins ist wesentlich risikohaft. Derart unfreiwillig auf Proben gestellt zu sein, gehört sichtbar zur Struktur von Freundschafts-, Liebes-, oder Glückserleben wie zum Bewusstsein eigener Endlichkeit. Doch erschlossenriskierte „Proben des Verlorengehens, des Verfallens"[178] im Leben sind nur die andere Seite – oder der offene Testfall – für „entschlossenes und verantwortliches"[179] Handelnkönnen.

Bultmann nutzt hier 1927 das in der Technikkritik seiner Zeit verbreitete Motiv der Funktionsweise einer „Maschine"[180] als Kontrastfolie gegenüber der Erlebens- und Lebensstruktur menschlichen Daseins. Auch hier begegnet der Terminus Verfügbarkeit in verneinter Form:

---

168 Ebd.
169 A. a. O., 52.
170 A. a. O., 46.
171 A. a. O., 51.
172 Ebd.
173 A. a. O., 46.
174 A. a. O., 51.
175 A. a. O., 46.
176 A. a. O., 43.
177 Ebd.
178 A. a. O., 46.
179 A. a. O., 57.
180 Ebd.

> „[Das Sein des Menschen, A.R.] ist nicht natur- oder substanzhaft gedacht, sondern vollzieht sich in seinem Verhalten [...] also in seinem Handeln, sofern dies nicht als ein in der Zeit ablaufender Prozeß (wie der Gang einer Maschine) verstanden wird, sondern als entschlossenes und verantwortliches Handeln. Eben deshalb hat er sein Sein nicht in der Verfügung, da es in jedem Jetzt auf dem Spiele steht".[181]

Im menschlichen Gegenmodell gegen die Maschine bündeln sich noch einmal unsere beschriebenen Motive: Das „Nichtverfügbare" ist das von offenem Verhalten und risikoreichem Handeln, von innerlich beteiligter Verantwortung und von ungesicherten Entschlüssen Geprägte. Das Bild der Maschine[182] steht für den linear ablaufenden Zeitprozess, der äußerlich gemessen werden kann, während es sich beim Zeiterleben des Menschen, wie ausgeführt, um eine ganz andere Ebene von Zeitlichkeit bzw. Zeiterleben handelt. Existenziell erlebte Zeit ist primär geprägt durch ein Übergangsmoment, in dem künftiger Handlungsentwurf und zurückliegende Selbstdeutung zugleich auf dem Spiel stehen und deren Lebendigkeit und Riskiertheit sich selbst in Ideen wie der Gottesidee oder im Ausdruck der Unverfügbarkeit anschaulich werden. Verfahrensgeleitetes, also in einem weiten Sinn Mechanisch-Technisches, stellt, wenn es in der Selbstauslegung leitend wird, das menschliche Daseinsverständnis nie in Frage – insofern setzt es nur unerschlossenes, „verfügbares Verständnis des menschlichen Lebens voraus"[183]. Dem maschinenhaften Funktionieren, wenn es ganz zum Selbstumgang des Menschen wird, mangelt es an konstruktiven Infragestellungen im Selbsterleben. Hier fehlt momenthafte völlige Infragestellung eigenen Erlebens oder Daseins und insofern „Persönlichkeit (ihr Irrationales!)"[184].

4. Bultmanns Unverfügbarkeitsbegriff. (K)eine Kategorie für Technikreflexionen?

Von seinen Schriften der 1920er Jahre bis zu den späteren Schriften, welche nach Möglichkeiten der Entmythologisierung biblischer Texte suchen, kommt dem Begriff „Unverfügbarkeit" in Bultmanns Theologie eine Schlüsselrolle zu. Wir haben uns Texten zwischen 1925 und 1936 gewidmet. Im Anschluss an diese Begriffsanalyse seien die Probleme benannt, die sich beim Versuch einer

---

181 Ebd.

182 Zum Motiv der „Maschine" zeitgleich z. B. beim Theologen Paul Tillich s. THORSTEN MOOS im gleichen Band: DERS., Paul Tillichs Technikdeutung im Kontext seiner wissenschaftssystematischen und religions-philosophischen Schriften der 1920er Jahre, 71-96.

183 BULTMANN, Die Bedeutung, a. a. O., (s. Anm. 112), 49.

184 A. a. O., 14.

Anwendung von Bultmanns Begriffsbedeutung auf theologische Technikethik bzw. auf die Kulturhermeneutik technikethischer Diskurse stellen würden.

4.1 Bultmanns Lichtschalter: Zur Bedeutung des Technischen für Rudolf Bultmanns Theologie

Bultmanns Schriften tragen zur theologischen Reflexion von Technik auf direktem Weg wenig bei: Er äußert sich zu diesem Thema kaum[185]. Die thematischen roten Fäden, die sich statt der modernen Technikentwicklung durch sein Werk ziehen, sind vielmehr die Auseinandersetzung mit Tradition und Hermeneutik der biblischen Texte und deren Verflechtung mit der menschlichen Existenzstruktur. Äußerungen, die wir bei Bultmann zur Technik finden, sind zeittypisch kritisch. Unter ihnen sticht ein Ausschnitt aus Bultmanns Programmaufsatz „Das Problem der Entmythologisierung der neutestamentlichen Verkündigung" von 1941 durch seine Bekanntheit heraus:

> „Welterfahrung und Weltbemächtigung sind in Wissenschaft und Technik so weit entwickelt, dass kein Mensch im Ernst am neutestamentlichen Weltbild festhalten kann. [...] man kann nicht elektrisches Licht und Radioapparat benutzen, in Krankheitsfällen moderne medizinische Verfahren in Anspruch nehmen und [so Bultmann weiter, A.R.] gleichzeitig an die Geister- und Wunderwelt des neuen Testaments glauben".[186]

Dieses bekannte Zitat ist theologisch auffällig, weil gerade am Umgang mit Technik und der durch moderne Technik geprägten Medizin ein Umschlag im Weltbild festgemacht wird, der sich auch auf Religion und Theologie verändernd auswirkt. Das Motiv des praktischen Umgangs mit Licht und Radio scheint in Bultmanns Sicht geradezu Motivation zu sein, das Theologie- und Glaubensverständnis neu zu reflektieren. Wie viel Wirkung moderne Technik auf religiöse Deutungen haben können soll, überrascht. Was wird, obwohl er sie

---

185 Entsprechende Textbelege sind z.B. bei Michael Trowitzsch gesammelt, der in einem Artikel in der Theologischen Realenzyklopädie erstaunlich breit auf Bultmanns sparsame Äußerungen eingeht. Siehe dazu TROWITZSCH, MICHAEL, Art. Technik II. Ethisch und praktisch-theologisch, TRE Bd. XXXIII, Berlin u.a. 2002, 9–22. Schon die dortigen Textpassagen Bultmanns zeigen aber, dass es sich bei Bultmanns Technikkritik viel eher um einen Ausläufer seiner, vom Standpunkt existenziellen Glaubens aus vorgetragenen Wissenschaftskritik handelt als um Technikdeutung. Zu Trowitzschs eigener technikethischer Position s. im gleichen Band: CHARBONNIER, RALPH, Transzendente Technik? Die Transzendenzkonstruktion von Technik durch Michael Trowitzsch in der transdisziplinären und theologischen Kritik, 163-185.

186 BULTMANN, RUDOLF, Neues Testament und Mythologie. Das Problem der Entmythologisierung der neutestamentlichen Verkündigung (1941), München ^{2}1985, 15f.

wenig zum Thema macht, an der Technik für Bultmann zum gedanklichen Anstoßpunkt? Für Bultmann folgt Technik auf die objektivierende (natur)wissenschaftliche Haltung zur Welt. Als Produkt reinen Beobachtens, Messens und Rechnens wird die technische Einstellung zur Welt in seinen Äußerungen deshalb in eher düsteren Farben gezeichnet.[187] Bultmanns Kritik an Wissenschaft, in deren Gefolge Technik liegt, richtet sich auf die verdinglichende Objektivierung, die er durch Wissenschaft verursacht sieht.[188] Technik und technisches Handeln sind das, was aus objektivierender, abmessender Haltung zur Welt fließt. Technik ist Ausläufer der Objektivierung des Lebens durch Wissenschaften.

Aber vor allem die Tatsache des täglichen praktischen Umgangs mit Lichtschalter oder Verkehrsnetz scheint für Bultmann Anlass zu sein, einen Neuansatz für die theologische Hermeneutik zu suchen, so legt es die Bekanntheit dieses zitierten Umgangs mit dem „Lichtschalter“ nahe. Durch den Umgang mit solcher Technik, der kaum bewusst ist, und durch den im Alltag gewohnt gewordenen Gebrauch scheint sich die Haltung des modernen Menschen so verändert zu haben, dass er seine eigene Religiosität nun anders ins Verhältnis setzt zu den Gehalten religiöser Schriften, hier des Neuen Testaments. Es geht Bultmann an dieser Stelle, die wir exemplarisch herausgegriffen haben, scheinbar um eine Differenz von unterschiedlichen Lebenswelten und Handlungswirklichkeiten der Texte einerseits und der durch den modernen Technikumgang geprägten Rezipienten andererseits. Der gewohnte, kaum bewusste Umgang mit den Dingen in Handlungszusammenhängen des Alltags konkurriert scheinbar mit Deutungen dieses Alltags – bis hin zu religiösen Deutungen.

Unsere Zielfrage sollte nun lauten: Inwiefern ließe sich der „Unverfügbarkeitsbegriff“ Bultmanns als Interpretationsbegriff für den Einbezug von Technik in menschliche Lebensentwürfe möglicherweise durchspielen? Doch liegt für diese Zielfragestellung *erstens* kein entfalteter Technikbegriff bei Bultmann vor. Technikreflexionen gehörten, *zweitens*, bei Bultmann auch nicht in den Zusammenhang des Unverfügbarkeitsbegriffs, sondern in den Kontext berechnender Objektivierung, die er durch die Wissenschaften getragen sieht, und die er aus seinem theologischen Interesse am religiösen Glauben heraus scharf kritisiert.

Sofern Unverfügbarkeit bei Bultmann im Rahmen des Existenzvollzuges begegnet, wäre also Bultmanns Sinn von „Unverfügbarkeit“ höchstens dann anwendungsfähig für Technikethiken und Kulturhermeneutik des Technischen, wenn der Begriff des Technischen für die (theologische) Technikreflexion sehr

---

[187] Vgl. TROWITZSCH, Technik, a. a. O. (s. Anm. 185).

[188] Vgl. zu dieser Entgegensetzung religiöser Existenz gegen Auswirkungen der Wissenschaften bei Bultmann: DIERKEN, Glaube und Lehre im modernen Protestantismus, a. a. O. (s. Anm. 73), 138–141.

stark ausgeweitet würde. Das hinge dann daran, ob menschliche Existenz schon im weitesten Sinn als sich „technisch" auslegend verstanden werden kann oder soll.

5.2 Ein Fazit zu Bultmanns „Unverfügbarkeit". Und ein Ausblick auf das Technische an menschlicher Intentionalität

Es ging darum, Facetten am Begriff der Unverfügbarkeit anhand der Begriffswurzeln bei Rudolf Bultmann zu beleuchten, und das dann mit einem Ausblick auf die Deutung menschlichen Technikumgangs zu verbinden. Das sei in den folgenden fünf Punkten als Fazit mit einigen ausblickenden Fragen zusammengefasst:

1. „Unverfügbarkeit" bezieht sich bei Bultmann auf eine innerliche Dimension menschlichen Lebens, eine Dimension im Erleben. Bei ihm geht es nicht um Fragen faktischen äußeren Verfügens bzw. darum, ob Gegenstände, Personen oder äußere Möglichkeiten anzutreffen, verwendbar bzw. verfügbar sind. Bultmann geht es stattdessen um die Handlungsdynamik von Intentionsstrukturen in der Selbstauslegung bzw. um erlebnisimmanente Transzendierungen. An Intentionsstrukturen im Bewusstsein ist etwas transzendent oder „unverfügbar". Das Verhältnis von Verfügbarkeit und Nichtverfügbarkeit wird deshalb an Lebensbeziehungen im Sinn von inneren Lebenszuständlichkeiten beschrieben, wie etwa am religiösen Glauben oder dem Beispiel der Liebe, die das Erleben insgesamt färbt. Das Nichtstillhalten von Existenz selbst, nicht ein (in gegenständlichen oder räumlichen Mustern gedachtes) Bezugskorrelat von Erkennen oder Handeln ist „unverfügbar". Stattdessen ist es etwas in den „Bestimmtheiten des Lebens". Insofern bewegt sich der Begriff der Unverfügbarkeit gerade von der Sphäre weg, in welcher für Bultmann das Thema der Technik läge – nämlich von der Sphäre der Objektivation durch Wissenschaft weg, welche ihrerseits vom Blick auf das Innere weg lenken oder dieses nur höchst verzerrt und in kritischer Blickrichtung wiedergeben kann.[189]

2. Bultmanns „Unverfügbares" und „Verfügbares" sind als Aspekte immer beide zugleich in Dasein und Daseinsauslegung mit einzuzeichnen. „Verfügen" und „Nichtverfügen" im eigenen Existieren sind untrennbare und bleibende Aspekte an allen Erlebensvollzügen. Religion geht damit um, und religiös aneignende Textauslegung macht das sichtbar. Unverfügbar, aber dabei zugänglich –

[189] Wollte man diese, d.h. speziell Bultmanns, „Unverfügbarkeit" in der Reflexion auf Technik anwenden, wären u.a. Gegenüberstellungen von Technik als Unverfügbarkeit Setzendes, bzw. Einschränkendes oder Behauptendes und menschlichem Handeln wenig passend.

und insofern als verfügbar angesinnt – bleibt strukturell immer das gleiche am menschlichen (Er-)Leben. Vom Umgang mit Technikprodukten, die teils äußere Grenzen von Verfügbarkeit und Unverfügbarkeit zu verschieben scheinen, würden insofern diese Momente im Erleben prinzipiell unberührt bleiben. Gleichgültig mit welcher technischen Entwicklung oder mit welchem technischen Handeln zu rechnen wäre, blieben die in gegensätzliche Richtungen tendierenden existenziellen Zeitmomente oder Aktivitäts- und Passivitätsaspekte sich im Wesentlichen gleich.

3. Verfügbarkeit und Nichtverfügbarkeit werden von Bultmann für das Selbsterleben vollzugslogisch beschrieben – sie sind *„Lebendigkeit des Vollzuges“*[190]. Dabei bewegen sich die Vollzüge innerer Selbstauslegung der Existenz zwischen einer Seite der Regelmäßigkeit bzw. des Verfügbarkeitsanspruchs in der Selbstauslegung und einer Seite der Freiheit bzw. des Nicht- und Nie-Verfügbarseins von Gewissheiten oder letzten Deutungen im Selbsterleben stetig hin und her. Betont wird mit „Unverfügbarkeit“ gerade die Beweglichkeit von Sinndeutungsvollzügen. Näherhin sind diese als zeitliche Orientierungen, als Vollzüge eines „Jetzt in seinem Woher, Warum, Wozu“[191] beschrieben. Bultmanns Horizont ist die Beschreibung menschlichen Daseins als zeitlich Verfasstes. Unter anderem ist hier Heideggers Frühphilosophie als Denkhintergrund erkennbar: Die innere Unruhe und Beweglichkeit, für welche der Unverfügbarkeitsbegriff steht, ist in der zeitlichen Pluralität von Deutungs- oder Selbstauslegungsmomenten begründet, hinter denen im Gleichen der Anspruch einer mit sich identischen Selbstauslegung steht.

4. Alltägliche Selbstdeutung ist eine Kunst: Das Bild der existenziellen Exegese macht das an den Selbstdeutungsvollzügen im Rahmen eines aneignenden Einbezugs religiöser Textauslegung deutlich. In einem – allerdings ausgesprochen weiten – Sinn verfährt Selbstdeutung insofern selbst „methodisch“ bzw. technisch. An den aneignenden methodischen Verfahren der Exegese religiöser Texte wird menschliches Erleben sich dessen ansichtig: Bultmanns Exegesereflexion analysiert mit ähnlichen Konzepten und Begriffen wie Heideggers Frühphilosophie um „Sein und Zeit“ nun Verfahrensweisen des Verfügbarkeitsentzuges wie Verfahren der Verfügbarmachung am Modell einer hermeneutischen Subjektivität.

Legte man einen sehr weiten Begriff des Technischen an, dann wäre gegebenenfalls zu fragen, ob moderne, z.B. industrielle, Technik in Konsequenz einer solchen Betrachtung elementare „technische“ Verfahrensweisen aus dem Selbstumgang widerspiegelt. Existenzielle Deutungskunst bzw. „Selbstdeutungstech-

---

[190] BULTMANN, Das Problem, a. a. O. (s. Anm. 111), 27 (Hervorhebg. A. R.).
[191] BULTMANN, Enzyklopädie, a. a. O., (s. Anm. 25), 55.

nik“ in einem solchen Sinn, versucht sich zwar stets an linear messbaren Zeitverläufen zu orientieren. Sie legt religiöse Texte ebenso wie den Text ihrer Existenz als geschichtlich ermessbar aus. Sie versucht zwar, menschliches Existieren wie den „Gang einer Maschine“[192] zu begreifen – doch erfährt sie, dass menschliches Dasein in der Weise nie verfügbar ist. Vielmehr sprengt menschliches Zeiterleben immer wieder lineare, historisch erfassbare Zeittaktungen, wie sie am äußerlich Maschinenhaft-Technischen abgelesen werden.

5. „Unverfügbarkeit“ stammt aus einer Hochphase moderner Technikreflexion, aus den 1920er und 1930er Jahren. Dieser Prägungszeitraum des Begriffs mag „Unverfügbarkeit“ als Interpretationskategorie für Technikdeutungen der frühen Moderne interessant machen. Zu fragen wäre, sobald man Bultmanns Prägung einbeziehen will, allerdings, wie weit der Begriff des Technischen für die Betrachtung von Technikdeutungen ausgeweitet werden soll.

Denkbar wäre es, um einen Vorschlag zur Konturierung des Technikbegriffs nur anzudeuten, die Grundstruktur „technischer“ Orientierung bereits in jeder Bewusstseinsausrichtung bzw. innerhalb der Intentionalität menschlichen Bewusstseins angelegt zu sehen. Das ließe sich etwa im Anschluss an Hans Blumenbergs Interpretation von „Technik“ bei Edmund Husserl entfalten[193]: Technisierung wäre dann mit Husserl nach Blumenberg „‚Verwandlung ursprünglich lebendiger Sinnbildung‘ zur Methode, die sich weitergeben lässt, ohne ihren ‚Urstiftungssinn‘ mitzuführen“. Der derart ausgeweitete Begriff der Technik wäre ein Prinzip, das sich in jedem Bewusstseinsakt findet, aber als das spezifisch Technische sich in einer Abstraktion herauskristallisiert und teils verselbständigt. Das Technische ist dabei als ein sich graduell veräußernder Vollzug oder Prozess gedacht – als eine methodisch werdende Bewusstseinsausrichtung. Mit Blick auf solche Grade „innerer“ technischer Einstellung, die in einer Linie bis hin zu „äußerlicher“ Technikproduktion reichen, wäre dann von einer mehr oder minder starken „Vollstreckung des Prinzips der Technizität“[194] als „Durchvollzug der Künstlichkeit“ zu reden, wo es um technische Artefakte oder von ihnen geprägte Handlungsroutinen geht. Und der Begriff der Technik umfasst dann „primär nicht ein Reich bestimmter, aus menschlicher Aktivität hervorgegangener Gegenstände“, sondern, so Blumenberg über Husserl, „sie ist in ihrer

---

192 BULTMANN, Die Bedeutung, a. a. O. (s. Anm. 112), 7; s. auch Anm. 182.

193 Die Perspektive auf Blumenbergs Deutung des Husserlschen Technikbegriffs verdanke ich Birgit Recki, im Kolloquium Technikphilosophie, Universität Hamburg, Sommersemester 2013; Vgl. dazu BLUMENBERG, HANS, Lebenswelt und Technisierung unter Aspekten der Phänomenologie in: DERS., Wirklichkeiten in denen wir leben, Ditzingen 1981, 7–54.

194 A. a. O., 11.

Ursprünglichkeit ein Zustand des menschlichen Weltverhältnisses selbst."[195] Gegenüber der elementaren „Technik" in Bewusstseinsakten als *erste Betrachtungsebene* wäre der äußere Prozess, dass „Technisierung zu ganz bestimmten dinglichen Realitäten führt – ‚Maschinen' im weitesten Sinne"[196] als *zweite Betrachtungsebene* lediglich sekundär.

Die für diesen sehr weiten Technikbegriff zu Grunde gelegte Struktur der Intentionalität sahen wir im Seitenblick auf Heidegger von Husserl übernommen: D.h. Intentionalität war Grundmodell auch für Heideggers Daseinsverständnis.[197] Bei Heidegger und dann in der Folge auch Bultmann begegnet „Intentionalität", in die wir „Technik" einzeichnen müssten, nun praktisch-existenziell gewendet.

Der von Husserl ausgehende Begriff des Technischen, der Grundformen des Technischen schon als Vollzugsprinzipien an menschlicher Bewusstseinstätigkeit bzw. an Intentionalität auffasst, wäre vielleicht in der Lage, auch Bultmanns „Methoden"[198] existentieller (bzw. religiöser) Selbstauslegung als Grundformen technischen Weltbezuges zu interpretieren. Dann ließe sich Bultmanns spezifischer Begriff einer „Unverfügbarkeit" im Existenzvollzug auch in ein Verhältnis zu Deutungen des Technischen setzen. Dies hieße aber vor allen zusätzlichen Bestimmungen, „dass wir [so mit Blumenberg und Husserl, A.R.] von ‚Technisierung' als einem Prozeß, nicht von Technik als einem Gegenstandsbereich zu sprechen beabsichtigen"[199]. In Bultmanns Begriff einer „Unverfügbarkeit" ginge es insofern gerade nicht um Grenzen dessen, was äußerlich-räumlich mittels Techniken verfügbar ist, und die Verschiebung solcher Grenzen, sondern um den Selbstentwurf des jeweiligen zeitlichen Augenblicks, der für eigene Selbstdeutungen unverfügbar riskant ist, aber auch freie „Urtat"[200].

---

195 Ebd.

196 A. a. O., 31f.

197 Vgl. in diesem Aufsatz unter Pkt. 2.2, 145–146.

198 Vgl. in diesem Aufsatz unter Punkt 3.2, 150–153.

199 Blumenberg, Lebenswelt, a. a. O. (s. Anm. 193), 16.

200 Bultmann, Welchen Sinn, a. a. O. (s. Anm. 109), 11.

Ralph Charbonnier

Transzendente Technik? Die Transzendenzkonstruktion von Technik durch Michael Trowitzsch in der transdisziplinären und theologischen Kritik

1. Hinführung

Technik fasziniert. Erfinder sind *Genies* – In*genieure*: Ihre Einfälle erscheinen als Offenbarungen für eine bessere Welt. Massen pilgern zu Messen, auf denen Neuentwicklungen feierlich enthüllt werden. Das Wissen bleibt unter Experten. Verheißungen auf ein besseres Leben werden in den Raum gestellt. Der Glaube an Fortschritt bekommt neue Nahrung. Was in der Vergangenheit als Utopie erschien, kann durch Technik Wirklichkeit werden.

Technik weckt Befürchtungen. Technik fordert Opfer. Sie polarisiert und spaltet Gesellschaften. Technikfolgen reichen bis an die Ewigkeit heran. Technik entwickelt sich eigendynamisch und unaufhaltsam. Die Herren der Technik sind längst zu ihren Sklaven geworden. Technik wird verteufelt.

„Segen und Fluch der Technik" heißt es im Volksmund angesichts solcher Deutungen und Einschätzungen. Die einen beugen sich der Herrschaft „der Technik" und pflegen ein pragmatisches Verhältnis zu ihr, die anderen glauben an die Technik und ereifern sich mit unbedingtem Ernst für ihre Weiterentwicklung, gegebenenfalls im Sinn einer alternativen Technik.

Es trifft zu, dass Technik bestimmenden Einfluss auf Weltbilder hat, handlungsleitende Potentiale birgt, den Gemeinsinn wesentlich bestimmt, als unverfügbar segensreich oder fluchbringend angesehen wird – mit allen Folgen für die soziale Ordnung und den einzelnen Menschen in ihr. Wenn man diese Eigenschaften als Kennzeichen für Transzendenz begreift,[1] wirkt Technik zweifellos transzendent.

---

[1] Im Rahmen dieser Untersuchung kann keine eigene Definition des vielschichtigen und sehr unterschiedlich verstandenen, u.U. schillernden Transzendenzbegriffs hergeleitet werden. Aus pragmatischen Gründen schließe ich mich im Folgenden dem Transzendenzverständnis an, das dem Forschungsprojekt „Transzendenz und Gemeinsinn" zugrunde liegt (vgl. www.sfb804.de) und das ihren Bedeutungskern in der Unverfügbarkeit der als transzendent bezeichneten Phänomene hat. Vgl. SCHWARKE, CHRISTIAN, Einleitung, in: NEUMEISTER, KATHARINA / RENGER-BERKA, PEGGY / SCHWARKE, CHRISTIAN (Hg.), Technik und Transzendenz. Zum Verhältnis von Technik, Religion und Gesellschaft, Stuttgart 2012, 9–17; hier: 10.

Theologie hat, vor dem Hintergrund des Gebotes, keine anderen Götter neben Jahwe zu haben (Ex 20,3) die Aufgabe, Transzendenzzuschreibungen, die sich auf etwas richten, was nicht Gott ist, kritisch zu beleuchten: Es muss theologisch geprüft werden, ob das, was als segensreich, fluchbringend, allmächtig, heilversprechend oder unverfügbar beschrieben wird, diese Heils- oder Unheilsverheißung erfüllen kann. Eine solche theologische Kritik hat erhebliche Konsequenzen für die Verkündigung der Kirche und damit für die persönliche Orientierung und Lebensgestaltung wie auch für die Gestaltung der sozialen Ordnung.

Michael Trowitzsch hat sich in vielfacher Weise dieser theologischen Kritik der Technik angenommen. Sein Ergebnis ist eindeutig: Technik basiert auf einer totalitären Wirklichkeitsaneignung, erhebt einen absoluten Machtanspruch, ist Teil eines zwangsläufigen und unverfügbaren technischen Fortschritts, hat soteriologische, religiöse Qualität. Kurz gesagt: Technik ist ein Transzendenzphänomen.

Diese theologische Transzendenzkonstruktion von Technik bedarf – insbesondere angesichts ihrer Radikalität und den sich daraus ergebenden lebenspraktischen Konsequenzen – wiederum einer theologischen Prüfung: Auf welchen Annahmen basiert Trowitzschs Transzendenzkonstruktion von Technik? Halten diese Annahmen einer theologischen Kritik stand? Halten sie einer Kritik durch andere auf Technik bezogene Wissenschaften stand? Gibt es Anlass und tragfähige Argumente, die Transzendenzkonstruktion von Technik durch Trowitzsch zu dekonstruieren?

Diese theologische und transdisziplinäre[2] Kritik soll nach folgenden Schritten vollzogen werden:

In Abschnitt 2 (2.1 bis 2.3) werden die einschlägigen Schriften Trowitzschs hinsichtlich der Frage wahrgenommen, welche Transzendierungsphänomene Trowitzsch beschreibt, die das Gesamtbild einer transzendenten Technik erge-

[2] Unter „Transdisziplinarität" wird in dieser Untersuchung verstanden: die „gemeinsame – und gemeinsam erarbeitete – Fragestellung, gemeinsames Forschungsdesign sowie disziplinenübergreifende Kooperation […] ein Methodentransfer zwischen Disziplinen oder die Entwicklung neuartiger Ansätze und Methoden" auch „jenseits der *academic communities*, es werden also Politik, zivilgesellschaftliche Initiativen oder die Industrie in den gesamten Prozess […] einbezogen. Man unterscheidet Transdisziplinarität von der Interdisziplinarität im engeren Sinne genau dadurch, dass ausdrücklich wissenschaftsexterne Fragestellungen und Personen aktiv die Forschung mitbestimmen." (Hervorh. im Orig.) POTTHAST, THOMAS, Epistemisch-moralische Hybride und das Problem interdisziplinärer Urteilsbildung, in: JUNGERT, MICHAEL / ROMFELD, ELSA / SUKOPP, THOMAS / VOIGT, UWE (Hg.), Interdisziplinarität. Theorie, Praxis, Probleme, Darmstadt 2010, 173–191; hier: 180f. Vgl. auch MITTELSTRAß, JÜRGEN, Die Stunde der Interdisziplinarität?, in: DERS., Leonardo-Welt. Über Wissenschaft, Forschung und Verantwortung, Frankfurt a. M. [2]1996, 96–102.

ben. Der Abschnitt 2 schließt mit der Frage, welches die Aufgaben von Theologie und Kirche gegenüber einer solchen transzendenten Technik sein können (2.4).

Der anschließende Abschnitt 3 widmet sich der Frage, welche hermeneutischen Annahmen der Technikinterpretation von Trowitzsch zugrundeliegen. Es wird deutlich werden, dass seine theologische Argumentation im Kern auf den philosophischen Annahmen Martin Heideggers und Friedrich Nietzsches basieren.

Eine theologische Kritik der Technik allein auf singuläre (wenn auch sehr elaborierte und gehaltvolle) philosophische Technikinterpretationen zu stützen, ist risikoreich: Es besteht die Möglichkeit, dass sich die theologische Kritik auf diese Technikinterpretationen bezieht und durch Technikinterpretationen, die sich aus transdisziplinären Überlegungen ergeben, grundsätzlich in Frage gestellt wird. Aus diesem Grund wird in Abschnitt 4 eine Technikinterpretation auf Basis technikwissenschaftlicher, technikphilosophischer und techniksoziologischer Überlegungen vorgestellt und durch skizzenhafte theologische Überlegungen ergänzt.

Im abschließenden Kapitel 5 sollen vor dem Hintergrund der dargestellten transdisziplinären Technikdeutungen die drei Transzendierungsphänomene, die aus Trowitzschs Technikinterpretation herausgearbeitet wurden (s. Abschnitt 2), kritisch gewürdigt werden. Hier wird erkennbar werden, dass Trowitzschs Transzendenzkonstruktion von Technik durch manche alltagspraktischen Erfahrungen veranlasst und theologisch zum Teil bedeutsam und beachtenswert sind, jedoch um weitere theologische Interpretationen ergänzt bzw. durch diese kritisiert werden müssen, sodass sich für die kirchliche Verkündigung und in lebenspraktischer Hinsicht andere Konsequenzen ergeben.

2. Transzendenzkonstruktion von Technik nach Michael Trowitzsch

2.1. Technik als totalitäre wissenschaftlich-technische Wirklichkeitsaneignung

Trowitzsch wendet sich gegen ein konventionelles Verständnis von Technik. Dieses konventionelle Verständnis zeichnet sich nach Trowitzsch durch folgende Aspekte aus:

a: Technik wird instrumentell verstanden: Technik ist Mittel zum Zweck.[3]

---

[3] Vgl. TROWITSCH, MICHAEL, Heideggers Verständnis der neuzeitlichen Technik. Vorüberlegungen, in: DERS., Technokratie und Geist der Zeit, Beiträge zu einer theolo-

b: Technik wird anthropologisch verstanden:[4] Technik ist ein Tun des Menschen. In diesem Tun hat der Mensch Entscheidungsfreiheit. Er kann und soll im technischen Handeln ethisch verantwortlich handeln.

c: Technik ist ethisch ambivalent:[5] Die ethische Qualität des Zwecks entscheidet über die ethische Qualität des Mittels. Abgesehen vom Zweck ist Technik als Mittel ethisch neutral.

Der Mensch ist nach diesem Technikverständnis „Herr der Lage". Er ist frei darin, ethisch verantwortliche Zwecke zu entwerfen, zu deren Erreichung er adäquate technische Mittel entwirft. Die Frage nach der ethischen Qualität der Technik wird zurückgelenkt auf die Moralität des Menschen: Er hat es in der Hand, mittels der Technik ethisch verantwortlich zu handeln. Die Ambivalenz der Technik entspringt letztlich der Ambivalenz des Menschen.

Diesem instrumentellen und anthropologisch verankerten Technikverständnis stellt Trowitzsch ein Verständnis neuzeitlicher Technik entgegen, das sich in der Traditionslinie von Galileo Galilei und René Descartes entwickelt hat und das insbesondere Martin Heidegger in seinem eigentlichen Wesen aufgedeckt hat: Neuzeitliche Technik bezeichnet „nicht nur einzelne technische Geräte, Anlagen und Systeme, das gewiss auch. Es meint vielmehr ein spezifisches Verhältnis des Menschen zum Weltganzen."[6] Es geht bei der Technik um eine wissenschaftlich-technische, mathematische, rechnende und messende Wirklichkeits- und Naturerfassung.[7] Der Geist, der hinter dieser Wirklichkeitsauffassung steht, ist – in diesem zentralen Punkt folgt er Martin Heidegger – zugleich der Geist der Neuzeit.[8] Diese wissenschaftlich-technische Wirklichkeitserfassung zeigt folgende Aspekte:

a: Natur wird – hier verweist er auf Descartes – hinsichtlich ihrer Zugänglichkeit für mathematische Erkenntnis erschlossen.[9] „Was für das Mathematische nicht zugänglich gemacht werden kann, bleibt unverstanden und dann auch unverständlich, undeutlich, vage, opak, chaotisch – zuletzt unwirklich."[10] Zu diesem Unverständlichen und damit im technischen Handeln und in der

gischen Kritik, Tübingen 1988, 83–195; hier: 83; DERS., Technokratie. Benennung einiger Vorurteile, in: GESTRICH, CHRISTOF, Die biologische Machbarkeit des Menschen, Beiheft 2001 zur Berliner Theologischen Zeitschrift, 18. Jg. 2001, 129–144; hier: 139.

4 Vgl. TROWITZSCH, Verständnis, a. a. O. (s. Anm. 3), 83, 88.

5 Vgl. DERS., Vorurteile, a. a. O. (s. Anm. 3), 136–138.

6 DERS., Vorurteile, a. a. O. (s. Anm. 3), 142.

7 Vgl. DERS., a. a. O., 141; DERS., Verständnis, a. a. O. (s. Anm. 3), 111–118.

8 Vgl. DERS., Vorurteile, a. a. O. (s. Anm. 3), 142.

9 Vgl. DERS., Verständnis, a. a. O. (s. Anm. 3), 91–111.

10 A. a. O., 103.

umfassenden Welterschließung Ausgeblendeten gehören innere Qualitäten der Dinge und der Natur,[11] Wesentliches, Menschliches, Liebe,[12] das Seelische, das Emotionale, das Geistliche.[13] Der Versuch, Technik durch „alternative“, „bessere, sozialverträgliche, sanfte, reife Technik überwinden oder beherrschen zu wollen, befestigt und bestätigt und beständigt das Gesamtsystem“[14], verbleibt letztlich im neuzeitlichen Paradigma des technischen Weltverhältnisses. „Nicht die innere Verfasstheit der Technik wird alteriert, sondern ihre Herrschaftsweise wird nur raffinierter.“[15]

b: Technik als der neuzeitliche Entwurf von Wirklichkeit orientiert sich an „Habhaftigkeit, Verfügbarkeit und Sicherstellung“[16], Machbarkeit ist ihr Signum. Dieser Weltzugang erstreckt sich auch auf die Zukunft: „Wissenschaftlich-technische Wirklichkeitsaneignung vollzieht sich als erfolgreiche Beherrschung der mathematisch erschlossenen, prognostizierbar gewordenen Natur.“[17]

c: Auf der Grundlage der „durchgängigen Berechenbarkeit der Gegenstände“[18] ist der Technik ein dynamischer Zug zur Perfektionierung eigen. Ziel der Technik ist die „Vollständigkeit in der Sicherstellung der Gegenstände [...] Vollständigkeit in ihrer Berechnung [...] und Vollständigkeit der Sicherung der Berechenbarkeit selbst“[19].

d: Technik lässt sich vom Menschen nicht mehr unterscheiden.[20] Das technische Sein wird zum menschlichen Sein. Menschliches Handeln, technisches Handeln wird zur unbedingten menschlichen Selbstbehauptung.[21] „Der Mensch ist auf die Weise der Technik in der Welt.“[22]

In der Summe dieser Charakterzüge der Technik kommt Trowitzsch zu dem Schluss, dass „der neuzeitlichen Technik das *Totalitäre* inne [wohnt]“[23].

Diesen philosophischen Einsichten zur neuzeitlichen Technik schließt sich Trowitzsch an und unterzieht sie – insbesondere mit Hilfe der Theologie Diet-

---

11 Vgl. a. a. O., 98.
12 Vgl. a. a. O., 99.
13 Vgl. a. a. O., 181.
14 A. a. O., 182f.
15 A. a. O., 183.
16 A. a. O., 98 (im Original hervorgehoben).
17 DERS., Theologie im Übergang. Evangelische Theologie im Zeitalter der wissenschaftlich-technischen Wirklichkeitsaneignung, in: DERS., Über die Moderne hinaus. Theologie im Übergang, Tübingen 1999, 208–220; hier: 214f.
18 DERS., Verständnis, a. a. O. (s. Anm. 3), 134.
19 A. a. O., 133.
20 Vgl. DERS., Technokratie, a. a. O. (s. Anm. 3), 115.
21 Vgl. a. a. O., 124.
22 DERS., Vorurteile, a. a. O. (s. Anm. 3), 142.
23 DERS., Verständnis, a. a. O. (s. Anm. 3), 90 (Hervorhebung im Original).

rich Bonhoeffers – einer theologischen Deutung: Der Mensch ermächtigt sich selbst und versteht sich als Herr der Welt.[24] Er maßt sich an, dass die Welt unmittelbar auf ihn zu gestellt sei. Entsprechend beherrscht, traktiert und unterwirft er sie.[25] Er verkennt, dass er Sünder ist, sodass Trowitzsch zu dem Schluss kommt: „Schrecklich zu sagen: sich und die Welt *entstellt* er."[26]

Bei der Suche nach wirklichen Alternativen – jenseits der Scheinalternativen so genannter „alternativer" Technikkonzepte (s.o.) – kommt Trowitzsch zu dem Schluss, dass es darum gehen müsse, „die Welt das sein zu lassen, was sie vor Gott in Wirklichkeit ist."[27] Mit anderen Worten: Es geht um ein „freies Gönnen, jenseits des unbedingten Willens zur Macht"[28], um ein „freigebendes Seinlassen als Grundform des Umgangs mit der Schöpfung"[29], um ein „physiognomische[s], phänomenale[s] Sehen: aus dem der Zwang des Wertens getilgt ist"[30], um das Einfügen von Planung, Objektivität und Weltgestaltung als eine Variante in die Vielfalt der Zugänge und der Umgangsweisen mit der Schöpfung. Diese intendierte Grundform des Seins, das Seinlassen, geschieht nach Trowitzsch „im besonderen im *Gottesdienst der Gemeinde*"[31].

2.2 Absoluter Machtanspruch der Technik

Technik ist „Macht als vorfindliche akkumulierte Möglichkeit"[32]. In ihr kommen die mathematische Grundstellung (s. 2.1), der Wille nach Herrschaft und das Totalitäre zusammen.[33] Hinzu kommt, dass aus dem Wesen des Willens zur Macht – hier rekurriert Trowitzsch auf Friedrich Nietzsche – die Selbstzweckhaftigkeit (Macht um der Macht willen)[34] und die „Erfordernis zur Machtsteigerung"[35] entspringen. Dieser Wille zur Macht nimmt unbedingten Charakter an,

---

[24] Vgl. DERS., „Auf die Anfänge des Verstehens zurückgeworfen". Bemerkungen zu Dietrich Bonhoeffers Hermeneutik, in: DERS., Moderne, a. a. O. (s. Anm. 17), 120–142; hier: 148, 154.

[25] Vgl. DERS., Anfänge, a. a. O. (s. Anm. 24), 147.

[26] A. a. O., 152 (Hervorhebung im Original).

[27] A. a. O., 156.

[28] A. a. O., 157.

[29] A. a. O., 157.

[30] A. a. O., 158.

[31] A. a. O., 158 (Hervorhebung im Original).

[32] DERS., Wort Gottes und Geist der Zeit, in: DERS., Technokratie, a. a. O. (s. Anm. 3), 196–208; hier: 200.

[33] Vgl. DERS., Verständnis, a. a. O. (s. Anm. 3), 135.

[34] Vgl. a. a. O., 156–168; DERS., Vorurteile, a. a. O. (s. Anm. 3), 136–138.

[35] DERS., Verständnis, a. a. O. (s. Anm. 3), 160.

weil er aus Selbstbehauptungskämpfen[36] entsteht und die Selbstbemächtigung bis hin zur Selbstverfertigung[37] anstrebt. Ziel ist durchaus der „‚Mensch nach Maß' [...], ein Wesen nach dem Maß moderner Lebenserschaffungs-Technologien, ein *Projekt* ‚Mensch'"[38]. Moderne gentechnologische Methoden lassen diese Vision als realistisch nahe rücken.

Auf diese philosophische Technikinterpretation, der Trowitzsch sich anschließt, antwortet er aus theologischer Perspektive mit Rekurs auf Martin Luther, Karl Barth und Dietrich Bonhoeffer. Mit Blick auf Luther sieht er ein „gutes Handeln" allein im Geschehenlassen, im Seinlassen, im Wartenkönnen und in der Ergebung:[39]

> „Sind doch auch im Allgemeinen [...] die ‚guten Werke' [...] zu einem guten Teil Unterlassungen, Verschonungen, Wahrnehmungen, Zurücknahmen, Ergebungen, Einwilligungen in das Widrige, Vollzüge der Geduld, der Tapferkeit, der Entfernung, des Leidens usw."[40]

Es ist deutlich, dass solches Tun dem machtförmigen technischen Handeln diametral entgegensteht. Technisches Handeln kommt als „gutes Handeln" bei Trowitzsch nicht in den Blick.

Trowitzsch zitiert Dietrich Bonhoeffer mit dessen Hinweis darauf, dass sich Technik von jeder Dienststellung befreit habe, Herrschaft über die Natur darstelle und zum Selbstzweck geworden sei[41] – weil der Bezug zu Gott als dem Subjekt der Schöpfung und Erhaltung aller Wirklichkeit verleugnet werde.[42]

Diese Argumentation stützt Trowitzsch auch mit einem Hinweis auf Karl Barth: Er weist darauf hin, dass Macht vom Menschen als von Gott gegeben anerkannt werden müsse und nur in dieser Form als unumgängliche Verfügungsgewalt theologisch gewürdigt werden könne. In der neuzeitlichen Technik sieht Barth jedoch eine spezifische Ausprägung des Willens zur Macht und einer Macht um der Macht willen.[43]

---

36 Vgl. DERS., Übergang, a. a. O. (s. Anm. 17), 183.
37 Vgl. DERS., Verständnis, a. a. O. (s. Anm. 3), 179.
38 A. a. O., 179 (Hervorhebung im Original).
39 Vgl. DERS., Die nachkonstantinische Kirche, die Kirche der Postmoderne – und Martin Luthers antizipierende Kritik, in: DERS., Moderne, a. a. O. (s. Anm. 17), 24–58; hier: 49, 51; DERS., „Sterbliches Denken". Eine neuerliche theologische Erinnerung an Martin Heidegger, in: DERS., Technokratie, a. a. O. (s. Anm. 3), 65–82; hier: 75.
40 DERS., Kirche, a. a. O. (s. Anm. 39), 50.
41 Vgl. DERS., Technokratie, a. a. O. (s. Anm. 3), 152f.
42 Vgl. DERS., Anfänge, a. a. O. (s. Anm. 24), 144.
43 Vgl. DERS., Karl Barths theologische Kritik der Technik, in: DERS., Technokratie, a. a. O. (s. Anm. 3), 1–19; hier: 8, 12.

2.3 Zwangsläufigkeit und Unverfügbarkeit des technischen Fortschritts

„In Wahrheit hat der Mensch die Technik nicht, sogar zunehmend weniger, in der Hand. ‚Er ist ihr Spielwerk'."[44] Trowitzsch hypostasiert Technik zu einem Akteur der Geschichte, der den Menschen zum ohnmächtigen Objekt macht: Er sieht in der Technik „eine gehetzte, wütend dringliche, unwiderstehliche Dynamik", die

> „mit der Forschung die Wirklichkeit im Ganzen zunehmend in die Bewegung seiner höchst spezifischen, stets nur seine Prämissen vollstreckenden, immer nur *seine* Entwicklung nehmenden und dann notwendig konsequenzmacherischen *Eigenläufigkeit*, in Selbstfortsetzungsautomatik [reißt]."[45]

Neuzeitliche Technik sieht Trowitzsch als machtförmig (allmächtig), notwendigkeitsförmig, zwanghaft, selbstreferentiell und eigenläufig.[46] Als Bild einer solchen Macht verweist er auf Goethes Zauberlehrling.[47]

Diese Eigendynamik bekommt für den Menschen, der ihr ausgeliefert ist, eine zusätzliche Schärfe: Nach ihrer Prozesslogik stürzt das System ab, wenn es sein Tempo verlangsamt oder gar zum Stillstand kommt.[48] Trowitzsch nimmt von Gerhard Ebeling den Vergleich eines Kreisels auf, der zur Aufrechterhaltung der Drehung ständiger „Peitschenhiebe"[49] bedarf. Peitschenhiebe der Technokratie heißen Unverzichtbarkeit, Unaufhaltsamkeit, Alternativlosigkeit[50] und Optimierung[51]. Für die Menschen, die dieser Technokratie unterworfen sind, heißt dies, dass sich für sie Selbstdisziplinierung und Selbstversklavung mit Unterwerfungslust und Anmaßung verschränken: „Wir müssen sie [die Eigenläufigkeit und die Selbstfortsetzungsautomatik der Technokratie, R.C.] wollen"[52].

Trowitzsch stellt die Frage, ob es für die Ethik die Möglichkeit einer von außen kommenden Steuerung, Korrektur oder Gestaltbarkeit gibt. Er verneint dies: „Technokratie bestreitet die Aufgabe ethischer Orientierung ganz aus *eigenen* Mitteln."[53] Jeder Einzelne ist ohnmächtig: „In Wahrheit rast der Prozess-

---

[44] DERS., Verständnis, a. a. O. (s. Anm. 3), 116.
[45] A. a. O., 136 (Hervorhebungen im Original).
[46] Vgl. a. a. O., 139.
[47] Vgl. a. a. O., 142.
[48] Vgl. DERS., Technokratie als Thema der Theologie, in: DERS., Moderne, a. a. O. (s. Anm. 17), 176–190; hier: 176.
[49] A. a. O., 176.
[50] Vgl. DERS., Übergang, a. a. O. (s. Anm. 17), 184.
[51] Vgl. DERS., Thema, a. a. O. (s. Anm. 48), 177.
[52] DERS., Übergang, a. a. O. (s. Anm. 17), 185.
[53] DERS., Verständnis, a. a. O. (s. Anm. 3), 148 (Hervorhebung im Original).

Progress durch ihn [die Person des Wissenschaftlers, R.C.] hindurch über ihn hinweg."[54] Selbst Religion ist nach Trowitzsch „aus dem Stoff des Machtförmigen"[55]. Da es sich bei der neuzeitlichen Technik um die Grundstellung des Menschen in seiner Zeit handelt, kann es keinen Standpunkt außerhalb dieser Grundstellung geben. In seiner Argumentation bezieht er sich auch auf Karl Barth, der Technik und Technokratie als selbständig existierende, agierende und herrschende Wesenheiten sieht,[56] die nichts Instrumentell-Diakonisches mehr haben, sondern zum (Quasi-)Soteriologischen geworden sind: „zum Befreienden und Erlösenden oder in abgründige Verzweiflung Treibenden"[57]. In der Konsequenz schließt sich Trowitzsch dem Diktum Heideggers an: „Nur ein Gott kann uns retten."[58]

2.4 Theologische Technikkritik als Kritik der soteriologischen Vernunft[59]

In den vorangehenden Abschnitten 2.1 bis 2.3 wurden den dargestellten Transzendenzkonstruktionen der Technik theologisch begründete Reaktionsmöglichkeiten skizzenhaft gegenübergestellt: Auf eine totalitäre wissenschaftlich-technische Wirklichkeitsaneignung kann nur mit einem „Seinlassen" der Schöpfung reagiert werden, sodass die Welt so gelassen wird, wie sie vor Gott in Wirklichkeit ist. Der absoluten Machtförmigkeit der Technik kann nur der Dienstcharakter der Technik für Gottes Schöpfung entgegengestellt werden. Gegenüber der unaufhaltsamen, eigenläufigen Vorherrschaft der Technokratie kann nur auf Gott als Retter verwiesen werden.

Diese skizzierten Reaktionsmöglichkeiten von Theologie und Kirche sollen im Folgenden vertieft werden:

Jeglicher theologischer Ethik entzieht Trowitzsch den Boden: Werte erweisen sich als Funktionswerte oder Nutzwerte,[60] sind also Teil des zu kritisierenden technischen Prozesses. Was für Werte gilt, muss über Ethik insgesamt, auch über jegliche theologische Ethik gesagt werden: sie ist nicht verschieden von

---

54 DERS., Übergang, a. a. O. (s. Anm. 17), 193.
55 DERS., Verständnis, a. a. O. (s. Anm. 3), 154.
56 Vgl. DERS., Kritik, a. a. O. (s. Anm. 43), 12–19.
57 A. a. O., 15.
58 DERS., Verständnis, a. a. O. (s. Anm. 3), 151, Anm. 66.
59 Vgl. DERS., Die Freigabe der Welt. Der Gedanke der Schöpfungsmittlerschaft Jesu Christi bei Dietrich Bonhoeffer, in: DERS., Moderne, a. a. O. (s. Anm. 17), 143–158; hier: 158; DERS., Übergang, a. a. O. (s. Anm. 17), 204, 217.
60 Vgl. DERS., Übergang, a. a. O. (s. Anm. 17), 180.

dem Kritisierten,[61] beschleunigt also nur den technischen Prozess. Durch Ethik lässt sich der Bann des technokratischen Zeitalters also nicht überwinden.[62]

Die Aufgabe von Theologie und Kirche angesichts von Technik und Technokratie lässt sich unter die Überschrift „Kritik der soteriologischen Vernunft“[63] fassen. Themen eines solchen theologischen Ansatzes sind nach Trowitzsch:

Technik als Erlösungs- und Verzweiflungsmacht,[64]
Wissenschaftsgläubigkeit der Technik,[65]
Technik als Religion,[66]
Besessenheit als Signum der Technokratie,[67]
Technik als Zeitgötze[68], zum Zweck der Selbstgeburt, Selbstverfertigung und Selbsthabe,[69]
Technik als Dämon, Entdämonisierung durch das Kreuz Christi,[70]
Ruf zur Buße und zur Umkehr[71], Hinwendung zu einer „bislang unvorstellbaren nachtechnischen *Rekreation* der Welt“[72],
Ohnmacht, Angewiesenheit und Bedingtheit müssen ihren Platz in der Theologie haben,[73]
Wegwarten der Götzen, warten auf den jüngsten Tag,[74]
„Entgegennehmen der Herrschaft des Gekreuzigten, des Friedens mit Gott, des Blickes der Liebe […] entzieht der […] neuzeitlichen Grundstellung die Achtung.“,[75]
Rettung durch Gott, der uns in der Verkündigung vom Tode des Herrn entgegen kommt,[76]
Gebet und Gottesfurcht.[77]

---

61 Vgl. DERS., Vorurteile, a. a. O. (s. Anm. 3), 134.
62 Vgl. DERS., Nachwort, im Gespräch mit Dietrich Bonhoeffer, in: DERS., Technokratie, a. a. O. (s. Anm. 3), 209–226; hier: 211.
63 DERS., Übergang, a. a. O. (s. Anm. 17), 217.
64 Vgl. DERS., Moderne, a. a. O. (s. Anm. 17), 187.
65 Vgl. DERS., Vorurteile, a. a. O. (s. Anm. 3), 143.
66 Vgl. a. a. O., 143.
67 Vgl. DERS., Wort, a. a. O. (s. Anm. 32), 204.
68 Vgl. a. a. O., 204; DERS., Vorurteile, a. a. O. (s. Anm. 3), 130.
69 Vgl. DERS., Übergang, a. a. O. (s. Anm. 17), 215.
70 Vgl. DERS., Wort, a. a. O. (s. Anm. 32), 205.
71 Vgl. a. a. O., 206.
72 A. a. O., 208.
73 Vgl. DERS., Übergang, a. a. O. (s. Anm. 17), 198.
74 Vgl. DERS., Nachwort, a. a. O. (s. Anm. 62), 221.
75 A. a. O., 223.
76 Vgl. a. a. O., 224.

Trowitzsch ist deutlich, dass Theologie und Kirche mit diesen Themen in unserer Gesellschaft nur begrenzt gesprächsfähig sind. Gesprächsfähigkeit sieht er aber auch nicht als ein maßgebliches Kriterium an.[78] Vielmehr entwirft sich Theologie mit einem solchen Programm als „Konfliktwissenschaft"[79]. Ihren vorzüglichen Ort hat eine Kritik der soteriologischen Vernunft, eine solche Entdämonisierung im Gottesdienst der christlichen Gemeinde: „Der Gottesdienst [...] lässt in strikter Unterscheidungsschärfe, konfliktbereit, niemanden und nichts Gott sein als den wahren Gott selber."[80] Hier kann sich einstellen, dass Menschen sich von Technik weder faszinieren noch erschrecken lassen, sondern dass sie eine „Erneuerung des Sinns" (Röm 12,2) erfahren.[81] Als Quelle einer solchen Erneuerung können sich biblische Schriften erweisen, die als vom Kritisierten kategorial verschieden angesehen werden können.

3. Zwischenfazit – Hermeneutische Überlegungen

Nachdem wesentliche Züge der theologischen Transzendenzkonstruktion von Technik durch Michael Trowitzsch nachgezeichnet wurden, sollen in diesem Abschnitt die hermeneutischen Prozesse kritisch beleuchtet werden, die zu dieser Transzendenzkonstruktion führen.

Die in Abschnitt 2.1 beschriebene totalitäre wissenschaftlich-technische Wirklichkeitsaneignung als ein wesentlicher Charakterzug neuzeitlicher Technik entwickelt Trowitzsch i.W. aus der cartesianischen Theorie der Naturerfassung und aus der Ontologie Heideggers. Dieses philosophisch begründete Bild von Technik macht Trowitzsch zum Gegenstand der theologischen Kritik. Allerdings verzichtet Trowitzsch vollständig auf eine Überprüfung dieses Technikbildes an Kriterien und Methoden der Technikwissenschaften und Technikfolgenforschung, an Erkenntnissen der Techniksoziologie zur Technikgenese und Technikbewertungsprozessen wie auch am empirischen Vollzug der Technikentwicklung. Seine theologische Kritik der soteriologischen Vernunft setzt er damit der Möglichkeit und dem Risiko aus, dass sie gegenüber den genannten philosophischen Entwürfen zur Technik treffend sind, nicht jedoch gegenüber den

77 Vgl. a. a. O., 226.
78 Vgl. DERS., Übergang, a. a. O. (s. Anm. 17), 218.
79 A. a. O., 218.
80 A. a. O., 189.
81 Vgl. a. a. O., 196.

Technikbildern, die von Technikwissenschaften und von techniksoziologischen Entwürfen – die eine größere Nähe zur Empirie haben – skizziert werden.[82]

Bei der in Abschnitt 2.2 beschriebenen Darstellung des absoluten Machtanspruchs der Technik rekurriert Trowitzsch i.W. auf philosophische Überlegungen Friedrich Nietzsches zum Willen zur Macht. Indem er den absoluten Machtanspruch und die zwangsläufige Tendenz zur Machtsteigerung in der neuzeitlichen Technik repräsentiert sieht, schließt er ein „dienstbares" technisches Handeln aus. Auch diese Annahme, die wiederum Gegenstand seiner theologischen Kritik der soteriologischen Vernunft ist, unterzieht er keinerlei empirischen oder transdisziplinären Prüfung. Um diese philosophische Annahme zu stützen, zieht er vielmehr Martin Luthers Theologie mit Hinweisen zu „guten Werken" heran, nicht ohne diese dabei allein auf passive Handlungsweisen (Unterlassen, Wahrnehmen, Zurücknehmen, Einwilligen usw.) zu beschränken – was im Horizont von Luthers Theologie als nicht haltbar bezeichnet werden kann – schließlich beschreibt er in vielfältigster Weise Taten der Nächstenliebe als Frucht des Glaubens, genauso wie er letztlich seine Theologie des Berufes auf dieses aktive Tun baut. Mit anderen Worten: Mit dem Verzicht auf eine empirische und eine transdisziplinäre Überprüfung seiner philosophisch entwickelten Technikinterpretation geht er auch hier das Risiko ein, dass er mit seiner theologischen Kritik *seine* (philosophisch begründete) Technikinterpretation trifft, weniger jedoch Technik, wie sie in anderen Wissenschaften oder in empirischen Studien beschrieben wird.

In Abschnitt 2.3 wurden Trowitzschs Überlegungen zur Zwangsläufigkeit und Unverfügbarkeit des technischen Fortschritts nachgezeichnet. Auch sie basieren auf geschichtsmetaphysischen und ontologischen Annahmen Heideggers sowie auf der Philosophie Nietzsches. In diesem Zusammenhang wird die Empirieferne seiner Technikinterpretation besonders deutlich: Als treibende Kraft des technischen Fortschritts kann er nur noch eine „unwiderstehliche Dynamik"[83], „herrenlose Gewalten"[84], „‚irgendwie' selbständig existierende und agierende Wesenheiten"[85] oder „ein Geheimnis"[86] vermuten. Argumente für diese Hypos-

---

82 Angesichts dessen, dass keine Wissenschaft für sich beanspruchen kann, „die Wirklichkeit von Technik" beschreiben zu können, sondern immer „nur" Technik in ihrer Perspektive beschreibt, kann keine Wissenschaft behaupten, Technik „besonders realitätsnah" zu skizzieren. Als Konsequenz aus der Einsicht in die jeweils fragmentarische Sicht auf Technik sollte jede Wissenschaft darauf aus sein, wenigstens ihre zentralen Einsichten daraufhin zu überprüfen, ob sie von anderen einschlägigen Wissenschaften geteilt werden oder zumindest nicht mit guten Gründen bestritten werden.

83 TROWITZSCH, Verständnis, a. a. O. (s. Anm. 3), 136.

84 DERS., Kritik, a. a. O. (s. Anm. 43), 13.

85 A. a. O., 14.

tasierung von Technik nennt Trowitzsch nicht. Zugleich zielt seine theologische Kritik der soteriologischen Vernunft auf dieses hypostasierte Technikverständnis – auch hier mit dem Risiko, dass dieses Technikverständnis sich als letztlich nicht tragfähig erweist.

Ergebnis dieser hermeneutischen Überlegungen ist, dass sich Trowitzschs theologische Technikinterpretation und -kritik auf philosophische Technikdeutungen – insbesondere auf jene von Heidegger bezieht. Die von Trowitzsch weitgehend übernommenen Technikinterpretationen und damit auch die mit diesen verbundenen Transzendenzkonstruktionen werden von ihm keinem empirischen und auch keinem transdisziplinären Abgleich unterzogen. Seine theologische Technikkritik unterliegt darum dem Risiko, dass seine Technikinterpretation vor der Empirie oder vor den Ergebnissen transdisziplinärer Technikforschung keinen Bestand hat.

Wenn dieses Risiko vermieden werden soll, muss der Gegenstandsbereich einer theologischen Technikinterpretation und -kritik auch unter Einbeziehung anderer Wissenschaften, die Technik zu ihrem Gegenstand haben (i.W. also Technikwissenschaften, Technikphilosophie und Techniksoziologie) und vor dem Hintergrund empirischer Gegebenheiten der Technikentwicklung entwickelt werden. Auf Basis einer solchen Technikinterpretation kann in einer theologischen Kritik die Frage gestellt werden, ob Technik transzendente Züge trägt und welche Züge hier gegebenenfalls zu nennen sind.[87]

Diese transdisziplinäre Gegenstandsbeschreibung des Untersuchungsfeldes „Technik" soll im folgenden Abschnitt 4 skizziert werden.[88]

4. Technik in transdisziplinärer Perspektive

4.1. Technik als Sachsystem: Technikwissenschaftliche Perspektive

Technische Artefakte (Geräte, Maschinen, Apparate) können als funktionale Sachsysteme beschrieben werden. Bei dieser Modellierung wird das Sachsystem nach den Kategorien Stoff, Energie und Signal und jeweils den Funktionsklassen

86 DERS., Verständnis, a. a. O. (s. Anm. 3), 154.

87 Vgl. SCHWARKE, CHRISTIAN, Technik und Theologie. Was ist der Gegenstand einer theologischen Technikethik? in: ZEE 49 (2005), 88–104.

88 Zur ausführlichen Darstellung einer transdisziplinären Sicht auf Technik vgl. CHARBONNIER, RALPH, Technik und Theologie. Ein theologischer Beitrag zum interdisziplinären Technikdiskurs unter besonderer Berücksichtigung der Theologie F.D.E. Schleiermachers, Marburg / Lahn 2003, 111–139.

Wandlung, Leitung und Speicherung beschrieben.[89] Eine solche technisch-wissenschaftliche Perspektive kann nicht nur auf Sachen, sondern auch auf Lebendiges bezogen werden. In Analogie zu Artefakten kann in diesem Fall von Biofakten gesprochen werden.[90] Jede Modellierung – und so auch die technische Modellierung von Wirklichkeit als Sachsystem – beschreibt Wirklichkeit nach einem Kategoriensystem, was eine systematische und methodische Ausblendung anderer Wirklichkeitsdimensionen einschließt. Dies wird bei einem Biofakt besonders deutlich, gilt aber auch für jedes sonstige Artefakt.

4.2. Technik als soziales System: Techniksoziologische Perspektive

Technik kann in Anlehnung an Grundlagen der Systemtheorie Niklas Luhmanns und Helmut Willkes[91] innerhalb einer funktional ausdifferenzierten Gesellschaft als soziales System neben Systemen wie „Wirtschaft", „Politik", „Recht", Gesundheitswesen", „Bildung" u.a.m. beschrieben werden.[92] Das soziale System „Technik" wird innerhalb dieses Theoriemodells durch das symbolisch generalisierte Medium „technisches Funktionieren", den binären Code „funktioniert/funktioniert nicht" und das Programm einer „technischen Semantik" charakterisiert. Die technische Semantik enthält folgende Elemente:[93]

Kategorien und Funktionen des technischen Sachsystems,
Naturwissenschaftliche Regeln,
Technische Regeln,
Rechtsverbindliche technische Vorschriften,
Technische Normen,

---

89 Vgl. ROPOHL, GÜNTER, Allgemeine Technologie. Eine Systemtheorie der Technik, Karlsruhe ^{3}2009, 129–134.

90 Vgl. KARAFYLLIS, NICOLE C., Das Wesen der Biofakte, in: DIES. (Hg.), Biofakte. Versuch über den Menschen zwischen Artefakt und Lebewesen, Paderborn 2003, 11–26.

91 Vgl. das Grundlagenwerk Niklas Luhmanns (DERS., Soziale Systeme. Grundriss einer allgemeinen Theorie, Frankfurt a. M. ^{4}1991), Systeme sowie seine für die Technik besonders relevante Schrift: Kommunikation (DERS., Ökologische Kommunikation. Kann die moderne Gesellschaft sich auf ökologische Gefährdungen einstellen? Opladen ^{3}1990). Zur Interpretation und Weiterführung der Systemtheorie Luhmanns durch Helmut Willke: Vgl. WILLKE, HELMUT, Systemtheorie entwickelter Gesellschaften. Dynamik und Riskanz moderner gesellschaftlicher Selbstorganisation, Weinheim / München ^{2}1993.

92 Zur Einordnung des hier dargestellten sozialen Systems „Technik" in die Theoriemodelle Luhmanns und Willkes. Vgl. CHARBONNIER, Technik, a. a. O., (s. Anm. 88), 124–126.

93 Vgl. a. a. O., 117–120.

Industriestandards,
Leitbilder, Organisationskulturen, Konstruktionsstile.

Das soziale System „Technik“ hat eine eigene Dynamik: Es kann nur solche Dinge kommunizieren, die in ihrer eigenen Semantik gefasst werden können (relative autopoietische Geschlossenheit). Zugleich nimmt es nur Kommunikationsimpulse von außen auf, die im eigenen Programm, in der eigenen Semantik aufgenommen werden können (beschränkt offenes System).

4.3. Technik als technisches Erkennen und technisches Wirken: Technikphilosophische Perspektive

Im Anschluss an Friedrich Schleiermacher (als Philosoph und Theologe) kann in jedem menschlichen Handeln eine „erkennende“ und eine „wirkende“ Handlungsdimension unterschieden werden.[94] Technisches Erkennen ist demnach das Erkennen in den Kategorien der technischen Semantik. Wahrgenommen wird nur, was in den Elementen der technischen Semantik erfasst werden kann. Andere Wirklichkeitsdimensionen werden systematisch und methodisch ausgeblendet.

Technisches Wirken beschreibt das Handeln, bei dem Artefakte nach den Elementen der technischen Semantik geplant, hergestellt, verwendet, verwertet und entsorgt werden.

4.4 Transdisziplinäre Technikgestaltung

Die Disziplinen der Technikgeschichte[95] und der Technikgeneseforschung[96] können retrospektiv erfassen, wann und unter welchen gesellschaftlichen Um

---

94 Fundamental für Friedrich Schleiermachers philosophische Ethik ist die Unterscheidung einer erkennenden und einer organisierenden Handlungsdimension in jedem Handeln. Vgl. SCHLEIERMACHER, FRIEDRICH D. E., Ethik (1812/13) mit späteren Fassungen der Einleitung, Güterlehre und Pflichtenlehre. Auf der Grundlage der Ausgabe von Otto Braun, hg. und eingeleitet von BIRKNER, HANS-JOACHIM, Hamburg ^{2}1990. In seiner theologischen Ethik wählt er hierfür das Begriffspaar des darstellenden und wirksamen Handelns. Vgl. DERS., Die christliche Sitte nach den Grundsätzen der evangelischen Kirche im Zusammenhange dargestellt. Aus Schleiermacher's handschriftlichem Nachlasse und nachgeschriebenen Vorlesungen, hg. von JONAS, LUDWIG, Berlin ^{2}1884.

95 Vgl. RADKAU, JOACHIM, Technik in Deutschland. Vom 18. Jahrhundert bis heute, Frankfurt a. M. / New York 2008.

96 Vgl. DIERKES, MEINOLF (Hg.), Technikgenese. Befunde aus einem Forschungsprogramm, Berlin 1997.

ständen bestimmte technische Artefakte mit konkreten technischen und sozialen Folgen entwickelt, produziert, angewendet, verwertet und entsorgt wurden. Am Beispiel eines Artefakt-Lebenszyklus kann dies nachvollzogen werden: Gesellschaftliche Bedarfe (Grundbedürfnisse und darüber hinaus gehende Konsumbedürfnisse), technische Möglichkeiten in Verbindung mit ökonomischen Interessen (technikinduzierte Produktentwicklung) und politische Interessen (z.B. bei der Militärtechnik) führen zur Herstellung von Artefakten. Angesichts dieses Geflechts von Bedingungen für Technikgenese wird deutlich, dass es nie eine „notwendige“ oder „zwangsläufige“ Technikentwicklung gibt, sondern dass einer Technikgenese immer individuelle und kollektive Entscheidungen in den Bereichen von Wirtschaft, Politik, Technik u.a.m. sowie im lebensweltlichen Kontext zugrunde liegen.

Die Technikfolgenforschung[97] befasst sich mit den Folgen und Risiken technischen Handelns und technischer Artefakte in den Bereichen der Natur (u.a. Folgen für Ökosysteme), der verschiedenen sozialen Systeme und den Bereichen der Lebenswelt. Dabei wird deutlich, dass es nicht haltbar ist, technische Artefakte als ethisch neutral zu betrachten und ihre ethische Qualität nur von der Moralität der Menschen abhängig zu machen, die diese Artefakte nutzen (vgl. Trowitzschs Kritik am instrumentellen Technikverständnis). Vielmehr wird durch die Technikfolgenforschung deutlich, dass technische Artefakte allein durch ihre Existenz Auswirkungen in ihrer natürlichen und sozialen Umgebung wie auch in anderen sozialen Systemen haben. Diese Auswirkungen werden je nach Standort und Interesse als wünschenswert oder als schädlich betrachtet, so dass i.d.R. von einer Ambivalenz technischer Artefakte gesprochen werden muss. Diese Ambivalenz bezieht sich jedoch nicht auf die Moralität des Techniknutzers (instrumentelles Technikverständnis), sondern auf die Bewertung der Artefakt-Umgebungs-Beziehung.

Eine Technikbewertung durch Experten und/oder innerhalb von Verfahren einer Bürgerbeteiligung kann dazu beitragen, die Kenntnisse und Bewertung von Technikfolgen in Entscheidungen über die Planung, Herstellung, Nutzung, Verwertung oder Entsorgung technischer Artefakte einfließen zu lassen.

Im Rahmen einer ethisch verantwortlichen Technikgestaltung kann aufgezeigt werden, in welcher Weise das technische Handeln, die Entwicklung technischer Artefakte, das soziale System „Technik“ und der technische Fortschritt gestaltet werden können:

---

97 Vgl. WESTPHALEN, RABAN GRAF V., Technikfolgenabschätzung als politische Aufgabe, München / Wien ³1997; BANSE, GERHARD / GRUNWALD, ARMIN / KÖNIG, WOLFGANG / ROPOHL, GÜNTER (Hg.), Erkennen und Gestalten. Eine Theorie der Technikwissenschaften, Berlin 2006.

Die technische Semantik ist dem Menschen nicht vorgegeben, sondern in allen ihren Elementen Produkt menschlicher, kultureller Gestaltung:[98] So kann beispielsweise bei der Beschreibung von Kategorien und Funktionen technischer Sachsysteme festgelegt werden, welche Wirklichkeitsbereiche in eine Modellierung eines Sachsystems aufgenommen und welche Bereiche ausgeblendet werden. Bei der Festlegung rechtsverbindlicher Vorschriften, technischer Normen, bestimmter Industriestandards und technischer Leitbilder können gesellschaftlich vereinbarte Werte in die technische Semantik übersetzt werden.

Im Verlauf eines Artefakt-Lebenszyklus kann auf verschiedenste Weise Einfluss darauf genommen werden, wie dieser Zyklus verläuft: Beispielsweise kann schon die Definition einer gesellschaftlichen Problemlage (Problemfindung, Problemabgrenzung) Ergebnis eines Diskurses sein. Es ist prinzipiell offen, ob eine Problemlage technisch oder auf andere Weise gelöst werden soll. Bei der Planung und Konstruktion eines Artefaktes können verschiedene ökologische, soziale und ethische Aspekte berücksichtigt werden. Gleiches gilt für die Produktion, Verwendung, Verwertung und Entsorgung eines Artefaktes.

Mit Hilfe einer transdisziplinären Sicht auf Technik kann auch der Eindruck einer eigendynamischen, zwangsläufig sich vollziehenden Technikentwicklung kritisch beleuchtet werden: Die Charakterisierung von Technik als soziales System mit dem Programm der technischen Semantik macht deutlich, dass Technik eine eigene Dynamik hat: Das soziale System „Technik" reagiert nur auf Impulse, die innerhalb der technischen Semantik aufgenommen werden können. Somit werden beispielsweise ethische oder theologische Appelle vom sozialen System Technik „überhört", so lange nicht diese ethischen oder theologischen Argumente in Elemente der technischen Semantik und/oder in bestimmte Entscheidungen bei der Anwendung der technischen Semantik im Zuge der Entwicklung technischer Artefakte übersetzt werden.

Wenn der Eindruck herrscht, dass man bestimmten technischen Entwicklungen machtlos gegenüber steht, dass sie sich einer ethisch verantwortlichen Gestaltung entziehen, dann muss dieser Eindruck nicht damit erklärt werden, dass „Technik" die Entwicklung beherrsche oder dass „Mächte" diese Entwicklung vorantreiben würden. Vielmehr kann eine soziologische, systemtheoretische Analyse in konkreten Fällen zeigen, dass zum einen gegebenenfalls bestimmte ethische Argumente vom sozialen System „Technik" nicht aufgenommen werden (z.B. mangels Übersetzung ethischer Argumente in die technische Semantik) oder auch dass gegebenenfalls bestimmte ethische Argumente trotz einer Übersetzung in das soziale System „Technik" in den Entscheidungs-

[98] Selbst für naturwissenschaftliche Regeln bzw. Naturgesetze gilt, dass sie – nach idealistischer oder pragmatistischer Konzeption – als geschichtliche Produkte angesehen werden können. Vgl. HAMPE, MICHAEL, Eine kleine Geschichte des Naturgesetzbegriffs, Frankfurt a. M. 2007, insbesondere 42–44, 142–150.

prozessen des Systems „Technik“ nicht die notwendige Macht besitzen, sodass sie letztlich wirkungslos bleiben.[99]

Auch die theologische Wissenschaft und die Kirche kann sich an diesem transdisziplinären Technikdiskurs mit eigenen Beiträgen beteiligen:[100] Beispielsweise können durch Hinweis auf den Glauben an Gott die Erwartungshaltungen gegenüber technischen Artefakten oder dem technischen Fortschritt begrenzt und relativiert werden, sodass jeglichem Götzendienst die Grundlage entzogen wird. Glaube kann Menschen die Sichtweise von der Wirklichkeit als Gottes Schöpfung einsichtig werden lassen, so diese zu einer achtungsvollen, nicht-anthropozentrischen Sichtweise gegenüber Natur und Kultur angeleitet werden.

Die Rechtfertigung des Menschen aus dem Glauben kann zur Befreiung aus Selbstrechtfertigungsbestrebungen und damit zu einem freien Handeln zu Gunsten der unverfügbaren Lebensgrundlagen, der Mitmenschen, gerechter Lebensverhältnisse, zukünftiger Generationen usw. führen. Ethisch verantwortliches Handeln wird durch Glauben ermöglicht und durch theologisch verantwortbare Kriterien orientiert. Fortschrittsvisionen werden durch Hinweise auf die zwangsläufigen Ambivalenzen innerhalb der endlichen Wirklichkeit und die erst im Eschaton zu erwartende Erlösung relativiert.

5. Kritische Würdigung der Transzendenzkonstruktion von Technik durch Trowitzsch

Michael Trowitzsch konstruiert theologische Technikdeutungen – wie dargestellt – auf drei Feldern:

Erstens stellt die neuzeitliche Technik nach ihm eine *totalitäre*, wissenschaftlich-technische, mathematische Wirklichkeitsaneignung dar (s. 2.1). Nach Durchgang durch die transdisziplinäre Technikinterpretationen kann man diese Auffassung präzisieren und hinsichtlich ihres Totalitätscharakters und damit hinsichtlich ihres transzendenten Charakters kritisieren: Es kann unterstrichen werden, dass Technik sich dadurch auszeichnet, dass Wirklichkeit in der Modellierung technischer Sachsysteme nach den Elementen der technischen Semantik erkannt und im technischen Wirken mit diesen Sachsystemen nach diesen Elementen gestaltet wird. Es kann bestätigt werden, dass es hierdurch zu

---

99 Vgl. HAKEN, HERMANN, Erfolgsgeheimnisse der Natur. Synergetik: Die Lehre vom Zusammenwirken, Hamburg 1995, insbes. 166–222. Haken zeigt auf, dass in nicht-deterministischen Systemen bestimmte gesellschaftliche Bedingungen herrschen müssen, damit bestimmte Programme oder Entscheidungen sozialer Systeme verändert werden.

100 Vgl. den Übersichtsartikel: SCHWARKE, Technik, a. a. O. (s. Anm. 87) sowie die im Gespräch mit Schleiermachers Theologie entwickelten theologischen Beiträge zum Technikdiskurs in: CHARBONNIER, Technik, a. a. O. (s. Anm. 88), 141ff.

einer systematischen und methodischen Ausblendung von Wirklichkeitsdimensionen kommt, die in den Elementen der technischen Semantik nicht erfasst werden können. Allerdings geht Trowitzsch davon aus, dass die Wirklichkeitsaneignung nur nach mathematischen und quantifizierbaren Kategorien vorgenommen wird. Die technische Semantik geht jedoch in ihrer Erstellung und ihrer Anwendung darüber hinaus. In die Erstellung ihrer Elemente und bei der Anwendung ihrer Elemente fließen auch qualitative und ethische Aspekte ein. Ein Totalitätsanspruch der Technik könnte nur dann angenommen werden, wenn das technische Erkennen und das technische Wirken *sämtliches* Erkennen und Wirken charakterisieren würde (oder den Anspruch darauf stellte) und wenn die gesellschaftliche Ausdifferenzierung zurückgenommen würde allein zu Gunsten der technischen Kommunikation. Dass die technische Handlungsdimension andere Handlungsdimensionen in der Gegenwart überlagert und zurückdrängt und dass das soziale System „Technik“ dazu tendiert, andere soziale Systeme in ihren Auswirkungen zu beschränken, dürfte mit Blick auf die gesellschaftliche Praxis in einer technisierten Welt oder in einem „technischen Zeitalter“ unbestritten sein.[101] Allerdings ist dies nicht gleichzusetzen mit der Aussage, dass Technik totalitär sei, totalitär sein könne oder dies anstrebe. Vielmehr kommt man nach den transdisziplinären Technikinterpretationen zu dem Schluss, dass auf die ethisch verantwortliche Gestaltungsmöglichkeit und Gestaltungsnotwendigkeit hingewiesen werden muss, um Tendenzen einer unverantwortlichen Dominanz technischen Handelns und des sozialen Systems „Technik“ zu begrenzen.

Im Zusammenhang der Darstellungen zur totalitären wissenschaftlich-technischen Wirklichkeitsauffassung hat Trowitzsch auf die „unbedingte menschliche Selbstbehauptung“[102], auf das Streben nach „Habhaftigkeit, Verfügbarkeit und Sicherstellung“[103] (mit Verweis auf Heidegger) und auf die Selbstgewissheit des Denkens[104] (mit Verweis auf Descartes) hingewiesen. Dies ist ein wichtiger Hinweis darauf, dass die Tendenz einer ethisch unverantwortlichen Ausweitung des technischen Handelns und des sozialen Systems Technik durch Selbstbehauptungs- und Sicherstellungsversuche des Menschen verstärkt werden kann, vielleicht sogar durch diese motiviert wird. Aus theologischer Perspektive wäre dies eine empirische und transdisziplinäre Bestätigung der theologischen Annahme, dass Menschen, die nicht aus der Rechtfertigung durch den Glauben

---

[101] Zu beachten ist hier jedoch auch, dass Analoges vom ökonomischen Handeln und der Vorherrschaft des sozialen Systems Wirtschaft gesagt werden kann.

[102] DERS., Verständnis, a. a. O. (s. Anm. 3), 124.

[103] A. a. O., 98 (im Original hervorgehoben).

[104] Vgl. a. a. O., 124.

heraus leben, u.U. zu Selbstrechtfertigungsversuchen mittels technischen Handelns greifen – als eine mögliche Form gesetzlichen Lebens. Diese Deutung wiederum würde die Bedeutung der Verkündigung der Rechtfertigung aus Glauben unterstreichen, die nicht nur für den einzelnen Menschen erfahrbar wäre, sondern auch Auswirkungen für das gesellschaftliche Leben hätte.

Zweitens stellt Trowitzsch den *absoluten* Machtanspruch der neuzeitlichen Technik dar (2.2).

Dass das technische Know-how und die technische Entwicklung ein enormes Maß an akkumulierten Möglichkeiten darstellt, wie Trowitzsch beschreibt, wird durch die transdisziplinären Technikinterpretationen deutlich unterstrichen. Die Ansammlung der mechanischen, elektrischen, chemischen und biotechnologischen Möglichkeiten wird durch die Vernetzung dieser Möglichkeiten durch die Informations- und Kommunikationstechnologie potenziert. Die von Trowitzsch schon vor vielen Jahren prognostizierten Forschungsanstrengungen für ein „*Projekt* Mensch“[105] wird durch jüngste Entwicklungen auf dem Feld der Synthetischen Biologie, auf dem biologische und ingenieurwissenschaftliche Methoden kombiniert werden, bestätigt.[106] Vor diesem Hintergrund lässt sich die Frage stellen, ob es einen Automatismus von Macht und Machtsteigerung gibt. Der Blick auf die transdisziplinären Technikinterpretationen zeigt jedoch, dass die Technikgenese nicht auf den einen Faktor „Machtsteigerung“ zurückzuführen ist. Andere Faktoren, die Technik bewusst in den Dienst für unabstreitbare Bedarfe menschlichen Lebens (Nahrungsproduktion, Wohnen, Energiebeschaffung, Mobilität, Kommunikation u.a.m.) stellen, sind bedeutsam und werden immer bedeutsam bleiben. Auch hier kommt man zu dem Schluss, dass die einseitige Behauptung, die Technikentwicklung werde wesentlich durch einen absoluten Machtanspruch, die Selbstzweckhaftigkeit der Macht und einen Automatismus zur Machtsteigerung motiviert, nicht zu halten ist. Zugleich wird die ethisch zu verantwortende Gestaltungsaufgabe deutlich: Es geht darum, die Technikentwicklung so weit wie möglich in den Dienst für den Menschen und die natürlichen Lebensgrundlagen zu stellen. In der gesellschaftlichen Praxis bedeutet dies, dass gesellschaftliche Diskussionen über Ziele gestärkt werden müssen, zu deren Verwirklichung Technik wichtige Beiträge liefern kann.

---

105 DERS., Verständnis, a. a. O. (s. Anm. 3), 179 (Hervorhebung im Orig.).

106 Vgl. BOLDT, JOACHIM / MÜLLER, OLIVER / MAIO, GIOVANNI (Hg.), Leben schaffen? Philosophische und ethische Reflexionen zur Synthetischen Biologie, Paderborn 2012; CHARBONNIER, RALPH / SCHLIEP, HANS JOACHIM, Ethik der Technik und Biotechnologie, in: BRUMMER, ANDREAS / KIEẞIG, MANFRED / ROTHGANGEL, MARTIN (Hg.), Evangelischer Erwachsenenkatechismus. Suchen – glauben – leben, Gütersloh [8]2010, 534–553; hier: 549f.

Trowitzsch weist zu Recht darauf hin, dass in Zeiten der Selbstbehauptungskämpfe, Selbstrechtfertigung bis hin zur Selbstrechtfertigung der Kirche das „Seinlassen“ als gutes Werk zu predigen ist. Auch „Unterlassungen, Verschonungen, Wahrnehmungen, Zurücknahmen, Ergebungen, Einwilligungen in das Widrige, Vollzüge der Geduld, der Tapferkeit, der Entfernung, des Leidens usw.“[107], das Wartenkönnen und die Ergebung[108] gehören zu den Gestaltungsmöglichkeiten in einer technisch geprägten Wirklichkeit, die angesichts der technischen Möglichkeiten oftmals außer Blick bleiben. Auf der anderen Seite ist nicht einsichtig, warum „gute Werke“ – so Trowitzsch – vorrangig oder allein aus diesen passiven Tätigkeiten bestehen sollen. Ergebnisse aus dem transdisziplinären Technikdiskurs zu einer verantwortlichen Technikgestaltung zeigen auch aktiv-gestalterische Handlungsmöglichkeiten auf, die als „gute Werke“ verstanden werden können.

Drittens beschreibt Trowitzsch die *Zwangsläufigkeit* und *Unverfügbarkeit* des technischen Fortschritts (2.3). Auch in den transdisziplinären Technikinterpretationen wird deutlich, dass die Technikentwicklung als gesellschaftlicher (und globaler) Prozess wie auch die Entwicklung oder Nicht-Entwicklung konkreter Produkte i.d.R. nicht von einzelnen Personen gelenkt werden können. Insofern kann der Eindruck einer Machtlosigkeit und Unverfügbarkeit und einer sich eigenständig, eigendynamisch und zwangsläufig entwickelnden Technik entstehen. Allerdings ließe sich dieser Eindruck nur dann aufrecht erhalten, wenn man die Technikgenese in dem Geflecht von gesellschaftlichen Bedingungen und individuellen Handlungen im Rückblick (Technikgeschichte) und in der Gegenwart (Techniksoziologie) außer Acht ließe. Wird dagegen die Technikentwicklung als ein komplexer Prozess innerhalb von funktional differenzierten Gesellschaften (z.B. im Rahmen einer Theorie der sozialen Systeme) beschrieben, wird deutlich, dass zwar von sehr eingeschränkten Steuerungsmöglichkeiten der Technikentwicklung durch individuelles Handeln gesprochen werden muss, dass es aber kommunikative, sozial vermittelte Prozesse sind, die die Technikentwicklung in die eine oder andere Richtung lenken – wobei zu berücksichtigen ist, dass es auf Grund der Komplexität der gesellschaftlichen Kommunikationen zu keiner deterministischen Steuerung kommen kann. In einer transdisziplinären Perspektive wird durchaus die eigene Gesetzlichkeit und die Selbstreferentialität der Technik beschrieben (technische Semantik als Programm des sozialen Systems „Technik“), die eine direkte Beeinflussbarkeit durch ethische und theologische Appelle ausschließt. Allerdings ist eine daraus abgeleitete Transzendenzkonstruktion, die Technikentwicklung verliefe zwangsläufig und

---

107 TROWITZSCH, Kirche, a. a. O. (s. Anm. 39), 50.

108 Vgl. a. a. O., 51; DERS., Denken, a. a. O. (s. Anm. 39), 75.

unverfügbar, voreilig: In techniksoziologischer Perspektive wird deutlich, dass die Gestaltung der technischen Semantik und die Anwendung der technischen Semantik offen ist gegenüber wirtschaftlichen, politischen, rechtlichen, ethischen, theologischen und weiteren Einflüssen – wenn diese Aspekte in einem Übersetzungsprozess zwischen den jeweils anderen sozialen Systemen und dem sozialen System „Technik“ vermittelt werden. Eine Transzendenzkonstruktion von Technik in dem von Trowitzsch vertretenen Sinn verdeckt somit die Möglichkeiten einer ethisch verantwortlichen Gestaltung und führt zu einem Fatalismus, der diejenigen gesellschaftlichen Kräfte unterstützt, die an einer ethisch verantwortlichen Gestaltung der Technikentwicklung kein Interesse haben. Umgekehrt können Theologie und Kirche den transdisziplinären Technikinterpretationen entnehmen, dass eine effektive Einflussnahme auf die Technikentwicklung nur dann möglich ist, wenn diese Einflussnahme sich an individual- *und* sozialethischen Modellen des technischen Handelns unter den Bedingungen funktional differenzierter Gesellschaften orientiert.

6. Schlussbemerkung

Transzendenzkonstruktionen müssen gut begründet werden – insbesondere, weil die theologischen Beurteilungen, die sich an diese Transzendenzkonstruktionen knüpfen (z.B. Technik als Götze zu deuten), ins Leere laufen, wenn die Transzendenzkonstruktionen letztlich nicht haltbar sind. Die Untersuchung zeigt, dass sich eine theologische Prüfung und Kritik einer solchen Transzendenzkonstruktion von Technik durch Trowitzsch nicht allein auf philosophische Ansätze zur Technik (in diesem Fall insbes. Heidegger und Nietzsche) stützen kann, sondern auf transdisziplinäre Überlegungen angewiesen ist.

Eine solche Kritik deckt erstens auf, wo unzutreffende Transzendenzkonstruktionen Verkündigungsinhalte verzerren und wichtige Handlungsoptionen verdecken.

Zweitens kann eine solche theologische Kritik auf tatsächlich transzendente Beziehungen verweisen, die für technisches Handeln in funktional ausdifferenzierten Gesellschaften wesentlich sind: Zu denken ist beispielsweise an Gott als die Wirklichkeit konstituierende und erhaltende Kraft oder auch an die Rechtfertigung des Menschen im Glauben, die von Selbstrechtfertigungsversuchen befreit und zu einem liebenden und gerechten Handeln motivieren kann. Zu denken ist an die Bedeutung des Glaubens für individuelles und gesellschaftliches Handeln, das sich in die real existierenden individuellen und gesellschaftlichen Kommunikationsweisen hinein begibt wie auch an den eschatologischen Horizont, der alle Fortschrittsgläubigkeit in ihre Grenzen verweist.

Drittens werden durch eine theologische Kritik der Transzendenzkontruktionen der Technik mittels transdisziplinärer Technikdeutungen Überlegungen evoziert, in welcher Weise christlicher Glaube im technischen Handeln in funktional ausdifferenzierten Gesellschaften wirklich werden kann. Mit einem solchen theologischen Ansatz können manch einer pauschalen Technikkritik wie sie insbesondere in der Theologiegeschichte des 19. und 20. Jahrhunderts immer wieder vertreten wurde,[109] tragende Argumentationslinien entzogen werden. Zudem kann der kirchengeschichtlichen Entwicklung einer zunehmenden Distanz von Kirche und technischer (Arbeits-) Welt seit Beginn der Industrialisierung entgegengewirkt werden, indem sich Verkündigung und Ethik auf realistischere Bilder von Technik und einem Leben in einer technisierten Welt beziehen.

---

[109] Vgl. zur Problem- und Forschungsgeschichte zwischen Technik und Theologie: CHARBONNIER, Technik, a. a. O. (s. Anm. 88), 16–109.

Christian Polke

Technik als Ritual, Ritual als Technik. Über einen elementaren Zusammenhang zwischen Transzendenz und Gemeinsinn

Wilhelm Gräb zum 65. Geburtstag

1. Einleitende Bemerkungen

Dass Rituale Techniken sind, gilt für Kenner von Kulturanthropologie und Ritualforschung als ausgemacht. Insofern beanspruchen meine eigenen Variationen zu Ritual als Technik und zur Technik als Ritual keinen Neuigkeitswert. Jedoch soll der formulierte Untertitel auf eine spezifische Brechung unseres Themas verweisen: Zur Debatte steht der Zusammenhang, die systematische Ordnung, in der „Transzendenz" und „Gemeinsinn" als sinnhafte Vorstellungen und Ideen über Kultur und soziales Zusammenleben in Gemeinschaften zu lozieren sind. Dabei sollen Pragmatismus und Sozialphänomenologie als Theoriehorizonte helfen, jenen Konnex kategorial zu beschreiben, der in empirischer Hinsicht als evident betrachtet werden kann. Denn alle Techniken und Praktiken, die wir routiniert dazu verwenden, täglich unsere Lebenswelt zu stabilisieren, zu gestalten und somit zu prägen, können im Problemfall oder bei Bedarf auf ihren „Sinn" und ihre „Bedeutung" hin befragt werden.

> „Sinn ist […] die Bezeichnung einer bestimmten Blickrichtung auf ein eigenes Erlebnis, welches wir im Dauerablauf schlicht dahinlebend, als wohlumgrenztes nur in einem reflexiven Akt aus allen anderen Erlebnissen ‚herausheben' können."[1]

Insofern das Ergebnis dieser Infragestellung positiv ist, erhält die Routine eine gesteigerte, weil bewusste Sinnhaftigkeit und wird dadurch gefestigt; insofern die Bewertung dagegen negativ ausfällt, verschärft sich die Krise und es ist nach Alternativen Ausschau zu halten. So gesehen wird auch verständlich, warum es insbesondere für die Prägung der Lebenswelt durch Techniken und Rituale notwendig ist, dass sie über die längste Zeit hinweg un- bzw. vorbewusst vollzogen werden und nur unter besonderen Umständen auf ihre Funktionsfähigkeit befragt werden sollten. Andernfalls verlören sie als routinierte Handlungen ihre den Alltag durchdringende Prägekraft. Ritual als Technik zu begreifen und Technik als Ritual zu verstehen verweist somit auf die Verschränkung von Handlungs- und Kulturtheorie, deren Gründe in der *conditio humana* zu sehen

---

1 Schütz, Alfred, Der sinnhafte Aufbau der sozialen Welt. Eine Einleitung in die verstehende Soziologie, dt. Frankfurt a. M. 1974, 54.

sind, in der durch Routinierung zugleich Ritualisierung geschehen kann, und so „Sinn“ und „Bedeutung“ für die Subjekte durch ihre Interaktion gestiftet wird.[2] Das darin eingebettete wechselseitige Konstitutionsverhältnis von Gemeinsinn und Transzendenz darf daher nicht auf religiöse Kontexte beschränkt werden und meint demnach mehr als nur das Gegenüber von immanent Ausweisbarem als sozial Gültigem und außerweltlich Postuliertem als sakral Aufgeladenem. Aus diesem Grund wird der Großteil meiner weiteren Überlegungen die Rolle von Technik und Ritual zunächst ganz allgemein beschreiben und erst in seinem letzten Teil auf das Gebiet der Religion ausweiten. Dennoch lässt sich in einer an Durkheim geschulten Perspektive auch das zunächst grundsätzlich Gesagte religionstheoretisch fassen, was jedoch nur implizit zum Vorschein kommen soll.[3]

2. Diesseits von homo faber und Kritik der instrumentellen Vernunft

Der Diskurs über die kulturelle Funktion von Technik war vor allem in der deutschsprachigen Szene durch negative Töne sowohl von „links“ wie von „rechts“ geprägt. Aufschlussreich sind hier die, wenngleich einseitigen, Rezeptionen von Martin Heideggers „Die Frage nach der Technik“ (1953) und Max Horkheimers „Kritik der instrumentellen Vernunft“ (1947). Von der Bedeutung des *homo faber* muss an dieser Stelle ebenso abgesehen werden wie von einer umfänglichen Rehabilitierung der instrumentellen Vernunft. Stattdessen soll im Anschluss an Ernst Cassirer Technik als symbolische Form verstanden werden. Sie erlaubt es, der Freiheit in und durch Technik ansichtig zu werden. Dies gilt schon für die Religionsgeschichte. Denn die grundlegende Erfassung und Gestaltung von Wirklichkeit, die in Ritus und Mythos ihren basalen Ausdruck (und darüber auch Darstellung und Bedeutung) erhält, weist selbst schon Werkzeugcharakter auf.[4] Bei Cassirer verbindet sich die instrumentelle Seite von Kultur als

---

2 Ohne genauer auf die Gründe des Heranziehens dieser beiden Theorietraditionen eingehen zu können, belegt der obige Satz, inwiefern meine Ausführungen von ihrem Zugriff her durch die Kombination von pragmatistischem Erfahrungs- und Handlungsbegriff einerseits und lebensweltphänomenologischer Sinntheorie andererseits geprägt sind.

3 Durkheims eigene Religionstheorie beschreibt den Zusammenhang von Transzendenz und Gemeinsinn selbst durch eine starke Fokussierung auf die Entstehung kollektiver Ideale in ritualgesteuerten Erfahrungszusammenhängen. Vgl. DURKHEIM, ÉMILE, Die elementaren Formen des religiösen Lebens (1912), Frankfurt a. M. 1994, und auf knappster Dichte: DERS., Der Dualismus der menschlichen Natur und seine sozialen Bedingungen (1914), dt. in: JONAS, FRIEDRICH, Geschichte der Soziologie III: Französische und italienische Soziologie. Mit Quellentexten, Reinbeck 1969, 178-190.

4 Dies darf nicht auf magische Praktiken beschränkt bleiben, die dann am Ende zu einer falschen Diastasierung von Magie, Religion und Technik führen würde. Eine

Sphäre von Freiheitsgewinn qua Distanz und Vernunftleistung qua Symbolisierung mit ihrer expressiven Funktion der Bedeutungsstiftung:

> „Alle geistige Bewältigung der Wirklichkeit ist an diesen doppelten Akt des ‚Fassens' gebunden: an das geistige ‚Begreifen' der Wirklichkeit im sprachlich-theoretischen Denken und an ihr ‚Erfassen' durch das Medium des Wirkens; an die gedankliche wie die technische Formgebung."[5]

Der „ganze Mensch" wird als ein gleichermaßen expressives wie instrumentelles Wesen aufgefasst. Streng genommen sind alle menschlichen Verhaltensweisen und Kulturpraktiken, d.h. Denken, Symbolisieren, Handeln, Imaginieren und Darstellen, stets „instrumentell" wie „verkörpert". Genau dies macht ihre soziale, d.h. intersubjektive und öffentliche, und zugleich je individuell verkörperte Natur aus, von der aus allererst ein anthropologisch gehaltvoller Begriff von „Transzendenz" entwickelt werden kann. Ohne Verkörperung kann es überhaupt keinen konstruktiven Weltumgang mit Sinngehalten geben und somit auch keine intersubjektive Verständigung; ohne die Wahrnehmung der instrumentellen Seite der menschlichen Lebensform würde man ihren basalen, instabilen und stets fragilen Prozesscharakter verkennen. Am Verhältnis von Ritual und Technik zeigt sich der prinzipielle Zusammenhang von Öffentlichkeit als Medium der, Sinnstiftung als Form der und Technik als Gestaltung von Wirklichkeit.[6] Insofern nicht alle Techniken Rituale darstellen, kann nach der Besonderheit dieser Techniken mit Blick auf ihre Öffentlichkeit und ihre Sinndimension gefragt werden. Und hierbei nun liegt die Vermutung nahe, dass diese Besonderheit mit den Stichworten von „Transzendenz" und „Gemeinsinn" zu tun haben könnte.

3. „Gemeinsinn" – ein kantisches Intermezzo

Immanuel Kant verdanken wir eine für unsere Zwecke besonders nützliche Definition von „Gemeinsinn" (*sensus communis*). Vorteilhaft ist sie deswegen,

---

präzisere Beschreibung von ritueller Technik, die sowohl religiöse wie magische Praktiken bestimmt, geben: Vgl. MAUSS, MARCEL / HUBERT, HENRI, Entwurf einer allgemeinen Theorie der Magie, in: MOEBIUS, STEFAN / NUNGESSER FRITHJOF u.a. (Hg.), Marcel Mauss, Schriften zur Religionssoziologie, Berlin 2012, bspw. 282ff.

5 CASSIRER, ERNST, Form und Technik, in: DERS., Symbol, Technik, Sprache. Aufsätze aus den Jahren 1927–1933, Hamburg 1995, 52. Hierzu siehe auch: GERHARDT, VOLKER, Menschwerdung durch Technik. Ernst Cassirers Theorie des Geistes, in: RECKI, BIRGIT (Hg.), Philosophie der Kultur – Kultur des Philosophierens. Ernst Cassirer im 20. und 21. Jahrhundert, Hamburg 2012, 601–621.

6 In systematischer Weise als Zusammenhang von Natur, Technik und Vernunft (Geist) herausgestellt wurde dies unlängst von: GERHARDT, VOLKER, Öffentlichkeit. Die politische Form des Bewusstseins, München 2012, 445ff., 522ff.

weil sie ganz grundsätzlich dazu verhilft, Gemeinsinn als Dimension alltagspraktischer Zusammenhänge zu begreifen. In seiner „Kritik der Urteilskraft", die bekanntlich auch für sein Kultur- und Technikverständnis einschlägig ist, bestimmt Kant im § 40 den *sensus communis*, den „gemeinschaftlichen Sinn" wie folgt:

> „Unter dem sensus communis aber muß man die Idee eines gemeinschaftlichen Sinnes, d. i. eines Beurtheilungsvermögens verstehen, welches in seiner Reflexion auf die Vorstellungsart jedes andern in Gedanken (a priori) Rücksicht nimmt, um gleichsam an die gesammte Menschenvernunft sein Urtheil zu halten und dadurch der Illusion zu entgehen, die aus subjectiven Privatbedingungen, welche leicht für objectiv gehalten werden könnten, auf das Urtheil nachtheiligen Einfluß haben würde."[7]

Mit Gemeinsinn wird demnach derjenige Aspekt des humanen Urteilsvermögens bezeichnet, der lebensweltliche Kommunikation als Grundansinnen der Vernunft überhaupt ermöglicht. Für Kant ist Vernunft stets „kommunikabel"[8] und kann daher gar nicht als ein rein subjektives Schluss- oder Urteilsvermögen aufgefasst werden. Andernfalls verlöre sie die ihr zugeschriebene Orientierungsfunktion. Nur so lassen sich auch Kants berühmte drei Maximen des „gemeinen Menschenverstands" verstehen: „1. Selbstdenken; 2. An der Stelle jedes andern denken; 3. Jederzeit mit sich selbst einstimmig denken."[9] Was so *en passant* daherkommt, ist in sich folgenreich. Denn mit Hilfe der Maximen von der „vorurteilsfreien", „erweiterten" und „konsequenten Denkungsart" verbindet Kant seine immer schon unterstellte These von der Öffentlichkeit des Bewusstseins mit der prinzipiellen Kommunikabilität der Vernunft, und zwar dergestalt, dass sich diese in einem Set von drei irreduzibel aufeinander bezogenen und doch voneinander unterschiedenen Elementen vorfindet: individuelles Selbst, gemeinschaftliche Lebenswelt und gegenständlicher Sachbezug. Vernunft und mit ihr Geist gibt es nie jenseits von Intersubjektivität und verkörperter Sachlichkeit.

---

7 Kant, Immanuel, Kritik der Urteilskraft (1790) § 40, B157/A 155, zit. nach: Weischedel, Wilhelm (Hg.), Immanuel Kant, Werke in sechs Bänden, Bd. V: Kritik der Urteilskraft und Schriften zur Naturphilosophie, Darmstadt 1998, 389.

8 Vgl. die Bemerkungen aus einem Brief Kants an Jacob Sigismund Beck vom 1. Juli 1794: „Ferner kann man eigentlich nicht sagen: daß eine Vorstellung einem anderen Dinge *zukomme* sondern daß ihr, wenn sie Erkenntnisstück sein soll, nur eine *Beziehung* auf etwas Anderem (als das Subject ist, dem sie inhärirt) *zukomme*, wodurch sie Anderen *communicabel* wird." Zitiert nach: Kant, Immanuel, Briefe, hg. und eingeleitet v. Jürgen Zehbe, Göttingen 1970, 228.

9 Kant, Urteilskraft § 40, B 158/A 156, a. a. O. (s. Anm. 7), 390. Schon in der Einleitung zur Kritik der Urteilskraft operiert Kant zudem mit der Unterscheidung von „technisch-" und „moralisch-praktisch" mit Blick auf den Welt- und Selbstumgang der Vernunft, vgl. B XIV, a. a. O., 243.

Man könnte nun fortfahren, indem man Kants Rede von der „Technik der Natur“[10] auf die Leistungen der humanen Vernunft in ihren drei Erkenntnisvermögen hinsichtlich ihrer Aufgabe hin untersucht, sich im Leben denkend zu orientieren.[11] Doch kommt es mir hier mehr auf die Funktion des „Gemeinsinns“ an, die dabei im Spiel ist. Wir sagten bereits, dass er eine elementare Bedingung für das Verstehen von Lebenszusammenhängen und für die Kommunikation darüber darstellt. Wenn das stimmt, dann ist bereits bei Kant eine Tendenz angelegt, die Leistung des „Gemeinsinns“ über die Ebene seiner kognitiven Funktionen hinaus im weiteren Bereich der kulturellen Lebenswelt zu würdigen. Alle habitualisierten Praktiken wie auch soziale Institutionen und kulturelle Mentalitäten lassen sich dann als durch und im Menschen realisierte und mit Bedeutung versehene Verkörperungen von gemeinschaftlichem Sinn begreifen. Auf der Linie dieser Fortentwicklung liegt Cassirers Feststellung von der Transformation der „Kritik der Vernunft“ zur „Kritik der Kultur“ und ihrer symbolischen Formen. Hierunter zählt auch die Technik als wesentliches Mittel des geformten und formenden Willens, d.h. als Ausdruck, Darstellung und Bedeutung von geübter Praxis. Als verkörperter, intersubjektiv fassbarer und geteilter Geist tritt sie in Aktion auf und stellt Gemeinsinn unter der für symbolische Formen stets notwendigen Verschränkung von Sinnlichkeit und Sinn dar.

4. Instrumentelle Welthabe – eine Definition von Technik

Die Verbindung von Sinnlichem und Sinnhaftem darf nicht auf eine symbolische Form beschränkt werden. Nicht nur Techniken sind Darstellungen von Gemeinsinn, Analoges ließe sich für Kunst, Mythos, Geschichte und Religion sagen, vor allem aber für die Sprache selbst behaupten. Alle Weisen des Welt- und Selbstumgangs von Menschen, ihr Sprechen, Erzählen, Formbilden, Beten lassen sich als Techniken verstehen. So betrachtet erhält der Benjamin Franklin zugeschriebene Satz vom Menschen als „tool-making animal“ eine ganz grundsätzliche Bedeutung. Das „Werkzeug“ steht als „absolute Metapher“ dabei nicht nur für den gesamten Bereich der kulturellen Formung der Lebenswelt des Menschen; Hans Blumenberg, der diese Formel prominent prägte, sprach konse-

---

10 Vgl. KdU B 77f, bereits in der „Ersten Fassung der Einleitung in die Kritik der Urteilskraft“ verwendet Kant diesen Ausdruck: vgl. KANT, Erste Fassung der Einleitung in die Kritik der Urteilskraft H 21, a. a. O. (s. Anm. 7), 192.

11 Dazu sei verwiesen auf: DIERKEN, JÖRG, Technik als Kultur, in: NEUMEISTER, KATHARINA / RENGER-BERKA, PEGGY / SCHWARKE, CHRISTIAN (Hg.), Technik und Transzendenz. Zum Verhältnis von Technik, Religion und Gesellschaft, Stuttgart 2012, 21–37; hier: 26ff.

quenterweise schon vom Gehirn als „biologischem Universalwerkzeug“[12], und verdeutlichte damit den Zusammenhang von Geist, Gehirn und Kultur, wie man heute sagen würde. Die Kombination aus organischer Basis und kultureller Fertigkeit, die sich in der symbolischen Rede vom Technischen ausdrückt, hat jedenfalls eine lange Tradition, zu der neben Ernst Kapps berühmter und teilweise umstrittener Rede von Techniken als „Organverlängerungen“[13] auch Paul Tillich mit seinen kulturhermeneutischen Zugängen zur Technik gehört[14].

Wenn man demnach vom Menschen als einem Technikwesen spricht, dann meint das zunächst einmal nichts anderes als die Tatsache, dass Menschen alles, was sie tun, immer auch in einem instrumentellen Sinne verwenden und entsprechend ihre Umwelt umgestalten. Technik ist, so könnte man sagen, der instrumentelle Modus der Welthabe des Menschen. Das ist keineswegs trivial. Denn jede Kulturtechnik legt als Form und Gestalt der Aneignung von Wirklichkeit gleichzeitig die Bedingungen dafür, diese kontrolliert umzugestalten. Darauf bauen Technologien als methodisch entworfene Verfeinerungen und Steigerungen von Weltgestaltung als konkrete Welthabe auf. Es ist dieser Zusammenhang, der seit der frühen Kulturkritik aus dem Geist der Romantik, etwa bei Rousseau, den Vorwurf der Entfremdung bzw. Verfremdung des Menschen von seiner Natur nach sich zieht. Doch übersieht, wer sich ausschließlich auf diese durchaus realistische Option bezieht, jenes Potential, das der Technik durch ihre Weltumgestaltung innewohnt. Techniken erweitern nämlich unsere Wahrnehmung von Wirklichkeit, unsere Weisen des Welthabens. Das gilt mit Blick auf die „Eroberung“ des Weltalls durch die Raumfahrt genauso wie für die Entschlüsselung des genetischen Codes; von den Möglichkeiten der modernen Kommunikationsmittel und der digitalen Medien ganz zu schweigen.

---

12 BLUMENBERG, HANS, Beschreibung des Menschen. Aus dem Nachlass von M. Sommer, Frankfurt a. M. 2006, 540. Zu Blumenbergs Technikverständnis als eine Form der Rehabilitierung der instrumentellen Vernunft, vgl. RECKI, BIRGIT, Auch eine Rehabilitierung der instrumentellen Vernunft. Blumenberg über Technik und die kulturelle Natur des Menschen, in: MOXTER, MICHAEL (Hg.), Erinnerung an das Humane: Beiträge zur Phänomenologischen Anthropologie Hans Blumenbergs, Tübingen 2011, 39–59.

13 Vgl. KNAPP, ERNST, Grundlinien einer Philosophie der Technik. Zur Entstehung der Kultur aus neuen Gesichtspunkten, Braunschweig 1877. Zur These von der „Organprojektion“, a. a. O., 27ff.

14 Vgl. TILLICH, PAUL, Logos und Mythos der Technik, in: DERS., Die religiöse Substanz der Kultur. Schriften zur Theologie der Kultur (GW IX), hg. von ALBRECHT, RENATE, Stuttgart 1967, 297–306. Zu Tillichs Technikverständnis siehe auch den Beitrag von THORSTEN MOOS in diesem Band: Paul Tillichs Technikdeutung im Kontext seiner wissenschaftssystematischen und religionsphilosophischen Schriften der 1920er Jahre, 71-96.

Insofern sich dadurch der Blick auf und die Wahrnehmung von Wirklichkeit verändert, nicht nur im Großen, sondern vor allem in den Niederungen des lebensweltlichen Alltags, wirken sich Techniken transformierend auf den Gemeinsinn aus. Dies geschieht häufig ganz unbewusst, vornehmlich durch Adaption und latente Übernahme. Erst wenn sich ernsthafte Probleme und Krisenszenarios einstellen, wird zumeist offenbar, wie sehr technologische Innovationen, gar Revolutionen unsere soziale Wirklichkeit bereits geprägt und verändert haben, noch bevor wir ihnen einen für uns akzeptablen Sinn hinsichtlich ihrer Dienlichkeit für die Lebensführung beimessen konnten (oder nicht). Darin besteht der häufig beschworene Konflikt von technologischem Fortschritt und ethischer Orientierung, dessen Beilegung stets als Arbeit an einem neu unterstellten Gemeinsinn betrachtet werden kann. Mit der erfolgreichen Aneignung von neuen Techniken zur instrumentellen, gleichwohl stets experimentellen Erweiterung menschlicher Welthabe verändern sich unweigerlich Zwecke und Ziele und erhalten selbst eine neue Gestalt. Doch weniger auf diese inhaltliche Transformation kommt es mir hierbei an, sondern auf den Modus, in dem dies geschieht: auf das Moment der Habitualisierung als Integration von Techniken qua Routinierung im menschlichen Verhalten.

5. Das Moment der Habitualisierung: Technik und Gemeinsinn aus pragmatistischer Sicht

Es war die Leistung der amerikanischen Pragmatisten, vor allem von John Dewey und George H. Mead, auf die zentrale Bedeutung der Habitualisierung für die menschliche Lebensführung aufmerksam gemacht zu haben.[15] Alles Leben findet sich stets in Umweltsituationen gestellt, auf die es reagieren muss. Dabei treten mitunter Probleme auf, die mit der herkömmlich eingespielten Reaktionsweise nicht gelöst werden können. Dies ist der Moment des „Geistes“ als Innehalten, Distanzieren, um kreativ Varianten der Reaktion durchzuspielen und dann entsprechend einzusetzen. Es kann hier nicht darum gehen, dies im Einzelnen detaillierter auszuführen. Entscheidend ist die Bedeutung, die im Normalfall dem routinierten Verhalten als bewährtes Mittel zur Stabilisierung der Umwelt und der eigenen Verhaltensart zugeschrieben wird. Menschen formen sich mit ihresgleichen durch Verhaltensgewohnheiten und darüber wird

---

15 Siehe vor allem: DEWEY, JOHN, Die menschliche Natur. Ihr Wesen und ihr Verhalten („Human Nature and Conduct“, engl. Original: 1922). Mit einem Nachwort neu hg. v. HORLACHER, REBEKKA / OELKERS, JÜRGEN, Zürich 2004, v.a. 17–67.

verständlich, inwiefern es gelingt, „sich an die Stelle jedes Anderen“ versetzen zu können, um noch einmal Kant zu zitieren.[16]

Kultivierung wie Veränderung von Gewohnheiten bilden demnach nicht nur das inhaltliche Reservoir von Gemeinsinn, sie werden auch über alte und neue Techniken verbürgt und prägen und formen so die gemeinsame Lebenswelt von Menschen. Solche Innovationen wie Renovationen sind nichts Statisches und können zumeist auch nicht durch Einzelne zielgerichtet gelenkt oder verändert werden, wenngleich bewusste Kontrolle nicht ausgeschlossen bleibt.

Wie aber verläuft dann unter normalen Umständen die Einlagerung von Techniken durch Gewohnheiten in die Lebensführung von Menschen? Meine diesbezüglich begründete Vermutung lautet: eben durch Routinisierung. Erst wenn nämlich bestimmte Verhaltensweisen im Normalfall, d.h. in als typisch aufgefassten Situationen nicht bewusst in Frage stehen oder etwa auf ihre Tauglichkeit befragt werden, sondern – routiniert (!) – vollzogen werden, bilden gegebene Situation und technische Reaktion ein Erfahrungs- und Handlungskontinuum. Dieses bürgt für die Integrität der Lebenswelt und die Selbstverständlichkeit der so bewährten Praxis. Umgekehrt zeigt die Störanfälligkeit, die sich prinzipiell in jeder Situation einstellen kann, dass alles menschliche Verhalten noch in seinen Gewohnheiten fragil und zugleich für Neues offen bleibt. Insofern kennzeichnet gerade der Problemfall diejenige paradigmatische Handlungssituation, welche die Handelnden zur kreativen Erprobung neuer Verhaltensweisen und Techniken herausfordert. Genau darin erweist sich menschliche Vernunfttätigkeit als lebendiger Geist in Technik. Denn

> „Geist, als konstruktives, reflektiertes oder problemlösendes Denken stellt einen gesellschaftlich erarbeiteten Mechanismus oder Apparat dar, durch den der einzelne Mensch die verschiedenen Anpassungsprobleme in Verbindung mit der Umwelt löst, die sich ihm in seiner Erfahrung stellen und die ein harmonisches Verhalten verhindern, so lange sie nicht gelöst worden sind.“[17]

Im qualitativen Überschusspotential von technisch versierter Welthabe und Weltbewältigung wird zugleich Freiraum für individuelle Kultivierung und das Erlernen neuer routinierter Verhaltensweisen gewährt. Dennoch erschöpft sich darin nicht der unterstellte Zusammenhang von Technik und Gemeinsinn, insofern letzterer nicht allein unter instrumentellen Gesichtspunkten behandelt und häufig in Situationen erneuert wird, in der routinierte und habitualisierte Handlungen bewusst außer Kraft gesetzt werden. Ob dies freilich vor allem für die Situation des Rituals zutrifft, kann mit Fug und Recht bezweifelt werden.

---

[16] Vgl. Meads Ausführungen zum „Generalized Other“, in: MEAD, GEORGE HERBERT, Geist, Identität und Gesellschaft aus der Sicht des Sozialbehaviorismus (*Mind, Self, and Society*, engl. Original 1934), Frankfurt a. M. 1973, 194ff.

[17] A. a. O., 356.

Um noch einmal auf den Normalfall der Konstitution und Bewährung von Gemeinsinn durch eingespielte Praktiken und Techniken zurückzukommen, sei hier ein kleines Anschauungsbeispiel gegeben: In einer üblichen Szene im Abteil eines Zuges sieht man, wie Menschen mit Laptops, Handys, Smart- und I-Phones permanent zugange sind. Hinter den typischen Bewegungen, mit denen man solche Kommunikationsinstrumente bedient, zeigt sich zunächst eine stereotypische, routinierte Praxis. Zugleich jedoch bekundet sich darin die Partizipation an einer Raum, Zeit und Geschwindigkeit überschreitenden, allseits vernetzten globalen Kommunikationswelt, die weniger als solche gespürt wird, wohl aber als Selbstverständlichkeit erst infrage gestellt wird, wenn urplötzlich das Netz zusammenbricht und gerade noch eingespielte Transaktionen nicht mehr vollendet werden können. Die Erwartungshaltung dessen, dass genau das „da" ist, was noch vor zehn Jahren als unwahrscheinlich galt, nämlich die problemlose Verbindung über große Entfernungen zeitlicher und räumlicher Distanz hinweg, wird nicht einfach artikuliert, sondern als allgemein (öffentlich) unterstellt, weil sie ständig durch erfolgreichen Gebrauch der entsprechenden Kommunikationsmittel augenscheinlich verifiziert wird.[18]

Dieses kleine Beispiel führt uns zu einem weiteren Punkt, mit dem wir uns allmählich auch der Verbindung von Transzendenz mit Technik und Gemeinsinn nähern. Denn die soeben skizzierte Alltagssituation trägt noch eine weitere Bedeutungsdimension mit sich, insofern die Bekundung der *Connectedness* nicht mehr nur als Routinehandlung gefasst werden kann, sondern quasi-ritualhaft den lebensanschauungspraktischen Sinn einer bestimmten kulturell verbreiteten Praxis bezeugt; gleichsam „Kommunikation über Grenzen hinweg"[19].

6. Imaginäre, gemeinsinnstiftende Lebensweltkonstruktion durch Rituale

Bei einem so wenig geschärften Verständnis von Ritualisierung, zu dem ich mich im letzten Absatz verstiegen habe, darf es naturgemäß nicht bleiben. Es erscheint aber sinnvoll, um die grundsätzliche Bedeutung von Ritualtechniken herauszustellen. Noch in den beispielhaft beschriebenen routinierten Hand-

---

18 Es ist eines der wesentlichen Verdienste von HARMUT ROSA, auf die mit dem Phänomen der sozialen Beschleunigung gegebenen Wandlungen im Selbst- und Weltverständnis der Moderne hingewiesen zu haben. Vgl. jüngst: DERS., Beschleunigung und Entfremdung. Entwurf einer kritischen Theorie spätmoderner Zeitlichkeit, Berlin 2013.

19 Auf die Bedeutung der Kommunikation für die Konstitution von lebensweltlichem Sinn hat ALFRED SCHÜTZ stets Wert gelegt, siehe: DERS., Über die mannigfaltigen Wirklichkeiten von Sinn, in: SCHÜTZ, ALFRED, Gesammelte Aufsätze, Bd. 1: Das Problem der sozialen Wirklichkeit, Den Haag 1971, bspw. 250f.

lungen, die sich als (implizit) regelgeleitet und irgendwie konventionell präsentieren, arbeiten wir mit am Aufbau und Umbau unserer symbolisch codierten Lebenswelt, die wir „gemeinsam" teilen. Ritualisierung in einem solch prinzipiellen Sinne erstreckt sich somit auf das Gesamt menschlicher Lebensformen und Praktiken, ja sie reicht bisweilen sogar bis in unsere animalischen Vorformen zurück.

Es ist hier kein Raum, um vor diesem Horizont ein Panoptikum der diversen Formen von Ritualisierung und der sich darin einstellenden Erfahrungen und Bewusstseinsprägungen abzugeben.[20] Stattdessen möchte ich auf einen generellen Aspekt der unterschiedlichen Arten von Ritual als Spiel, Theater, Liturgie, Fest, Umgangsformen (Stil), Zeremonie etc. verweisen. Dieser betrifft nun die spezifische Weise, die dem Ritual bei der Konstitution und Stabilisierung einer gemeinsamen Lebenswelt zukommt. In ihrem interdisziplinär angelegten Forschungsprojekt, fußend auf Einsichten aus Ethnologie, Psychoanalyse, Alltagssoziologie und Religionswissenschaften, stellt sich für das Autorenkollektiv Adam Seligman, Robert Weller, Michael Puett und Bennett Simon rituelles Verhalten als etwas dar, was ein „subjunctive universe" schafft. Was ist darunter zu verstehen? Rituale sind (1) Praktiken und Techniken, die (2) es uns erlauben, in einer instabilen Welt zu leben, weil sie (3) eine imaginäre Welt des „as if" konstruieren, die (4) für eine gewisse Zeit lebensweltstabilisierend wirkt und darüber (5) Gemeinsinn stiftet.

Bei den genannten Autoren findet sich dies wie folgt beschrieben:

> „Ritual – like play – creates „as if" worlds, rooted in the imaginative capacity of the human mind to create a subjunctive universe. The ability to cross between imagined worlds [construed by rituals, C.P.] is central to the human empathy. Ritual [...] defines the boundaries of these imagined worlds, including those of empathy and other realms of creativity".[21]

Rituale stellen kreative Tätigkeiten von Menschen dar, die, bewusst oder unbewusst vollzogen, die Faktizität der gegenwärtigen Lebenswelt imaginativ überschreiten und sich bemühen, neue, sinnhafte Spielräume fassbar zu machen. So vollzieht sich die Konstruktion von *subjunctive universes* stets im Modus von „as if" oder „could be". Dies geschieht notwendigerweise durch formalisierte, routinierte und vorgeschriebene Praktiken. Denn nur auf diese Weise verhelfen Ri-

---

[20] Einen guten Überblick über die Vielfalt moderner Ritualforschung gibt der Band: BELLIGER, ANDRÉA / KRIEGER, DAVID J. (Hg.), Ritualtheorien. Ein einführendes Handbuch, Wiesbaden [5]2013. Darin siehe u.a. den Aufsatz von GRIMES, RONALD, Typen ritueller Erfahrung, a. a. O., 117–132.

[21] SELIGMAN, ADAM, B. / WELLER, ROBERT P. / PUETT, MICHAEL J. / SIMON, BENNETT, Ritual and its Consequences. An Essay on the Limits of Sincerity, Oxford, New York 2008, Summary auf der Buchrückseite.

tuale zur Wahrnehmung und Übernahme sozialer Räume und Identitäten und können somit Gemeinsinn stiften.

> „Creating a shared subjunctive universe [...] recognizes the inherent ambiguity built into social life and its relations – including our relations within the natural world. The formality, reiteration, and constraint of ritual are [...] all necessary aspects of this shared creation."[22]

Kreativität und Normalität bilden demnach keine Widersprüche, wie die häufig geübte Kritik am Ritualismus suggeriert. Vielmehr bedingen sie einander. Die Bedeutung dieser Umstände der Ritualisierung und des Aufbaus einer gemeinsamen Weltsicht zeigt sich drastisch im Angesicht von Krisen, die aufgrund des Verlusts gemeinsamer Verhaltenspraktiken zumeist zu Instabilität und sozialer Anomie führen. Hieraus resultiert die Schärfung des Kontingenzbewusstseins in der rituellen Praxis.

Somit markieren und normieren Rituale, indem sie Grenzen setzen und beleuchten, den Raum von kulturellen Selbstverständlichkeiten wie ihr „Anderes". Genau darin kommt auch ihre handlungsorientierende und Ethos stiftende Natur zum Ausdruck. Mit Catherine Bell, der viel zu früh verstorbenen, großen Ritualtheoretikerin gesprochen: „Ritualization quietly creates an environment within which quite distinctive symbolic behaviors can appear to be proper and effective reponses."[23] Ritualisierungstechniken formen und prägen unsere Existenz und unsere Lebenswelt, weil sie uns dazu verhelfen, unsere Gewohnheiten und Verhaltensweisen wie im Übrigen auch unsere Institutionen als symbolisch codierte, regelgeleitete Antworten auf Situationen verständlich werden zu lassen. Sie dienen damit dem gemeinschaftlichen Sinn, den wir in unserem Alltag stets unterstellen, wenn wir sinnvoll Tätigkeiten nachgehen oder schlicht Dinge verrichten, die zu tun uns obliegen. Will man hierbei die Rolle unserer Techniken nicht unterschlagen, so verleihen sie als sinnvolle „Werkzeuge" unserem situativen Reagieren Bedeutung und Selbstverständlichkeit. Dabei darf man sich das Verhältnis von Technik und Ritual nicht so vorstellen, als würde es sich um zwei verschiedene Klassen von Handlungen handeln. Vielmehr können bestimmte Techniken, die routiniert und habitualisiert sind, den Charakter von Ritualen annehmen und ermöglichen es auf diese Weise, einen über den unmittelbaren instrumentellen Wert hinausgehenden Bedeutungszuwachs zu erschaffen, der sowohl privater, oftmals aber öffentlicher (gemeinschaftlicher) Natur ist.[24]

---

22 A. a. O., 7.

23 BELL, CATHERINE, Ritual: Perspectives and Dimensions, Oxford, New York 1997, 168.

24 Auf den Zusammenhang von Technik und Kultus bei der Stiftung und dem Aufbau von Kultur hat schon früh hingewiesen: CASSIRER, ERNST, Philosophie der symbolischen Formen, Zweiter Teil: Das mythische Denken (ECW 12), bearbeitet v. ROSENKRANZ, CLAUS, Hamburg 2002, 250ff.

Vor dem Hintergrund einer durch Rituale konstituierten, gemeinsamen, sinnhaft bestimmten Lebenswelt lässt sich schließlich auch verstehen, warum die Autorengruppe um Seligman einer Zersplitterung und Privatisierung von Ritualen skeptisch gegenüber stehen. Wenn die Konstitution von Gemeinsinn und sozialer Identität davon abhängt, gemeinsame Erfahrungsräume durch Rituale zu erschließen, müssen diese in einer bestimmten Weise formal bleiben und Raum für ihre plurale Ausdeutung haben. Zugleich aber ist es erforderlich, dass die Individuen sie auch dann vollziehen, wenn sie nicht unbedingt ihre Bedeutung kognitiv einsehen oder bewusst übernehmen können. Das aber widerspricht dem für die Moderne so entscheidenden Wert der individuellen Aufrichtigkeit, der persönlichen Authentizität – die Autoren sprechen von *sincerity*. Diese lässt sehr schnell alle Rituale und Ritualisierungen als bloße Konventionen oder gar autonomiefeindliche Verfremdungen aussehen. Mit dieser Bewertung steht das Ritual nicht alleine da, bildet sie doch nur einen Ausschnitt jener Bewusstseinshaltung, für welche Technisierung und Routinierung unserer Lebenswelten nichts anderes als deren Homogenisierung und unsere Entfremdung bedeutet. Doch überschätzt man dabei die Rolle des Subjektiven und unterschätzt zugleich seine Abhängigkeit vom intersubjektiv und vorbewusst Mitvollzogenen. Umgekehrt ließe sich fragen, ob sich nicht gerade in einer recht verstandenen Routinierung und Technisierung auch neue Optionen für eine individualitätsfreundliche, aber doch Gemeinsinnressourcen bereitstellende Ritualkultur herausbilden könnten? Ich breche hier ab, weil mir ein anderer Punkt in diesem Kontext noch wichtig ist.

7. Und wo bleibt die Transzendenz?

Fasst man unter „Transzendenz“ eine unmittelbar religiös-sakrale Größe, dann war von ihr bislang kaum die Rede. Zudem ließe sie sich schwer in Kants Verständnis von Gemeinsinn integrieren, der für uns zu einem zentralen Ausgangspunkt wurde. Gemeinsinn und religiöse Transzendenzvermutungen scheinen sich unter unseren pluralistischen Bedingungen kaum mehr vereinbaren ließen. Gleichwohl betonte schon Kant, dass sich der *sensus communis*, mit noch größerem Recht als auf den Bereich des Begrifflichen auch auf den des Ästhetischen, näherhin auf das Geschmacksurteil, beziehen lässt. Und noch hier beharrte er bei allen Schwierigkeiten auf der Möglichkeit „allgemeiner Mitteilbarkeit“ jenes Gefühls, welches uns als mit unseresgleichen und der Welt verbunden sein lässt und das man deshalb, wenngleich nicht als objektiv, so doch niemals als „egoistisch“, sondern als „pluralistisch“[25] aufzufassen habe.

[25] Vgl. KANT, „Allgemeine Anordnung zur Exposition der ästhetisch reflektierenden Urteile“, Urteilskraft B 130f/A 129, a. a. O. (s. Anm. 7), 370.

Erneut soll nicht eine Kantrekonstruktion im Vordergrund stehen. Stattdessen dient uns der Hinweis dazu, dass wir noch für die Grenzen der Lebenswelt mit ihren „kleinen“ und „großen Transzendenzen“ – um einen Ausdruck von Schütz und Luckmann zu gebrauchen[26], nicht darauf verzichten können, allgemeine Anmutungs- und d.h. Mittelbarkeitsbehauptungen zu unterstellen. Das ist insbesondere für den Zusammenhang von Gemeinsinn und Transzendenz keineswegs trivial. Denn dieser besteht nicht aus harten Brüchen, vielmehr geschieht der Überschritt aus dem Alltag als *paramount reality* mit seinen Praktiken (*working*) oftmals unbemerkt und unkommentiert, teils nur sehr episodenhaft. „Die Welt des Alltags“ soll hier die intersubjektive Welt bezeichnen, die lange vor unserer Geburt bestanden hat und von Anderen, von unseren Vorgängern, als eine geordnete Welt erlebt und gedeutet worden ist. „[...] [Diese, C.P.] Welt des Wirkens in ihrer Gesamtheit setzt sich als ausgezeichnet (*paramount*) von den anderen ‚sub-universa‘ der Wirklichkeit ab.“[27] Allerdings können wir unsere Aufmerksamkeit auf die verschiedenen Subuniversa der Wirklichkeit lenken, und zwar durch bestimmte kulturelle Techniken, die, wenn sie als Rituale verstanden werden, zugleich die Grenzen der Übergänge der verschiedenen Subuniversa zum Alltag markieren und somit bestimmen. Hierdurch wird einerseits der Außeralltäglichkeit des dadurch Bestimmbaren („Transzendenz“) Rechnung getragen und andererseits die gemeinsame Lebenswelt als Ort der Verkörperung von Ritualen ausgezeichnet, deren Alltäglichkeit sich in ihrem routinierten und habitualisierten Vollzug zeigt. In diesem Sinne gibt es mehr als nur religiös-sakrale Transzendenzen, wenngleich diese nicht von der gerade umschriebenen Konstellation ausgeschlossen sind.

Rituale thematisieren ebenso sehr lebensweltliche Selbstverständlichkeiten, indem sie an ihren Sinn für die individuelle Lebensführung und das soziale Zusammenleben erinnern, wie sie die harten Abbrüche und Störungen des Normalen zu bearbeiten versuchen. Gemeinsinn als sinnbehaftete Normalität und Transzendenz als harte Kontingenz finden im Ritual zueinander und werden „technisch“, d.h. mittels Techniken soweit es geht bearbeitet. Rituale – in diesem

---

26 Vgl. LUCKMANN, THOMAS, Die unsichtbare Religion. Mit einem Vorwort von HUBERT KNOBLAUCH, Frankfurt a. M. 1991, 166ff. Aber auch schon: DERS. / SCHÜTZ, ALFRED, Strukturen der Lebenswelt, Konstanz 2003, 589ff. Auch wenn Luckmann selbst aufgrund seines eher privativen Religionsverständnisses sozial Imaginäres oder harte religiöse Transzendenz kaum mehr unter die erfahrbaren „großen Transzendenzen“ rechnet, so kann doch die Heuristik seiner Unterscheidung von kleinen, mittleren und großen Transzendenzen für unser Anliegen fruchtbar gemacht werden. Der Rekurs auf Luckmann verdankt sich auch der Tatsache, dass ich in meinen Überlegungen pragmatistische und sozialphänomenologische Modelle mit einem kantischen Einschlag verbinde und als Theorieperspektiven verwende.

27 SCHÜTZ, ALFRED, Über die mannigfaltigen Wirklichkeiten, a. a. O. (s. Anm. 19), 238. 260.

emphatischeren Sinne des Wortes – sind gemeinschaftlich vollzogene Techniken der Inszenierung und Darstellung – und erst danach auch Bearbeitung – von Kontingenz zur Stabilisierung und Erneuerung der lebensweltlichen Selbstverständlichkeiten. Deshalb kommen in Ritualen auch diejenigen Transzendenzvorstellungen zum Vorschein, die Gruppen, Gemeinschaften, Gesellschaften als das jeweils „(Ganz) Andere“ ihrer kulturell eingespielten Selbstverständlichkeiten begreifen. Dabei gilt es aufmerksam zu verfolgen, wie mit einem gesteigerten Pluralismus die Kontingenzsensibilität, für die Rituale verantwortlich zeichnen, mit ihrer sozialen Bindungsfähigkeit weiterhin einhergehen kann.[28] In der Form der jeweiligen Technik spiegelt sich zugleich der Umgang mit prinzipieller Kontingenz als Facette unserer Lebenswelt. Simpler gesagt: Beten zielt auf einen anderen qualitativen Aspekt von Kontingenz als Beschwörungen oder das Meditieren. Dabei – das sei abschließend noch einmal betont – müssen diese Kontingenzen keine lebensbedrohlichen sein; sie müssen nicht unmittelbar auf existenzielle Schwellen verweisen. Überhaupt lässt sich genauso gut sagen, dass Rituale erst Schwellen als solche markieren und damit Ordnung in plurale Kontingenzerfahrungen bringen, indem sie sie systematisieren. Kulturgeschichtlich wäre hier an die Bedeutung von Initiationsriten ebenso zu erinnern wie an den elementaren Zusammenhang von Technik, Transzendenz und Gemeinsinn, wie er sich eindrücklich in der Bestattungspraxis verdichtet.

Meine Überlegungen lassen sich abschließend in drei Punkten zusammenfassen, die allesamt weiterer, theologischer Deutung bedürften. Erstens: Rituale bilden als Techniken routinierte Praktiken im Umgang mit typischen Problemen der menschlichen Lebensform. Darin sind sie Weisen der instrumentellen Welthabe des Menschen. Zweitens: Wird diese Routine gestört, zeigt sich zum einen, was in der bisherigen Alltagspraxis an lebensweltlichem „Gemeinsinn“ handlungsleitend war, und zum anderen sieht man sich herausgefordert, mittels kreativer Lösungen an der Verfeinerung und Erweiterung derjenigen Techniken zu arbeiten, die erneut zu einer verbesserten Routine zurückführen. – Nebenbei bemerkt sind es die dabei wahrgenommenen Chancen wie Gefährdungen, die eine ethische Thematisierung von Technik unabdingbar werden lassen. Drittens: Wo die Grenzen des Gemeinsamen und der routinierten Alltagspraxis routinehaft inszeniert oder krisenhaft offenbar werden, zeigt sich die Dimension der Transzendenz als das Außeralltägliche. Spätestens in dem Moment, in dem die instrumentelle Welthabe des Menschen und die Stabilität seines habituellen Weltumgangs prinzipiell infrage stehen, wird man unweigerlich an die Unver-

[28] Dieser Frage ist der Nachfolgeband der Autorengruppe um Seligman gewidmet: Seligman, Adam B. / Weller, Robert P. u.a. (Hg.), Rethinking Pluralism. Ritual, Experience, and Ambiguity, Oxford, New York 2012.

fügbarkeit der Selbstverständlichkeit von Gemeinsinn, an dessen fragilen Charakter erinnert.

Es könnte dann, aber nicht erst dann, die Aufgabe von Religion sein, diese Unverfügbarkeit als Kontingenz nicht einfach zu leugnen, sondern wachzuhalten und mittels einer bestimmten Ritualtechnik zu bearbeiten, die wir Christen schlicht „Gottesdienst" nennen. Und dass auch dieser als Ritual von einer bestimmten Routinierung lebt, mag zwar für protestantische Ohren nicht immer angenehm klingen, liegt aber in der Natur der Sache selbst, vorausgesetzt man versteht, was man meint, wenn man vom Ritual als einer Technik spricht.

Stephan Schleissing

Laien, Experten, Propheten: Zur Rolle von Theologen in Technikdiskursen

Anwendungsfragen moderner Technik sind heutzutage regelmäßig Gegenstand kirchlicher und sozialethischer Stellungnahmen. Ob Reproduktionsmedizin, Fracking oder Grüne Gentechnik – zumeist erschöpfen sich die Kommentare oder Voten aus dem evangelischen Raum in der Anzeige potenzieller Gefährdungen oder sozialer Verschiebungen aufgrund der Neuheit und Ungewissheiten technischer Innovationen. Die Frage, welchen Anteil die eigenen religiösen Traditionen an der Etablierung einer solchen „Kultur der Innovation" haben, wird dagegen selten mitbedacht. Es ist Ausdruck einer gewissen Geschichtsvergessenheit, dass die ja durchaus ambivalenten Wirkungen technischer Innovation so vom kulturellen Kontext ihrer Hervorbringung „abgespalten" werden. Denn zu diesem Kontext hat ein bestimmtes Verständnis protestantischer Wissenschaftskultur durchaus Entscheidendes beigetragen und es stellt sich gegenwärtig die Frage, in welcher Weise an die Motive angeknüpft werden kann, die aus protestantischer Perspektive eine solche Kultur der Innovation befördert haben. Dabei sind neue Techniken nicht nur funktional im Hinblick auf bestimmte Lösungen zu thematisieren, sondern sie repräsentieren immer auch einen „Geist der Zeit", aus dem heraus solche „Lösungen" gesucht und entwickelt werden. Insofern wirken sie auf das Wirklichkeitsverständnis der Gegenwart zurück und verändern dessen Wahrnehmung. Theologische Technikdeutung trifft darum nicht bloß auf Artefakte und deren technisch zu beschreibendes Problemlösungspotenzial, sondern sie sieht sich regelmäßig mit einem Wirklichkeitsverständnis konfrontiert, an dessen Entstehen das Christentum selber mitgewirkt hat. In der Perspektive einer Theorie des Christentums geht es hier also immer auch um eine Form der Selbstbeschreibung von Wirkungszusammenhängen, innerhalb derer freilich eine eigene Selbstpositionierung zu diesem Prozess nicht nur unvermeidlich, sondern auch ausdrücklich erforderlich ist.[1] Das erklärt, warum die neuen Erkenntnisse in Naturwissenschaft und Technik den theologischen Beobachter nicht unbeteiligt lassen.

---

1 Vgl. zu diesem methodischen Ansatz exemplarisch RENDTORFF, TRUTZ, Überlieferungsgeschichte des Christentums. Ein theologisches Programm, in DERS., Theorie des Christentums. Historisch-theologische Studien zu seiner neuzeitlichen Verfassung, Gütersloh 1972, 13–40, sowie die Interpretation des systematischen Profils einer solchen Christentumstheorie im Anschluss an die Systemtheorie Niklas Luhmanns bei LAUBE, MARTIN, Theologie und neuzeitliches Christentum. Studien zu Genese und Profil der Christentumstheorie Trutz Rendtroffs, Tübingen 2006, 487–578.

Wenn er dazu Stellung nimmt, dann geht es zumeist eben nicht bloß um das Verständnis des jeweiligen Artefakts, sondern um die Frage, welchen Anteil die eigene geistesgeschichtliche Tradition an dem Wissenschaftsverständnis hat, dessen Entwicklung und Anwendung dafür sowohl den Grund als auch den Rahmen bildet.

Exemplarisch für eine solche theologische Selbstbeschreibung ist das zornige Wort des Theologen Friedrich Daniel Ernst Schleiermacher, der in seinem „Zweiten Sendschreiben an Friedrich Lücke" (1829) seinem Unmut über das Verhältnis von Theologie und Naturwissenschaften freien Lauf ließ. In höchst erregtem Ton diagnostizierte er eine Selbstabschottung der Kirche, aber auch der akademischen Theologie von den Naturwissenschaften. Diese habe dazu geführt, dass die Kirchenlehre „draußen wie ein wesenloses Gespenst" erscheint, dem zwar alle „huldigen müssen, wenn sie einmal ordentlich begraben sein wollen." Aber der Preis dafür, dass z.B. die biblische Überlieferung von der Schöpfung oder die neutestamentlichen Wundergeschichten wie ein wesenloses Gespenst daherkommen, sei hoch, unbezahlbar hoch: „Was soll dann werden, mein lieber Freund?", fragt ein konsternierter Schleiermacher.

> „Ich werde diese Zeit nicht mehr erleben, sondern kann mich ruhig schlafen legen. Aber Sie, mein Freund, und Ihre Altersgenossen, was gedenken sie zu tun? Wollt Ihr Euch dennoch hinter diesen Außenwerken [d.i. die Kirchenlehre, S.Sch.] verschanzen und Euch von der Wissenschaft blockieren lassen? Das Bombardement des Spottes, welches dann auch von Zeit zu Zeit erneuert werden wird, will ich für nichts rechnen, denn das wird auch Euch, wenn Ihr nur Entsagung genug habt, wenig schaden. Aber die Blockade! Die gänzliche Aushungerung von aller Wissenschaft, die dann, notgedrungen von Euch, eben weil Ihr Euch so verschanzt, die Fahne des Unglaubens aufstecken muss! Soll der Knoten der Geschichte so auseinander gehen; das Christentum mit der Barbarei und die Wissenschaft mit dem Unglauben?"[2]

Schleiermachers „Knoten der Geschichte" stellt die Frage nach der Vereinbarkeit individuellen Glaubens mit der Anerkennung einer Welt, die nicht zuletzt kraft wissenschaftlicher Erkenntnis einem permanenten Veränderungsdruck ausgesetzt ist. Für ihn stand fest, dass man sich mit einer wissenschaftlich entzauberten Lehre nicht wie hinter einem Außenwerk verschanzen könne, sondern selbstverständlich die Türen öffnen müsse für eine Infragestellung all derjenigen Überlieferungen, die dem Wirklichkeitsverständnis der eigenen Zeit aus Gründen der Vernunft nicht standhalten können. Doch wer definiert, was wirklich ist? In der Sicht Schleiermachers war das jedenfalls nicht mehr eine „gebietende Kirchenlehre", die die biblische Überlieferung einfach für bare Münze nahm.

---

2 SCHLEIERMACHER, FRIEDRICH D. E., Zweites Sendschreiben an Lücke, in: MULERT, HERMANN (Hg.), Schleiermachers Sendschreiben über seine Glaubenslehre an Lücke, Gießen 1908, 30–68; hier: 36f.

Aber auch eine spekulative Theologie, die im Ausgang von einem abstrakten Begriff Gottes her argumentierte, erschien ihm wegen des „höhern Bewußtseins“, das sie dabei beanspruchte, zwar für das philosophische Denken alternativlos, aber als „Grund der Gewißheit meines Glaubens“ für ungeeignet.[3] Was wirklich ist, definierten im Übrigen längst andere Wissenschaften. Neben den Naturwissenschaften war dies vor allem die aufkommende Soziologie mit ihrer Rede von den „sozialen Tatsachen“. Aber selbstverständlich nicht nur die Wissenschaften, sondern vor allem die sozialen Umwälzungen infolge technischer Innovationen, wie sie auch in Deutschland allmählich im Zuge der verspäteten Industrialisierung dem Mann und der Frau auf der Straße vor Augen traten. Sie vor allem waren daran beteiligt, das Wirklichkeitsverständnis nachhaltig zu verändern.

Wie haben nun Theologen in Deutschland auf diese Herausforderungen durch die Natur- und Sozialwissenschaften einerseits und die so genannte Industrielle Revolution andererseits reagiert? Ich will im Folgenden drei Rollenangebote zur Diskussion stellen, deren zeitgenössische Transformation für den *homo theologicus* seit dem Ende des 18. Jahrhunderts zur Diskussion steht. Ob die Theologen angesichts des gesellschaftlichen Emanzipationsprozess vom Staat in der nun anhebenden „technischen Moderne“ tatsächlich den Status eines „Experten“ innehaben, wird zu klären sein. Experte für was? Der Versuch, die eigene Professionsrolle neu zu beschreiben, geht einher mit einer anderen Rollenzuschreibung, bei der der Theologe in ausdrücklicher Unterscheidung zu technischen oder naturwissenschaftlichen Experten sich selbst als „Laie“ zum Thema wird. Ob dieser ursprünglich römisch-katholische Begriff für den Gläubigen, der in Lebensführungsfragen gegenüber dem kirchlichen Lehramt nur eine untergeordnete Rolle innehat, freilich zur Selbstbeschreibung in differenzierten Wissenskontexten tauglich ist, erscheint ebenfalls fraglich. Protestanten würden diese Rolle theologisch vom reformatorischen Grundsatz eines „Priestertums aller Gläubigen“ zu bestimmen suchen, was eine partielle Entkoppelung von Heilsfragen und Lebensführungsfragen – Glaube und Werk – zur Folge hat. Treffender wäre sicherlich der Begriff des „Bürgers“, der sich angesichts seiner bürgerlichen Pflichten unter das ethische Primat des einzelnen „frommen Gewissens“ gestellt sieht. Allerdings gibt es gerade auf dem Boden des Protestantismus auch eine andere Rollenzuschreibung, die mir doch sehr spezifisch zu sein scheint: die des Propheten, der im Vorgriff auf eine Zukunft Heil oder Unheil für die Gegenwart ansagt, und das entsprechend kraftvoll artikuliert.[4] Was

---

[3] A. a. O., 38f.

[4] Zur Ausdifferenzierung der Ämterlehre und der theologischen Profilierung eines neuen gesellschaftlichen Prophetenamts vgl. GRAF, FRIEDRICH WILHELM: Vom Munus

vielleicht noch im kirchlichen Rollensetting fehlt, ist der Dilettant, der im Unterschied zum Laien zwar durchaus kenntnisreich ist, diese seine Kenntnisse – „an denen er sich erfreut" – aber ohne Entlohnung – also quasi: umsonst – abzugeben pflegt und deshalb heute als unfachmännisch gilt.

In welcher Rolle also, so lautet die Frage, treten Theologen – also Personen mit einer akademischen Ausbildung – auf, wenn sie sich zu dem verhalten, was zumeist die „technische Moderne" genannt wird? Ich will dieses Thema in dreifacher Hinsicht entfalten. Zunächst will ich exemplarisch skizzieren, wie sich Theologen angesichts eines Modernitätsbegriffs selbst verortet haben, der spätestens seit der Aufklärungszeit unter dem Topos „technischer Fortschritt" eine große Konjunktur erfuhr. In einem zweiten Schritt geht es dann gegenwartsorientiert um die verschiedenen Arenen, die den Rahmen für ein durchaus unterschiedliches Agieren von Theologen in ethischen Diskursen über die Einführung umstrittener oder regelungsbedürftiger Techniken abgeben. Dieser rollenorientierte Zugriff ist der Tatsache geschuldet, dass wir ethische Diskussionen in der Gesellschaft, obwohl sie bisweilen als Statthalter für Weltanschauungsdebatten interpretiert werden, längst auf die ein oder andere Weise institutionalisiert haben. Diese Form der Institutionalisierung hat aber zugleich einen großen Einfluss auf die Art und Weise der Selbstpositionierung von Theologen. In einem abschließenden, dritten Teil will ich dann die von Schleiermacher namhaft gemachte Aufgabe der Theologie im Umgang mit dem „Knoten der Geschichte" noch einmal aufnehmen. Hier geht es um die Frage: Wie können im Medium der Ethik gesellschaftliche Selbstverständigungsprozesse so geführt werden, dass dabei Theologen sowohl den wissenschaftlichen Sachfragen gerecht werden als auch die von ihnen vertretene Sicht auf das Ganze des Lebens – nennen wir es eine „Weltsicht" – ihren Ausdruck findet. Oder anders formuliert: Ist es möglich, dass Theologen angesichts der in der Regel unvermeidbaren Umstrittenheit wissenschaftlicher Expertise daran festhalten, dass in Fragen technischen Weltumgangs Rationalität einerseits unhintergehbar ist, andererseits aber weitere Dimensionen eines vernünftigen Weltumgangs existieren, die in einem Zusammenhang mit der wissenschaftlich-technischen Rationalität stehen und deren Thematisierung als „technische Kultur"[5] möglich machen?

Propheticum Christi zum Prophetischen Wächteramt der Kirche?, in: ZEE (32) 1988, 88–106.

5 Vgl. zu diesem Topos RENDTORFF, TRUTZ, Strukturen und Aufgaben technischer Kultur, in: DERS., Vielspältiges. Protestantische Beiträge zur ethischen Kultur, Stuttgart u.a. 1991, 145–158.

1. Exemplarische Wahrnehmungen technischer Innovation in der evangelischen Theologie

Aber zunächst zur Wahrnehmung technischer Innovation durch evangelische Theologen. Der Begriff der „Innovation" zeigt an, dass es hier um das Verständnis des „Neuen" geht, und die Zeit, die sich vor diesem Hintergrund selbst neu entwirft, ist die Neuzeit. In einer dem gesellschaftlichen Fortschritt zugewandten Weise brachte Richard Rothe den Zusammenhang von neuzeitlicher Technik und „weltgeschichtlichem Christentum" in einem berühmten Bonmot zum Ausdruck:

> „Ich lebe allerdings der festen Überzeugung, daß dem Reiche Christi die Erfindung der Dampfwagen und Schienenbahnen eine weit bedeutendere positive Förderung geleistet hat als die Ausklügelung der Dogmen von Nicäa und Chalcedon."[6]

Das Ergebnis der Eisenbahnfahrt beflügelte damals in deutschen Geistern hegelianische Denkstrukturen, gerade auch bei den evangelischen Theologen. So geriet der Theologe David Friedrich Strauß 1841 anlässlich einer Fahrt von Heidelberg nach Mannheim emphatisch ins Schwärmen: „Diese Abstraktion, dieses Fortgerissenwerden des Individuums von einer allgemeinen Macht ist ganz dasselbe Prinzip, was wir in der Wissenschaft vertreten."[7]

Deutlich wird bei diesen Bekenntnissen, dass die besondere Faszination für die Technik, die gerade im 19. Jahrhundert zumindest bei liberalen Theologen durchaus verbreitet war, sich weniger an den Details technischer Erfindungskunst festmachte, als an ihrer großen weltgeschichtlichen Einordnung. Zumindest im 19. Jahrhundert – man denke an Hegel – ging es da keine Nummer kleiner. Aber war das damals bloß Ausdruck eines oberflächlichen Fortschrittsglaubens? Die Technik als Promotor einer besseren Welt? Was naiv klingt – und damals oft auch bloß schlagwortartig verwendet wurde –, war zumindest bei Schleiermacher, Rothe und vielen, die theologisch an sie anknüpften, höchst reflektiert. Denn die positive Förderung für „das Reiche Christi", die Rothe den „Dampfwagen und Schienenbahnen" attestierte, bezog sich nicht auf ein neues „Wunder" – nun das „Wunder Technik" – , sondern die überfällige Revision des eigenen, theologischen Geschichtsbildes. Oder anders, zugespitzter formuliert: Dank der neuen Techniken wurde diesen Theologen schlagend deutlich, dass nicht die Vorsehung, aber auch nicht die Kirche mit ihren vermeintlich ehernen Dogmen den Lauf der Geschichte bestimmte, sondern es offensichtlich der

---

6 ROTHE, RICHARD, Stille Stunden. Aphorismen aus dem handschriftlichen Nachlaß, Wittenberg 1872, 344f.

7 Zitiert nach RADKAU, JOACHIM, Technik in Deutschland. Vom 18. Jahrhundert bis zur Gegenwart, Frankfurt a. M. 1989, 139.

erfinderische und schöpferische Mensch war, der die „Geschichte machte", wie man damals gerne sagte. Dies hatte aber zur Folge, dass das überkommene theologische Bild von Geschichte, das sich temporal entlang der Unterscheidungen von Zeit und Ewigkeit, Schöpfung und Erlösung im Grunde statisch entwarf, gehörig durcheinander gewirbelt wurde. Dass Geschichte etwas ist, das sich entwickelt, und dass es dabei einen entscheidenden Unterschied macht, ob der Mensch diese Entwicklung – z.B. durch Technik – vorantreibt oder aber sie verhindert, war in dem geschlossenen Geschichtsbild der Kirchenlehre zuletzt eigentlich nicht denkbar.[8] Warum war es „geschlossen"? Weil die Zukunft, die man in der Perspektive der Heilsgeschichte denken konnte, durch die erwartete Wiederkehr Christi zum Gericht eigentlich immer schon feststand und durch die Zukunftsansagen der Bibel ja vorwegnehmend beglaubigt war. Mit dem modernen Entwicklungsgedanken, der nicht zuletzt durch die aufkommende Evolutionstheorie erheblich befördert wurde,[9] rückte der Aspekt der Zukunft der Geschichte nun aber in ein völlig neues Licht. Sie war nun – aus Gründen eines vernünftigen, also kritischen Umgangs mit Geschichte – konstitutiv offen. Wohin uns die „Dampfwagen und Schienenbahnen" mitsamt der Beschleunigung der Zeit führen würden, war nicht mehr abzusehen und nur noch unter Kontrolle zu halten, dadurch, dass der Mensch in diesen Prozess steuernd – also wieder: technisch – eingreift. In dieser Weise kann man also durchaus von einer Transzendenzerweiterung theologischen Geschichtsdenkens durch die Erfahrungen mit der Technik sprechen.[10] Sowohl die Heraufkunft eines neuen naturwissenschaftlichen Weltbildes als auch das Erleben einer „neuen Zeit" durch die Erfindung und Konstruktion von immer neuen technischen Artefakten beförderte bei den Zeitgenossen das Bewusstsein einer Entgrenzung und Überschreitung des überkommenen Verständnisses von Geschichte. Wenn die Zukunft der Geschichte aber radikal offen ist, dann stellt sich natürlich die Frage, wie mit der dadurch eröffneten Ungewissheit und Unsicherheit heute umgegangen werden soll. Im Verständnis der Gegenwart steigert also die durch Technik inaugurierte Transzendenzerweiterung theologischen Geschichtsdenkens den Handlungsdruck – und damit natürlich auch den Bedarf an Zeitdeutung.

8 Vgl. KOSELLECK, REINHARD, Zeitverkürzung und Beschleunigung. Eine Studie zur Säkularisation, in: DERS., Zeitschichten. Studien zur Historik, Frankfurt a. M. 2000, 177–202.

9 Vgl. dazu die umfangreichen Analysen von TROELTSCH, ERNST, Der Historismus und seine Probleme (1922), in: DERS., Kritische Gesamtausgabe, Bd 16, hg. von Friedrich Wilhelm Graf, Berlin u.a. 2008, Teilbd. 1, 416–708 und Teilbd. II, 709–1007.

10 Vgl. zu dieser für theologische Deutungen offene Verweisfunktion von Technik SCHWARKE, CHRISTIAN, Einleitung, in: NEUMEISTER, KATHARINA / RENGER-BERKA, PEGGY / SCHWARKE, CHRISTIAN, Technik und Transzendenz. Zum Verhältnis von Technik, Religion und Gesellschaft, Stuttgart u.a. 2012, 9–16.

Diese Zeitdeutung übernimmt dabei zwei Funktionen: Sie legitimiert die Anwendung neuer Techniken durch die Neuigkeit der Herausforderung und schreibt so die eigene Gegenwart fort. Eine derartige Fortschrittsorientierung gelingt aber nur dann, wenn zugleich das Neue technischen Handelns als in der Kontinuität mit der bisherigen Geschichte stehend behauptet werden kann. „Zukunft braucht Herkunft" hat das Odo Marquard einmal genannt.[11] Ohne die Rückversicherung im durch Tradition vermittelten *common sense* verkommt jede Innovation in der Wahrnehmung der Menschen zum Hasard.

Meine These ist, dass die große Aufmerksamkeit, die das Thema „Technik" gerade in der protestantischen Theologie des 20. Jahrhunderts (und bis heute) erfahren hat, zentral mit der Revision des eigenen Verständnisses von Geschichte zusammenhängt.[12] Und wenn man sich vor Augen hält, dass das Christentum seinem inneren Wesen nach eine „Geschichtsreligion" (Wolfgang Hardtwig) ist, die sich im Medium des biblischen Wortes immer geschichtlich auslegt, dann kann man verstehen, dass die durch Technik hervorgebrachten neuen Erfahrungen im Umgang mit Zeit – und vor allem: Zukunft – eine tiefe Verunsicherung darüber bewirkten, ob von technischen Innovationen denn tatsächlich etwas Segensreiches zu erwarten ist. Deshalb verwundert es nicht, dass im 20. Jahrhundert – genauer: seit den Erfahrungen des 1. Weltkrieges – innerhalb der evangelischen Theologie *cum grano salis* eine ausgesprochen kritische Haltung gegenüber dem technischen Fortschritt eingenommen worden ist. Zwei unterschiedliche Stränge einer Deutung von Technik durch Theologie kann man idealtypisch unterscheiden. Beide machen Ernst mit den Ambivalenzen des Fortschrittsgedankens, wie er nicht nur in seinen das Leben verbessernden, sondern auch in den zerstörerischen Wirkungen manifest geworden ist. Im Grunde knüpfen sie beide an eine hellsichtige Diagnose an, die schon Karl Marx der allzu euphorischen Rede von der Machbarkeit der Geschichte entgegengehalten hat: „Die Menschen machen ihre eigene Geschichte, aber sie machen sie nicht aus freien Stücken, nicht unter selbstgewählten, sondern unter unmittelbar vorgefundenen, gegebenen und überlieferten Umständen."[13]

Der erste Typus theologischer Deutung fixiert sich ganz auf das Moment der für das Handeln gegebenen Kontingenz durch Geschichte, die er aber nicht mit den Mitteln der Geschichte, sondern unter Rekurs auf eine „dahinter" liegende

---

11 MARQUARD, ODO, Zukunft braucht Herkunft. Philosophische Betrachtungen über Modernität und Menschlichkeit, in: DERS., Philosophie des Stattdessen, Stuttgart 2000, 66–79.

12 Vgl. zur Begründung dieser These SCHLEISSING, STEPHAN, Das Maß des Fortschritts. Zum Verhältnis von Ethik und Geschichtsphilosophie in theologischer Perspektive, Göttingen 2008.

13 MARX, KARL, Der 18te Brumaire des Louis Bonaparte (1852), in: Marx-Engels Werke, Bd. 8, Berlin 1972, 115.

Steuerungsinstanz im Grunde machttheoretisch bearbeiten möchte. Hier ist die Frage: Wer oder was beherrscht die Wirklichkeit? In dieser Perspektive kommt es dann zuweilen dazu, dass „der" Technik eine quasi-ontologische Dimension zugemessen wird. Historische, aber auch soziologische Vermittlungen, die die Vielschichtigkeit kultureller Manifestationen von Technik hervorheben, prallen an diesem quasi-subjekthaften Charakter von Technik als „Technokratie" ab. Wo es um die letzten Mächte geht, die Wirklichkeit bestimmen, steigert sich eine solche theologische Technikkritik alsbald auf die Alternative „Gott oder Technik". Die Aufgabe der Theologie besteht dann in der Entmythologisierung der Technik, in der Aufdeckung ihres zuletzt religiösen Gehalts.[14]

Der andere Typus der theologischen Thematisierung von Technik firmiert auch unter dem Programm der „Entmythologisierung" – aber nicht der Technik, sondern des Christentums. Von Rudolf Bultmann stammt der folgende berühmte Satz aus einem Vortrag von 1941 mit dem Titel: „Neues Testament und Mythologie":

> „Man kann nicht elektrisches Licht und Radioapparat benutzen, in Krankheitsfällen moderne medizinische und klinische Mittel in Anspruch nehmen und gleichzeitig an die Geister- und Wunderwelt des Neuen Testaments glauben. Und wer meint, es für seine Person tun zu können, muß sich klar machen, daß er, wenn er das für die Haltung des christlichen Glaubens erklärt, damit die christliche Verkündigung in der Gegenwart unverständlich und unmöglich macht."[15]

Diese Feststellung liegt ganz auf der Schleiermacherschen Linie, den „Knoten der Geschichte" dadurch zu lösen, dass man die Anfragen des naturwissenschaftlich-technischen Denkens ernst nimmt und damit anfängt, die theologische Rede von Wirklichkeit zu überprüfen. Im Gefolge Rudolf Bultmanns ist diese Thematik auch innerhalb der evangelischen Theologie intensiv diskutiert worden. Allerdings führte die von Bultmann favorisierte „existenziale Interpretation" in der Theologie (mit ihren starken Anleihen an der Heideggerschen Philosophie) zumeist zu einer starken Dichotomisierung zwischen einem theologischen und einem technisch-naturwissenschaftlichen Zugriff auf „die Welt."[16] Die Entgegensetzung von „Verfügbarkeit des Lebens durch Technik" und „Unverfügbarkeit des Lebens im Glauben" ist eine der gegenwärtig häufig zu hörenden Antagonismen, mit denen man sich in der Theologie zum Thema der Technik mehr oder weniger existenzial positioniert.

---

[14] Vgl. zu dieser Aufgabe theologischer Technikkritik im Anschluss an Barth und Heidegger etwa TROWITZSCH, MICHAEL, Technokratie und Geist der Zeit, Tübingen 1988.

[15] BULTMANN, RUDOLF, Neues Testament und Mythologie (1941), München 1985, 16.

[16] Vgl. BULTMANN, RUDOLF, Formen menschlicher Gemeinschaft, in: DERS., Glauben und Verstehen, Bd. 2, Tübingen 1961, 262–273; hier: 268–270.

Blickt man dagegen einmal präziser auf die Wirkungen technischen Handelns und die Art und Weise, wie Menschen ihr Funktionieren (oder eben: Nicht-Funktionieren) thematisieren und in ihr eigenes Leben „einbauen“, dann wird schnell deutlich, dass sich diese Wahrnehmung nicht durch ein abstraktes Existenzverständnis, sondern in einer geschichtlich und situativ höchst vermittelten Weise einstellt. Meine eigene Position in der Debatte um die Entmythologisierung des Christentums intendiert darum vor allem eine genauere Beschreibung der sozialen Vermittlungszusammenhänge, in denen Technik wirkt, sowie ein hermeneutisch geschultes Verstehen der Kommunikation, in denen diese Vermittlungen zum Thema werden. Denn die Art und Weise, wie technisches Handeln Wirklichkeit erschließt, hat selber eine lange Geschichte, die enger mit der Christentumsgeschichte verknüpft ist, als mancher das gerne wahrhaben möchte. In aller Kürze auf den Begriff gebracht haben wir es darum auch bei den gegenwärtigen Fragen naturwissenschaftlich-technischen Weltumgangs mehr mit den – durchaus ambivalenten – „Folgen christlicher Freiheit“ zu tun, als mit ihrer Dementierung.

Der Ort, an dem diese Folgen christlicher Freiheit zum Thema werden, ist aber spätestens seit dem 20. Jahrhundert die Ethik als diejenige Disziplin, die sich – zumindest auf dem Boden der Theologie – mit dem Zusammenhang der geschichtlich geronnenen Güter einer Gesellschaft in ihrer Relevanz für Fragen eines zutiefst technisch vermittelten Weltumgangs beschäftigt.

2. Zur Institutionalisierung ethischer Technikdiskurse

Welchen Beitrag leistet eine theologisch angeleitete Ethik in den aktuellen Debatten um umstrittene Technologien? Wenn die besondere Herausforderung der Theologie durch Technik und Naturwissenschaften in einer Revision ihres Geschichtsverständnisses besteht, das ich unter dem Stichwort „offene Zukunft“ kurz skizziert habe, – in welcher Weise bildet sich dies dann in der Selbstpositionierung von Theologen in ethischen Debatten ab?

Bei dieser Frage ist es zunächst einmal entscheidend, welche Arena dabei in den Blick genommen wird. Meiner Bobachtung nach unterscheidet sich nämlich der öffentliche Diskurs, wie er über die Medien oder auch über kirchliche Stellungnahmen geführt wird, deutlich von dem im engeren Sinn zu fassenden, institutionalisierten Fachdiskurs in Ethikgremien.

Im medialen Diskurs, den evangelische Theologen über ethische Fragen z.B. in Feuilletons, kirchlichen Stellungnahmen oder auch auf Kirchentagen und Talkshows führen, fällt auf, dass sie im Unterschied zu vielen philosophischen Ethikern weniger begründungsorientiert argumentieren und stattdessen vor allem gesellschaftliche Folgen der Einführung einer neuen Technologie hervorheben. Als Beispiel dafür kann die lang anhaltende Diskussion um die Forschung an embryonalen Stammzellen, aber auch die jüngst geführte Debatte um die Präimplantationsdiagnostik (PID) herangezogen werden. Beide Debatten wurden im Vorfeld einer legislativen Entscheidung durch den Bundestag geführt und ihr ethisches Profil war entsprechend eng auf Rechtssetzungsfragen hin ausgerichtet. Ethik im eigentlichen Sinne ist aber mehr als ein Normlieferant für Rechtssetzungsfragen, zum Beispiel in Form der Tugendethik oder der deskriptiven Ethik. Aber so funktioniert nun mal die Arena der öffentlichen Debatten. Der ethische Diskurs ist bei uns in Deutschland stark juridisch geprägt. Juristen benötigen aber Begriffe, deren Gehalt möglichst präzise definiert werden kann. Darum spielte die insbesondere von römisch-katholischen Theologen in die Debatte gebrachte Frage nach dem „moralischen Status" des Embryos in der Stammzelldebatte lange Zeit eine erhebliche Rolle. Gleichwohl wurde schnell deutlich, dass auf dem Boden einer naturrechtlichen Argumentation kein Konsens in solchen Fragen herbeizuführen war, die aufgrund unterschiedlicher naturwissenschaftlicher Beschreibungen strittig waren. Ab wann ist der Mensch ein Mensch? Bereits bei der Befruchtung von Ei und Samenzelle oder erst ab der Nidation? Es ist hier nicht der Ort, diese Diskussion auszubreiten. Worum es mir geht, ist Folgendes: Charakteristisch für die Argumentation insbesondere der Repräsentanten evangelischer Kirchen war weniger eine Orientierung am moralischen Status des Embryos, sondern die Folgen dieser Praxis von Forschung, die – so die Mehrheitsmeinung – nur dazu führen würden, dass die Geltung der Menschenwürde in Zukunft dauerhaft unterminiert werden würde. In vergleichbarer Weise argumentierten auch zahlreiche Kirchenvertreter bei der Frage der Legalisierung der PID, wo insbesondere die Folgen für das gesellschaftliche Zusammenleben mit behinderten Kindern als Argument für die Ablehnung herangezogen wurden. Diese Argumentationsfigur mit den schlechten Folgen nennt man in der Ethik das „slippery slope"- Argument. Es besagt: Werden von einem bestehenden kategorialen Verbot oder Gebot – z.B. auf Grund einer Güterabwägung – einmal Ausnahmen als moralisch und rechtlich vertretbar anerkannt, so steht durch die Inanspruchnahme dieser Ausnahmen über kurz oder lang das ganze Verbot oder Gebot zur Disposition. Unter dem Namen des „Dammbrucharguments" spielt diese Figur in ethischen Diskussionen oft eine große Rolle. Es ist zuletzt ein geschichtsphilosophisches oder geschichtstheologisches Argument, weil es Gegenwartsfragen in ihren zukünftigen Wirkungen extrapolieren muss. Damit rücken aber Theologen, wenn sie so argumentieren, schnell in die Rolle von Propheten, denn sie nehmen dabei ein besonderes Zukunftswissen in Anspruch, das zumindest durch die Beschreibung des status quo nicht empirisch abgesichert ist. An der Frage, ob mit der Legalisierung der Embryonenforschung „der Rubikon" überschritten wird, wurde dabei zugleich eine geschichtsmächtige Metapher diskutiert, übrigens zunächst nicht von Theologen, sondern in der Debatte zwischen dem Bundespräsidenten und dem Präsidenten der Max-Planck-Gesellschaft.[17]

Weniger prophetisch geht es in den ethischen Expertengremien zu, die sich mit fachlich anspruchsvollen Fragen wie Biobanken, embryonale Stammzellen oder der personalisierten Medizin beschäftigen. Auch hier fällt auf, dass Theologen beider Konfessionen wie selbstverständlich vertreten sind. Beim Deutschen Ethikrat ist dies sicherlich auch der institutionellen Zuordnung der Theologie zu den Kirchen geschuldet, sodass die akademischen Theologen dort zumeist als ihre Sprecher wahrgenommen werden. Aber selbst dort, wo es – wie in der Zentralen Ethikkommission für Stammzellforschung (ZES) – um komplizierte Fragen der Embryologie, der Einschätzung als hochrangiges Forschungsziel und ihre Kompatibilität mit dem Stammzellengesetz (StZG) geht, sitzen Theologen in der Kommission. Liegt es nun aber vor allem an den unterschiedlichen Personen oder aber an dem spezifischen institutionellen – und damit auch medialen – Setting, dass in Ethikräten oftmals anders argumentiert wird als auf breiten öffentlichen Foren? Ich denke, der institutionelle Faktor spielt hier eine entscheidende Rolle. Sicher, er zieht auch ganz bestimmte Personen an, aber die Tatsache, dass in Ethikkommission oder -räten die Möglichkeit eines Kompromisses von Beginn an nicht ausgeschlossen, sondern ausdrücklich eingeschlossen ist, macht prophetisches Reden weniger wahrscheinlich als eine Beschreibung der eigenen Position entlang von Sachfragen. Weil es in diesen Expertenkommission immer auch um die Legitimität des – zumeist pluralistisch zusammengesetzten – Gremiums geht, ist die Findung eines Konsenses (oder zumindest eines starken Mehrheitsvotums) zuletzt im Interesse aller Mitglieder. Und ohne die Fähigkeit zum Kompromiss in der Sache ist so ein Konsens meist nicht zu haben.[18]

An die Stelle der öffentlich eher als prophetisch wahrgenommenen Sprecherrolle tritt in Expertengremien der Theologe stärker verfahrensorientiert auf. Angesichts einer Konfliktlage, die zumeist unter Rekurs auf biologische, medizinische oder soziale Lagen nie ganz eindeutig zu beschreiben ist, wird es dann legitim, die dabei unvermeidbar mitgesetzte Pluralität der Bewertungen eines Konflikts in dem ethischen Votum auch institutionell abzubilden. Auch hier macht die in der Ethik unvermeidbare „Weltsicht" der Akteure zuletzt einen Unterschied, aber in Gremien mit positionell differierenden Mitgliedern ist

---

17 Vgl. SCHLEISSING, Das Maß des Fortschritts, a. a. O. (s. Anm. 12), 48–66.

18 Der Soziologe Alexander Bogner hat argumentiert, dass dieser institutionell angelegte „subtile Zwang zur Konstruktivität" in politischen Verhandlungen von Ethikfragen einen „Gewissenskompromiss" ausdrücklich befördere. Vgl. DERS., Die Ethisierung von Technikkonflikten, Studien zum Geltungswandel des Dissenses, Weilerswist 2011, 150.

diese Pluralität der „Weltsichten“ von vornherein legitim, was einem prophetischen Unbedingtheitsanspruch eher abkömmlich ist.

Noch deutlicher wird diese Fähigkeit von Berufstheologen, ihre eigene Positionierung stärker am Modus des Verfahrens zu orientieren, in so genannten Klinischen Ethik-Komitees (KEK). Es gibt unterschiedliche Typen solcher KEKs. Im Folgenden beziehe ich mich auf Ergebnisse eines Forschungsprojekts, das in den Jahren 2003 bis 2006 am Lehrstuhl für Ethik der Theologischen Fakultät der Universität Göttingen unter der Leitung von Reiner Anselm durchgeführt wurde.[19] Den dort untersuchten KEKs war gemeinsam, dass sie alle dazu eingerichtet waren, um ethisch sensible Probleme z.B. im Umgang mit Patienten, aber auch zwischen Pflegepersonal, Ärzten und der Geschäftsleitung in einem „herrschaftsfreien Raum“ zum Thema machen zu können. Obwohl nahe an der Praxis entscheiden auch KEKs keine Fragen; sie beraten nur. In Organisationen wie dem Krankenhaus nehmen sie dabei eine zwischen den etablierten Hierarchien liegende Kommunikationsebene ein. In der Regel werden dabei die „ethischen Fragen“ nicht dadurch definiert, dass sie ein akademisch ausgebildeter Ethiker als solche zulässt (manchmal gibt es das allerdings auch). Die KEKs im oben genannten Forschungsprojekt haben alle möglichen Fragen zum Thema gemacht, die das Miteinander zwischen Patienten, Ärzten, Pflegern und Geschäftsführung betrafen. In der Regel waren auch immer Krankenhausseelsorger in die Beratungen des KEKs eingebunden. Dabei wurde in den so genannten Experteninterviews der Seelsorger immer wieder die Klage gehört, dass sie als Theologen ihr spezifisch theologisch gesättigtes Bild vom Menschen, von der Rolle der Krankheit oder dem Verständnis von Fürsorge oft nicht in die Beratungen einbringen können. Es wurde gesagt, „man würde das so explizit nicht gerne hören, weil die Motive wenig Auskunft über den geforderten Umgang mit dem Pro-

19 Das DFG-geförderte Forschungsprojekt „Ethik und Organisation“ war ein interdisziplinäres Arbeitsvorhaben der Lehrstühle für Soziologie (Prof. Dr. Armin Nassehi) und Praktische Theologie (Prof. Dr. Michael Schibilsky †) der LMU München sowie des Lehrstuhls für Ethik der Theologischen Fakultät (Prof. Dr. Reiner Anselm) der GAU Göttingen. Neben der soziologischen Fragestellung nach dem Einfluss von organisatorischen Prozeduren auf die Kommunikationsbildung, die am Lehrstuhl für Soziologie der LMU beforscht wurde, ging es in der theologischen Untersuchungsperspektive vor allem um die Funktion religiös-konfessioneller Traditionsbestände sowie den Einfluss des Orientierungswissens von Personen in Heilberufen auf Verständigungsprozesse in Klinischen Ethik-Komitees. Deren Kommunikation wurde mittels teilnehmender Beobachtung sowie durch Interviews erhoben. Vgl. ANSELM, REINER (Hg.), Ethik als Kommunikation. Zur Praxis Klinischer Ethik-Komitees in theologischer Perspektive, Göttingen 2008.

blem abgeben."[20] Was für die Seelsorger als Theologen unbefriedigend war, entpuppte sich in der Sicht der anderen KEK-Mitglieder allerdings als höchst produktiv: Oft waren es die Krankenhausseelsorger, einmal auch ein Religionslehrer, die den Vorsitz des KEKs innehatten. Offensichtlich wurde ihnen diese moderierende Kompetenz von den anderen zugeschrieben, nicht weil sie so freundliche Menschen waren (das vielleicht auch) oder so hervorragende Theologen, sondern weil sie durch ihre institutionelle Anbindung an die Kirche quasi ein „exterritoriales" Amt innehatten. Ihr Dienstherr saß nicht im Krankenhaus, sondern im Landeskirchenamt. Und offensichtlich interpretierte man diese kirchliche Zuordnung als Gewinn für eine ethische Beratung, die wegen der unvermeidbaren Präsenz von Vorgesetztenverhältnissen in der Praxis so „herrschaftsfrei" eben nicht immer ablaufen kann.[21]

3. Der „Knoten der Geschichte" und die Rolle des Pfarrers als „Experte für das Allgemeine"

Das waren drei Beispiele für das Agieren von Theologen auf unterschiedlichen Foren, in denen über die „richtige" Ethik diskutiert wird. Ich habe versucht deutlich zu machen, dass es einen zentralen Unterschied macht, ob Theologen eine öffentlichkeitsorientierte Selbstpositionierung als kirchliche „Mahner" intendieren oder aber in Beratungssituationen dazu aufgefordert sind, in einem qualifizierten Urteilsprozess ihre Meinung als Bestandteil eines konsensorientierten, strukturierten Verfahrens vorzustellen. Die Frage, welche spezifische Rolle der Theologe in solchen Ethikgremien einnimmt, ist dabei gar nicht so einfach zu beantworten. Als akademischer Theologe ist er Experte vor allem zu Fragen des philologischen und historisch-systematischen Wissens auf seinem Gebiet. Als Vertreter einer Institution ist er öffentlicher Repräsentant von Kirche, deren Einheit im Glauben er gerade angesichts der Vielfalt unterschiedlicher Positionen in Lebensführungsfragen zu vertreten hat. Als Pfarrer vor Ort ist er dann sicher auch noch Seelsorger und als Mitglied in Ethikräten zumeist auch noch mit wissenschaftlichen Fragen konfrontiert, die weit weg von seinem spezifischen akademischen „Herrschaftswissen" liegen. Ist er also ein Dilettant oder einer, der außerhalb seiner innerkirchlichen Vollzüge nur angelesenes Expertenwissen mitbringt, wenn es um Fragen von Wissenschaft und Technik

---

20 Vgl. PAUL, CONSTANTIN, Prophet oder Pastor? Zum Selbstverständnis von Theologen in Klinischen Ethik-Komitees, in: ANSELM, Kommunikation, a. a. O. (s. Anm. 19), 71–86.

21 Vgl. ANSELM, REINER, Common Sense und anwendungsorientierte Ethik. Zur ethischen Funktion Klinischer Ethik-Komitees, in: ANSELM, Kommunikation, a. a. O. (s. Anm. 19), 175–189.

geht? Diese Vermutung kommt der unter Pfarrern durchaus verbreiteten Selbstbeschreibung als „Experten für das Allgemeine“ nahe. Damit ist gemeint, dass der Pfarrer in vielen Fragen seines Berufes im eigentlichen Sinne nicht als Fachmann angesehen wird, sondern als einer, der die Dimension „des Ganzen“ mit zu thematisieren hat. Das ist eine zutreffende Beschreibung. Aber in ethischen Fragen liegt darin auch eine Versuchung, denn so eine Selbstpositionierung kann schnell ideologisch werden. Darum gehört zu der vom Theologen beanspruchten „Zuständigkeit für das Ganze“ die Wahrnehmung dazu, dass sie im Medium eines Verständnisses von Geschichte zum Thema wird, in dem anerkannt ist, dass auch für Theologen die wissenschaftliche Frage nach der Zukunft offen ist. In ethischen Debatten impliziert dies eine ethische Selbstbegrenzung im Hinblick auf Zukunftsfolgen, die durch eine rationale Prognostik nicht gedeckt sind. Durch die Institutionalisierung von Ethikdiskursen, wie diese oben in groben Zügen skizziert wurde, wird das sehr erleichtert. Sie macht nicht zuletzt deutlich, dass auch die Differenz in der Bewertung von Sachfragen nicht beliebig ist, sondern sich einer professionsspezifischen Perspektive auf das Problem verdankt. Darüber hinaus wird der Theologe aber auch darauf hinweisen, dass jeder wissenschaftlich gesicherte Vorgriff auf die Zukunft sich zuletzt immer auch als persönliche Stellungnahme eines individuellen Wissenschaftlers oder Mediziners artikuliert. Und es ist ganz unvermeidbar und zugleich höchst legitim, diese „Weltsicht“ zu haben, aber eben auch als eine persönliche beim Namen zu nennen. Persönlich – und das heißt theologisch: im Glauben – wird sich natürlich das Vertrauen in diese offene Zukunft ganz unterschiedlich darstellen. Aber beides – den wissenschaftlichen und den persönlichen Blick auf die Zukunft – nicht einfach gleichzuschalten, sondern als eine Differenz zu achten, die nur am individuellen Ort der Person zusammenfällt, erscheint mir für den Theologen als Experten eine nach wie vor lohnende Aufgabenbeschreibung. Gerade in ethischen Debatten.

Autorenverzeichnis

Dr. theol. Ralph Charbonnier, Dipl.-Ing., Superintendent des evangelisch-lutherischen Kirchenkreises Burgdorf (Hannover); zuvor Studienleiter am Zentrum für Gesundheitsethik an der Evangelischen Akademie Loccum

Dr. theol. Philipp David, Wissenschaftlicher Mitarbeiter am Institut für Systematische Theologie an der Christian-Albrechts-Universität zu Kiel

Hermann Diebel, Wissenschaftlicher Mitarbeiter am Lehrstuhl für Systematische Theologie und am Sonderforschungsbereich 804 der Technischen Universität Dresden

Dr. theol. Malte Dominik Krüger, M.A., Wissenschaftlicher Mitarbeiter am Lehrstuhl für Systematische Theologie an der Martin-Luther-Universität Halle

Anne Katrin Lemmel, Wissenschaftliche Mitarbeiterin am Lehrstuhl für Systematische Theologie und am Sonderforschungsbereich 804 der Technischen Universität Dresden

Dr. theol. Thorsten Moos, Dipl.-Phys., Leiter des Arbeitsbereiches „Religion, Recht und Kultur" an der Forschungsstätte der Evangelischen Studiengemeinschaft in Heidelberg

Dr. theol. Georg Neugebauer, Wissenschaftlicher Mitarbeiter am Lehrstuhl für Systematische Theologie/Ethik an der Universität Leipzig

Dr. theol. Christian Polke, Wissenschaftlicher Mitarbeiter am Institut für Systematische Theologie an der Universität Hamburg

Anne-Maren Richter, Dipl.-Theol., Stipendiatin der Evangelischen Akademie Sachsen-Anhalt e.V.; zuvor Wissenschaftliche Mitarbeiterin am Lehrstuhl für Systematische Theologie und am Sonderforschungsbereich 804 der Technischen Universität Dresden

Dr. theol. Stephan Schleissing, Beauftragter für Naturwissenschaft und Technik der Evangelisch-Lutherischen Kirche in Bayern, Geschäftsführer des Instituts Technik-Theologie-Naturwissenschaften an der Ludwig-Maximilians-Universität München

Prof. Dr. Christian Schwarke, Professor für Systematische Theologie an der Technischen Universität Dresden, Projektleiter am Sonderforschungsbereich 804 der Technischen Universität Dresden